2018年苏州教育改革和发展战略性与政策性研究课题
"苏州市职业院校'产学研'一体化现状及改进建议"研究成果

中国职业教育产学研一体化发展研究

ZHONGGUO ZHIYE JIAOYU CHANXUEYAN
YITIHUA FAZHAN YANJIU

周开权·著

图书在版编目（CIP）数据

中国职业教育产学研一体化发展研究/周开权著．—苏州：苏州大学出版社，2019.12
ISBN 978-7-5672-2990-7

Ⅰ.①中… Ⅱ.①周… Ⅲ.①职业教育－产学研一体化－研究－中国 Ⅳ.①G719.2

中国版本图书馆 CIP 数据核字（2019）第 246598 号

中国职业教育产学研一体化发展研究
周开权　著

责任编辑　张　芳

苏州大学出版社出版发行
（地址：苏州市十梓街 1 号　邮编：215006）
镇江文苑制版印刷有限责任公司印装
（地址：镇江市黄山南路 18 号润州花园 6-1 号　邮编：212000）

开本 700 mm×1 000 mm　1/16　印张 15.5　字数 279 千
2019 年 12 月第 1 版　2019 年 12 月第 1 次印刷
ISBN 978-7-5672-2990-7　定价：58.00 元

若有印装错误，本社负责调换
苏州大学出版社营销部　电话：0512-67481020
苏州大学出版社网址　http://www.sudapress.com
苏州大学出版社邮箱　sdcbs@suda.edu.cn

目录

前言 ·· 001

第一章　产学研一体化的起源：走出"象牙塔" ················ 001

第二章　中国近代教育思想对职业教育产学研一体化的启发 ······ 024

 第一节　基于"大职业教育"思想的职业教育发展探究 ············ 024
 第二节　传承"做学合一"理念培养新时代高素质职业人才 ······ 029
 第三节　创造教育启示下的职业院校产学研一体化 ·················· 034
 第四节　生活教育观下的新时代职业教育 ································ 039
 第五节　"行知合一"观下的"双师型"教师培养 ···················· 043

第三章　职业教育产学研一体化的内涵与办学模式创新 ············ 048

 第一节　职业教育产学研一体化办学概述 ································ 048
 第二节　中国职业教育产学研一体化办学模式创新研究 ············ 059

第四章　基于产学研一体化的职业教育创新发展 ······················ 071

 第一节　基于产学研一体化的市场需求导向人才培养模式 ········ 071
 第二节　新时代下基于主体下沉的产学研一体化研究与实践 ······ 093
 第三节　我国职业院校校企融合深化路径研究 ························ 110
 第四节　校企共建共享产教融合性实体化实训基地及其效果 ···· 117
 第五节　"教学做合一"观下的混合教学模式研究 ·················· 122
 第六节　"新常态"下中国高职院校产学研一体化的构建 ········ 129
 第七节　中国高职院校产学研一体化的运行机制与优化建议 ···· 133
 第八节　中国职业院校产学研一体化发展现状及优化建议 ········ 138

第九节　中国高职教育质量第三方评估发展趋势分析 …………… 145
第十节　基于非物质文化遗产传承的产学研一体化实践 …………… 152

第五章　基于产学研一体化的产业发展研究 …………………… 157

第一节　产学研一体化的源动力：科技创新 ……………………………… 157
第二节　产学研一体化优化"e+"生鲜农产品冷链的机理 ………… 167
第三节　基于产学研一体化的湖南省茶产业融合发展探析 ………… 174
第四节　基于产学研一体化的中国畜牧业科技服务创新研究 ……… 185
第五节　乡村振兴视角下的农村职业教育多元参与研究 …………… 191
第六节　新时代下乡村旅游及其人才培养的多元参与研究 ………… 195
第七节　基于产学研一体化的研究项目开发 ………………………… 199

第六章　政府对职业教育产学研一体化的促进作用 …………… 205

第七章　职业教育产教融合发展瓶颈的突破口——产学研一体化
……………………………………………………………………… 221

参考文献 ……………………………………………………………… 236

前言①

产学研一体化已经在世界范围内受到重视，也取得巨大经济效益和社会效益。美国由一个落后的农业国家迅速崛起为当今世界头号强国，产学研一体化的实践起到至关重要的作用。美国是最早开展产学研合作的国家，并在全国迅速普及，建立了世界范围内第一个具有实质意义的产学研联盟，在产学研协同创新方面一直走在世界前列。在中国，虽然产学研合作已经受到综合性大学的重视，但职业教育在这方面仍然非常薄弱。2019年1月，国务院印发《国家职业教育改革实施方案》，对于职业教育校企合作、产教融合提出一系列要求，但没有明确产学研合作的具体途径与方法。为了提升中国职业教育人才培养质量与国际竞争力，促进国家创新体系的完善，我们需要加大对职业教育产学研一体化的研究与实践力度。

当前，部分职业院校在产学研一体化方面也已经开始探索自己的道路。例如，在《2019中国高等职业教育质量年度报告》中，"育人成效"与"国际影响力"两项指标进入2018年度全国50强的江苏某职业技术学院（以下简称江苏职院）明确"贴近企业做学问"的产学研定位，面向地方经济发展和企业需求，从生产一线的实际中培养人才，部分毕业生的工作能力超过有多年工作经验的老员工，其成功就主要来自产学研一体化。

为了解决毕业生岗位操作能力存在缺陷的实际问题，该校专业老师多次下车间调研，掌握操作流程每个细节，在生产现场拍摄岗位操作视频，让学生在观看视频时能观察到每一个操作细节，把教学内容与生产实际对接成为该校人才培养质量提升的首要成功秘诀。

与企业合办二级学院是该校取得成功的第二个秘诀。目前，江苏职院与某汽车制造集团合作共办二级学院、与韩国VISION大学合作筹建中韩（江苏）

---

① 本文涉及大量学校实践案例，为了避免争端，在叙述时隐去其真实名称，在叙述、分析时做了加工。

二级产业学院等，积极与企业合作搭建符合市场需求的育人平台，并以此为基础，对相关课程的内容进行调整，删去已经过时的部分，根据企业实际运行及国内外新理论增添新内容，打造精品课程。

江苏职院取得成功的第三个秘诀是以领军人才为核心的技术开发型教师团队建设。例如，聘请具有几十年工作经验的教授级企业高级工程师担任领军人组建科研团队，以解决企业技术难题、开发受市场欢迎的新产品等为目标，开展二次学习，深入企业生产一线熟悉生产流程、进行生产实践。2015年年底，该团队打造的融应用研究和基础研究为一体的生产设备获省优秀科技创新团队项目立项。2018年，团队牵头、联合企业取得的科研成果获江苏省科学技术三等奖，这在整个江苏省的高职院校中也是凤毛麟角的。该团队还以重实践、重应用、校企合作无间的作风把研究成果、企业项目引入课堂。在重实践氛围的熏陶下，学校实现了创新创业教育的全覆盖，在省级以上职业技能大赛和各类专项活动竞赛中，参赛获奖率超过90%。

产学研一体化、重实践、重应用极大地激发了学生的创新潜力，2018年，该校学生获得"挑战杯—彩虹人生"全国职业学校创新创效创业大赛特等奖，2019年又获得第十六届"挑战杯"大学生课外学术科技作品竞赛江苏省决赛一等奖。截至目前，仅纺织专业的学生，就搭建了专利平台100多个，学生自己申请专利300多项。

理论研究和实践案例都证明，产学研一体化是高校提升人才培养质量、加快发展速度的有效路径，对于中国职业院校亦是如此。本书大部分内容是从世界范围内的高等院校（很多国家没有明确划分研究型高等学校、应用型高等学校、职业技能型高等学校，本书中的高等院校、高等教育包含以上所有教育类型）产学研一体化研究及相关实践经验中而来，希望能给中国职业教育产学研一体化理论研究和实践路径探索提供借鉴。

第一章　产学研一体化的起源：走出"象牙塔"

改革开放初期，中国经济增长主要依靠资本、能源、原材料、劳动力推动，高储蓄、高投资、高消耗虽然带来了高经济增长，但环境恶化、内需不足、外贸争端使这种粗放型增长方式难以持续。为了促进经济增长，中国曾把优化产业结构特别是扩大第三产业所占比重作为经济改革的重点，事实证明，第三产业比重的提高，确实有助于促进劳动生产率、就业率及劳动者收入的提高，但是在一定程度上也降低了经济增长规模。针对我国一些区域的实证研究证明，经济增长常常与生态环境质量负相关，如何在促进经济增长的同时维持良好的生态环境，是我们在新时代下要解决的紧要问题。党的十九大报告提出了"像对待生命一样对待生态环境""实行最严格的生态环境保护制度""加快建设制造强国，加快发展先进制造业，推动互联网、大数据、人工智能和实体经济深度融合，在中高端消费、创新引领、绿色低碳、共享经济、现代供应链、人力资本服务等领域培育新增长点、形成新动能"的要求。如何使改善生态环境质量与经济增长、扩大就业、人均收入增长并存，是新时代下解决"人民日益增长的美好生活需要和不平衡不充分的发展之间的矛盾"的首要问题。

从经济学理论的角度来看，技术在经济增长中的作用越来越受到重视。哈罗德 – 多马经济增长模型 $g=s/v$ 中，是用 s（储蓄率）、v（资本—产出比）来解释经济增长，没有注意到技术和劳动力的作用。新古典经济增长模型（索洛经济增长模型）$Y(t) = F[K(t), A(t)L(t)]$ 中，K 代表资本，L 代表劳动，A 代表知识或劳动的有效性，这时，虽然已经注意到技术或知识对经济增长的作用，但只是看作外生的，人均资本量仍被看作是经济增长的主要变量。20世纪 80 年代中期，西方学者提出的内生增长理论（The Theory of Endogenous Growth）认为，经济持续增长可以不依赖外力推动，内生的技术进步才是决定因素。这打破了经济增长依靠生产性资源积累、资源存量的使用及技术进步作为外生因素的传统观点，认为内生的技术进步对于经济持续增长具有决定性影响。

人类社会进入21世纪以来，科学技术、社会生产力以前所未有的速度迅速发展，市场经济的确立引起社会经济发生深刻变革。当前，中国也进入创新发展的新时代，需要新一代社会主义建设者和劳动者，需要新型的教育。很多近期的研究结果都表明，现代地区、国家的经济发展，虽然与自然资源、劳动力数量、资本积累有一定关系，但技术进步、制度创新、人力资本的积累及盘活起到关键作用。科技创新、人才培养与引进成为当代理论研究和实践探索中的热门话题，随之而来的，是对学校教育当代功能的讨论。

对于高等教育来说，从诞生之日起就环绕着神圣的光环，其最古老的职能是传递高深学问，因此，一向被视为远离喧嚣的尘世"象牙塔"。"象牙塔"是舶来词，"象牙"象征着尊贵、圣洁等品格，而"塔"则常建于庄严的宗教活动场所，并伴随着神秘性、庄严性。因此，"象牙塔"是一个具有深刻寓意的词语，是一种"精神象征"。在"物本主义""功利主义"的现实利益追求大潮下，以"知识的本身即目的"为宗旨的高等教育成为崇尚高深学问的一汪清流。在历史上的一段时期，"象牙塔"内的学者们坚守传授知识、探究学问、培育精英、发展科学的坚韧追求令人尊敬，他们衷心恪守"为学术而学术""为真理而真理"的价值准则，坚持学术自由（Academic Freedom）、学术自治（Academic Autonomy）、学术中立（Academic Neutrality），崇尚理论甚于崇尚实践，关心人类的根本利益甚于关心眼前利益，关注永恒甚于关注时尚，他们甘心抛开尘世的物质享受，静静地沉思学问，维护理性的清明和心地之纯洁。正是因为他们的执着，才使得大学"摆脱外界的束缚、放弃暂时利益"，成为保护一部分追求者进行知识探索的自律场所，成为无数人心目中不涉世事、潜心于知识探索的神圣殿堂。

但是人类的生存与发展不能只靠精神信仰，追求知识的学者也不能真正地完全脱离尘世的生活。美国学者布鲁贝克通过研究得出结论，中世纪以来，坚持"象牙塔"精神、维护其基本准则的理念正面临着越来越多的挑战和考验，即使在美国这样标榜民主和自由的国家里也不例外。2001年年初，美国哈佛大学经济学教授罗索夫斯基在新加坡国立大学发表题为"21世纪的大学与社会"的学术演讲，阐述了大学这一"象牙塔"里即将发生的变化。他认为，当前高等教育对社会经济的影响力比以前任何时候都大。大学是知识传播和人才培养的重要阵地，大学与社会密切联系不但源于人才的供需，当前，大学在技术研发方面展现出更大的作用，这与18世纪工业革命或19世纪电力与通信领域的变革对社会的巨大影响不同。罗索夫斯基认为，由于当前大学对社会已经产生的及未来可能引起的更大影响，社会对大学也投入更多的关注，大学隐藏于象牙塔中的现象事实上越来越弱，当前，社会对大学在深度和力度上的影响，远远大于以往任何时代。同时，政府政策、财政支持力度和工商界的影响，对大学的发展起到越来越大的作用。罗索夫斯基还认为，工商企业正在利用自身的影响力试图按照自己的喜好对大学进行改造。他们根据自身的需要对大学提出与企业相关的研究或进行合作研究，并要求其对研究成果保密，而不是像以往馈赠式地主动向公众公开。他们甚至直接影响大学教学，例如要求大学开设、修订某些课程以加强实用性等，这些行为与大学曾经坚持的知识开放和学术自由以及追求知识的获得而不以实用为目的从事学术的原则相违背。罗索夫斯基提出，大学教授应当尽量多地融入校外企业的生产经营，改变过去纯粹追求知识的做法。50年以前，哈佛大学经济系的教授极少与企业界发生密切联系，但是今天，只有个别的不与企业界发生联系。面对当前的现状我们应该考虑这些问题：知识在经济社会中有哪些作用？大学与社会有哪些合作的途径？当前是否应当重新认识对"象牙塔"式的大学办学思想？

罗索夫斯基表达出的"象牙塔"已经发生的变化和未来发展趋势其实是要提出这样的问题：在当前高新技术迅速发展的大环境下，高等教育是否应当彻底改变"象牙塔"式的办学方式？采取哪些途径进行转变？大学应该如何定位和社会的关系？大学与社会的密切联系即走出"象牙塔"是否有利于其发展？这些问题其实就是产学研一体化研究的范畴。我们当前应解决的首要问题是：高等教育是否应该与社会经济紧密联系？高等教育的价值是什么？高等教育如何与社会进行联系？在实用主义占主流的社会，高等教育如何维护自己的地位？

自"产学研合作"这一说法出现在人们面前以来，它引起了越来越多人的兴趣，可以说，曾经的它只是被研究者重视，随着越来越多的成功案例蜂拥而出，它逐渐引起整个社会的重视，无论企业家、大学教授、科技人员，还是刚步出校门的创业者，都对它产生兴趣，对它的关注程度从来没有像当前这样浓烈而广泛。目前，对产学研合作的理论研究越来越成熟，大量研究者从多个角度进行了深入探讨，但还缺少综合性研究，作为产学研密切合作形式的"产学研一体化"也在实践中受到越来越多的重视。

一、产学研一体化的思想萌芽

1. 《莫雷尔土地赠予法案》的颁布实施与赠地学院的创立

美国在建国初期以农业为主，大多数人口分布在农村，以农业为主要谋生手段，许多富有者也从事农业，但农业生产技术比较落后。为了改变这一现状,美国的职业教育首先从服务农业开始,1785年,费城创立政府首脑参与的"农业促进协会",提倡对青年农民开展农业技术教育,利用学校校舍作为举办会议和活动的场所,农业促进协会还创办了农业科技报刊。1821年,在缅因州成立第一所农业学校,随后,在康涅狄格、宾夕法尼亚等州也相继出现农业学校。到19世纪中叶,美国的农业人口仍占总人口的80%,但农业生产技术依然不够发达,按照当时的生产能力,平均每个农民每年收获的农产品只能养活5个人,而现在能养活140人。为了加快农业技术的普及、应用,政府支持成立各类农业学会,它们通过发行杂志、资助农业项目、鼓励技术革新推动农业教育和技术的推广。但是由于缺乏文化教育,农业信息和技术的推广仍然受到很大制约,因此萌发了通过农业学校和学院进行农业技术系统性教育的设想。

1850年,伊利诺伊学院的纳森·特纳教授提出了"建立为工业界服务的州立大学"的设想,对推动美国大学实现社会服务功能具有一定的作用。1857年,佛蒙特州参议员莫雷尔向国会提交了赠地法案,提议联邦政府以赠送土地的方式鼓励州政府开办公立教育或对已建立的公立院校实施统一管理,以满足美国农业发展对文化教育和技术普及的需要,促进高等教育重视与产业发展需求对接的服务。国会议员对这一提案褒贬不一,经过长达两年的争论,这一法案虽然获参众两院通过,但当时的美国总统詹姆斯·布坎南认为该法案的颁布实施会提高北方农民和手工业者的政治和经济地位,影响美国特别是南方蓄奴制社会政治经济的稳定,因此,以"如果联邦政府对他们的教育机构资助经费,就会使联邦政府的开支增加"等为由予以否决。1860年11月林肯当选为美国总统,莫雷尔再一次向国会提交赠地法案,建议联邦政府以各州在国会中的议员人数为基数向其赠予开办农业教育、开展农业技术研究等用途的土地,按照每一名国会议员3万英亩拨付,各州以出售赠地所得资金的利息维持或资助农业和机械学院,以便提高产业发展所需的通才教育和实用教育,但在这些学院也同时开设其他学科的课程,并开展军事战术训练。这一法案于1862年7月2日由林肯总统签署生效,被称为《莫雷尔土地赠予法案》(以下简称《莫雷尔法》,Morrill Land Grant Act),基于该项法案成立的院校被称为"农工学院"或"赠地学院"。《莫雷尔法》的颁布符合美国各州经济发展的需要,特别是促进了当时急需发展的农业机械化,各州纷纷按照法案的规定创办农工学院、农业技术专科学校和以农工专业为主的州立大学,使这类提倡学以致用和提高大众文化水平的赠地学院迅速发展。1890年,美国国会通过了《第二个莫雷尔法案》,规定联邦政府对依靠联邦赠地建立起来的赠地学院提供年度拨款，保证这些新型技术学院有充足的资金支持得以维持正常运行①。赠地学院的成功使其受到更多的重视和支持，1914年，美国国会通过《史密斯·莱沃法案》，授权联邦政府资助各州的赠地学院与联邦农业部合作，共同开展社区农业知识和技术推广工作。在第一次、第二次世界大战期间，大学越来越多地参与技术商业化，大学的发明公开化、技术转让不断发展，产学研合作领域从农业扩展到国家安全、军事领域，一些高新技术在战后又被应用于民用，进一步推动产学研合作的发展。

《莫雷尔法》的颁布实施对于美国高等教育的发展具有重大影响，使传统的美国高等教育至少在三个方面发生巨大转变：一是改变传统的办学体制，开创了联邦政府采用财政、法律手段干预高等教育的先河，表明中央政府可以通过经济手段促进被各州忽视，但对国家经济社会具有重大意义的高等院校的专业和学科的发展。它把当时联邦政府优先发展高等农业职业教育的政策和措施用法律的形式进行保障，通过教育立法确定政府教育投资的主要目的、任务、范围，确保政策的权威性和连续性，也能调动各州投资创办具有地方特色的高等教育的积极性，这在当时是一项具有重大意义的创举，对后来美国乃至世界教育的国家宏观管理等产生了深远的影响。二是增强高等教育的经济社会服务功能，促进美国工农业的高速发展。根据《莫雷尔法》创立的赠地学院打破统治美国高等教育的欧洲中世纪高等教育轻视实用教育的旧传统，重视农业技术和农业机械专门人才的培养，把研发、推广农业实用技术放在比学术研究更加重要的地位，开创了高等教育为国家经济社会发展服务的新里程，并以法律的形式把高等院校从事实用技术的研究和为社会提供技术服务确立为合法职责。《莫雷尔法》的颁布和实施，使赠地学院在美国各州迅速普及，增加了普通民众接受高等教育、提高文化水平的机会，并解决了美国工农业生产中遇到的许多技术难题，使南北战争后的美国在很短的时间内就治愈了战争的创伤，在不到40年的时间内，从一个贫穷落后的农业国迅速赶超欧洲老牌资本主义强国。三是突破美国南北战争后高等教育规模、结构的局限性。赠地学院改变了美国传统高等教育只注重对上层社会子女的经典学术、宗教的教育，向劳动阶级及其子女打开大门，使美国高等教育脱离欧洲"精英型"高等教育传统的束缚，走上了"民主化""大众化"的道路。赠地学院与传统的高等教育截然不同，它强调实用技术的传授，满足劳动者及其子女学习生产技能的需求，收费低廉。1776年美利坚合众国成立时，全国仅有哈佛、耶鲁、威廉玛丽学

---

① 王英杰.美国高等教育的发展与改革［M］.北京：人民教育出版社，2002：9-13.

院及宾夕法尼亚大学、普林斯顿大学等 9 所高等院校，而且大多仿效英国大学的模式，规模小、学科窄，偏重于宗教、法律、医学等古典的文科教育，主要以培养政府首脑、白领阶层和学术权威等绅士为目的，忽视当时农业、工业界急需的技术技能型人才的培养。赠地学院的建立一改过去传统的以神学、哲学、法学等人文学科为主，以培养绅士、神职人员或纯学术人才为主的大学教育，把大学从"象牙塔"引进到经济社会生活中。现在已经世界闻名的美国麻省理工学院（MIT）是赠地学院的典型代表，其创始人 W. B. Rogers 提倡"我们必须告别死记硬背的学习方式和学习生活、现实和自然法则……必须以社会经济、劳动力应用理论为目的，为生产服务、为经济服务，到生产过程中去学习并求得在经济繁荣中的发展"。赠地学院把高等教育和职业教育与生产、经济发展需求紧密联系起来，结合生产过程进行技术技能人才的培养，彻底抛弃传统学院式学风。《莫雷尔法》实施后，以社会服务为办学宗旨的赠地学院发展迅猛，该法案实施前美国只有 10 所理工院校，1885 年增加到 85 所，1862 年以前，美国专门实施职业技术教育的高等院校只有 4 所，1896 年增加到 69 所，许多现在非常有名望的大学如加利福尼亚、明尼苏达、康奈尔大学等都是在联邦政府拨地资助的农工学院的基础上发展起来的。美国高等教育在规模迅速扩大的同时，其职能也向满足经济社会和人力资源需求的方向延伸。同时，赠地学院的发展也促进了高等院校内部结构的变化，一些传统大学和学院为了和这些新兴学院竞争，为了达到获得联邦政府资助的条件，被迫改变过于偏重经典理论的传统，增设农业、技术工程专业。赠地学院的创立，不仅为当时的美国经济发展和振兴注入活力，而且改变了美国的人力资源状况，大量工人和农民掌握先进技术后，不再受失业的困扰，成为美国工业化、农业机械化的推动者。另外，赠地学院促进了美国的技术创新，美国的生存大环境得到改善。更为重要的是，赠地学院改变了美国高等教育的历史发展方向，正如前加州大学校长克拉克·科尔所说："赠地学院的建立是美国现代公立大学体制的开端。"服务社会、促进技术创新、与产业发展需求对接使美国高等教育迅速发展，也证明了产学研合作是现代高等教育变革的正确路径。政府以财政、法律等形式引导、促进、保障高等教育以技术创新、咨询等形式服务社会；同时，高等教育通过服务社会不但增加了资金流入、促进师生发展，而且促进了教育与社会的融合。

2. 威斯康星思想及其实施

进入 20 世纪的美国，经济发展更加迅速，民众需要高等教育提供更多、层次更高的社会服务，1904 年，威斯康星大学的查尔斯·范海斯校长提出

"威斯康星思想",主要目的是在全州各个领域开展技术推广和函授教育,以帮助发展本州的社会经济。1909年,斯迪芬形容该项计划是"把整个州交给大学",并把威斯康星计划描述为"大学对本州人民的作用就如同人的头脑对人的手、脚、眼的作用""大学要给人民以信息、光明和指示"。"威斯康星思想"实施后,威斯康星大学不断完善社会服务职能,把整个州作为自己的校园,也向全州敞开校门,满足符合条件的人提出的学习要求,同时,聘任政府工作人员兼任学校职务。社会服务职能的拓展不但没有影响威斯康星大学的办学实力,反而使它在畜牧、生物和细菌科学等方面迅速上升到美国领先地位。1908年任哈佛大学校长的艾略特这样评价威斯康星大学:它是一所优秀的州立大学,它之所以有这样的地位,是由于它向全州提供专门知识,向大众提供讲座,把大学送到人民当中。当前,威斯康星大学仍处于美国优秀大学前10名内。"威斯康星思想"取得的巨大成就使全世界都认识到大学职能转变带来的巨大经济效益和社会效益,使人们对高等教育的发展方向有了新的认识,进一步推动高等教育走出"象牙塔"、步入现代生活、加强社会服务职能。

3. 美国联邦政府引导下的政产学研合作实验室

第二次世界大战不仅是国力的竞争,还是新技术的竞争。由于战争的需要,美国联邦政府加强了对高校和企业进行科研统一管理及资金的支持力度。1940年,为了加快盟军武器装备的先进性发展步伐,罗斯福授权成立了由国防部(DOD)、大学和私营工业代表组成的国防研究委员会(NDRC)作为国防科研的最高管理机构。NDRC由罗斯福直接指挥,经费来自总统控制的紧急基金。麻省理工学院副校长万尼瓦尔·布什、哈佛大学校长詹姆斯·科南特、贝尔实验室总裁弗兰克·杰维特、约翰·霍普金斯大学校长艾塞亚·鲍曼等是委员会的主要成员。NDRC创建了联邦政府投资科研的合同制管理模式,通过签订研究合同的方式,把研究任务委托给大学和私营企业,在战时极大地动员了全社会的科技资源服务于国家需求,为美国赢得战争中的科技优势发挥了关键作用。一年后,罗斯福授权建立了国家科学研究与发展局,替代国防研究委员会具体负责审批科研项目并提出国家科研目标与任务。国家科学研究与发展局实质上成为美国政府在第二次世界大战期间领导全国科学研究的总指挥部,包括"曼哈顿计划"、雷达研制、青霉素的大规模生产及人工合成等在内的重大科技工程与计划都是在该局的规划下完成的。许多高等院校都在这一时期参与了其中的某些项目,例如,在麻省理工学院建立了辐射实验室,与一些军工企业合作研究制造雷达;芝加哥大学建立了金属实验室,研究原子裂变。战争拉动了美国的科学研究和新产品开发,新技术的应用也为美国赢得战争奠定了基础，产学研合作在第二次世界大战中的巨大作用使政府和整个社会认识到其重要意义。1945 年，原麻省理工学院副院长、科学研究与发展局局长布什向总统提交了名为《科学——无止境的领域》的科学政策报告，该报告指出，国家的利益要求把科学技术研发从国家大舞台的边缘移到中心，政府应给予科学研究更多的关注，并承担更多的促进知识和科技创新、加速科技人才培养方面的职能。报告也强调了基础研究的重要性，建议政府制定政策支持高校、科研机构更加努力地探索更广阔的未知领域，并加速企业和市场转化科研成果。美国政府非常重视这个报告，并在以后的政策中落实相关建议，进入了以"特曼式大学"为代表的产学研合作繁荣时期。

二、产学研合作登上历史舞台

现代意义上的产学研合作始于 20 世纪 50 年代以美国的斯坦福大学为代表的特曼式大学。在西方大学发展史上，大学的理想和风格曾发生巨大的变化，一些有真知灼见的学者感受到大学所处的外界环境发生变化时，适时地提出革新的倡议，大学不断有新的发展方向被推出，有新的风格被建立。19 世纪初，在威廉·冯·洪堡等人的倡导下，德国的柏林大学首先改制，提出了大学的新理念："没有洪堡大学，就没有光辉灿烂的德意志文明"，被誉为现代大学之母的洪堡大学是依据创办者洪堡"研究教学合一"的精神创立的新式学校，它致力于培养学生综合的人文素养。根据洪堡的理念，现代的大学应该是"知识的总和"，教学与研究同时在大学内进行，而且提倡学术自由，大学完全以知识学术为最终目的。在 19 世纪中期高校改革浪潮的影响下，柏林洪堡大学在原先占优势的学习内容、学习过程及研究条件方面进行了大刀阔斧的改革，并取得较大发展。在第二次世界大战之前，可以说柏林洪堡大学是世界学术的中心，许多知名学者、政治家都在这里留下了他们的身影，这里有 29 位在化学、医学、物理和文学等领域的诺贝尔奖得主，成就非常惊人。到了 20 世纪初，当美国成为最强大的工业化国家时，在美国又兴起了大学新理念，美国是个非常务实的国家，美国的新大学一方面继承英国大学重教学的传统，另一方面也继承了德国大学重研究的传统，但同时又超越了这两个国家的传统模式发展出独特理念，即让大学成为知识与产业结合之地，让学术界与产业界形成伙伴关系，将大学与市场相结合，突出大学的社会服务功能，成为社会的"服务站"。在进行社会服务的时候，美国大学特别强调为社会提供工业、农业、商业服务以及与民众生活密切联系的服务。当然，也有反对把大学作为一种服务的机构的不同意见，其代表人物是美国学者亚伯拉罕·弗莱克斯纳，他在1930年发表了一部很著名的批判性著作《现代大学论：英美德大学研究》(*University*：*American*，*English and German*)，反对当时美国的一些大学开展的低层次的"服务性"工作，他认为大学所做的研究应是纯学术的，应为科研创造宽松的环境，主张把大学的主要职能定位为研究而不是教学。他甚至反对哈佛大学那样的一流大学开办工商管理学院，认为哈佛大学应该培养的是精神领袖和一流研究人才，开办工商管理学院降低了自己的身份。但是，他的提议没有得到广泛响应，反而世界上很多著名大学都相继开办了工商管理学院，大力推行产学研合作。不过他的挑战却使人们对于大学的职能有了更加清晰的认识，大学提供的社会服务不应该和其他机构处在同一水平上，而是应该注重知识创新和创新人才培养，通过产学研合作，为社会提供更多的高新技术研究成果。持有这种新理念的大学被称为"研究型大学"（Research University），使这一风格得到最鲜明体现的是斯坦福大学教授、工程学院院长、被称为"硅谷之父"的特曼，他提出并在实施后取得巨大成功的产学研合作模式，即现在广为人知的"特曼模式"。特曼首先提出了学术界与产业界结成伙伴关系的构想，并亲自培养第一代实现这一构想的学生，于20世纪50年代初把这一构想付诸实施，创立在产学研合作史上具有划时代意义、旨在推动地区经济发展的"硅谷模式"。硅谷位于美国加利福尼亚北部的大都会区旧金山湾区南面，是现在高科技事业云集的圣塔克拉拉谷（Santa Clara Valley）的别称，主要包括旧金山半岛南端的圣塔克拉拉县下属的从帕罗奥多市到县府圣何塞市一段长约25英里面向太平洋的平坦谷地，面积大约3 800平方公里，斯坦福大学就位于这片谷地的中心。这么小的一片区域，1998年的产值几乎与当年中国全国国内生产总值的1/4相当，2006年，硅谷的GDP占美国总GDP的5%，而人口不到全国的1%。其中与斯坦福大学有关的企业（指斯坦福大学师生和校友创办的企业）的产值占硅谷产值的50%~60%。虽然斯坦福大学的科研实力很强，但这不是形成硅谷的最主要原因，因为在很多科研实力比斯坦福大学更强的大学和科研机构周围没有类似硅谷的奇迹出现。斯坦福大学是颇为"另类"的大学，与传统大学最明显的区别之处是学校对师生创业及产学研合作表现的非常积极。特曼教授对这一特色的形成具有很重要的贡献。

  特曼教授很早就对研究型大学与区域发展的相互推动作用有所感悟，20世纪20年代在麻省理工学院（MIT）攻读博士学位期间，他曾经被通用电气公司（General Electric）等高新技术公司联合开展的合作计划所打动，20世纪30年代，与斯坦福大学所在地区的高压动力传输公司和无线电工程公司密切合作，借鉴麻省理工学院的经验重新设计斯坦福大学的电子工程系，致力于加强该系产学研合作的开展。1938年,他为已在东部地区工作的、曾经是自己的学生的戴维·帕卡德和威廉·休利特安排了奖学金,使他们可以在斯坦福大学继续深造,并借给他们538美元,开始在帕洛阿托镇爱迪生大街367号的一间车库里研制电子产品,为了能够实现生产,还帮助他们从帕洛阿托银行借到1000美元的贷款。正是通过特曼教授对学生企业家的支持,一个虽然小却富有创新活力的电子企业在周边地区孕育而生,1939年1月1日,戴维·帕卡德和威廉·休利特正式成立合伙企业,并用掷硬币的方式决定名字的排序,结果产生了惠普(HP),他们用来创业的这间车库在1989年被加利福尼亚当局定为历史文物和"硅谷诞生地"。

第二次世界大战永久性地改变了军事机构和学校的关系。此前,军事机构自己建立实验室,自己组织人员搞科研。第二次世界大战期间,美国政府成立的科研与发展办公室(Office of Scientific Research and Development,简称OSRD)主任是特曼的老师布什,他认为可以让大学参与军事科研,于是大学开始直接从军方获得科研基金。当时,OSRD投入武器研发的资金共有四亿五千万美元,但这时斯坦福大学只得到了五万美元,特曼觉得OSRD很轻视斯坦福大学,认为他们没有把斯坦福大学当作科研性大学。1942年,德国建立完整的电子防空系统,致使盟军四万架飞机被击落或无法修复,为了反制德国的电子防空系统,1942年到1943年期间,美国在哈佛大学建立了高度机密的哈佛无线电研究实验室(Harvard Radio Research Lab,RRL),实验室集中了800名各路精英,研究通信情报和电子作战,特曼离开斯坦福到波士顿(Boston)来领导这个无线电研究实验室。他们研制出一系列的电子产品,击破了德国的空防系统。第二次世界大战后,特曼回到斯坦福大学,他决心让政府改变对斯坦福大学的偏见,他致力于把斯坦福建成一个全美国最好的微波和电子研究中心。特曼把哈佛无线电研究实验室的11位同事全部聘到了斯坦福,建立了斯坦福电子研究室(Electronic Research Lab,ERL)。开始,他们只能做基础研究。1946年,美国海军研究办公室(Office of Naval Research)给了他们第一份合同。1950年,特曼已把斯坦福的工学院变成了西海岸的MIT,他在大学中采取了一系列新规则:鼓励研究生毕业后去创业而不是去读博士;鼓励教授帮助企业解决问题;他本人和一些教授也成为投资理事会的成员;简化技术和知识产权转让流程,从3年变成3分钟,如果有人对斯坦福的科研成果发生兴趣,签个合同就可以得到。他使实际工作经历变得对学术生涯更加有用处。斯坦福大学在这一系列改革下迅速发展起来。1956年,斯坦福电子实验室把高空照相侦察机U-2升级为一个电子信号平台,并交给硅谷的公司共同研发和建造。到 1956 年，斯坦福大学成为冷战期间真正的美国国家安全部、中央情报局、海军和空军的科研中心。

在与军方进行密切合作的同时，特曼也积极开展与企业的合作，他认为如果企业企图变得强大而独立，就必须先有它自己的智力资源，否则从事的产业活动只能臣服于霸主，注定永远处于不利的竞争地位。1946 年，特曼从哈佛无线电研究实验室返回斯坦福大学，发起了一项被他称为"尖塔"（Steeple-building）的推动地区经济发展的产学研合作计划，以赶上东部沿海的竞争者。这项计划不是与著名的大学（如 MIT）或公司（如 GE）直接抗争，而是通过雇佣一些战时电子技术领域的职业高手（多数是斯坦福大学的毕业生）来进一步拓展它在北加利福尼亚已占有的电子产业优势。特曼以选拔出来的工程技术专家为基础创办了一项能够吸引高才生、联邦资金和本地区产业界支持的十分明确的政产学研合作计划。其中，行波管项目（Traveling-wavetubprogram）是特曼的尖塔战略的代表作。行波管是战时贝尔实验室一个包括刚从斯坦福大学毕业的赖斯特·费尔德在内的小组发明的，行波管可以改善带宽和调频，成为电子反制的理想元件。在特曼的鼓励下，费尔德回到了斯坦福，在那里，他借助来自军方的大量订单设立当时美国国内杰出的行波管研究和教育项目，并在项目的实施过程中培养了新一代微波管产业领域中的创业者。特曼还鼓励大学教师面向企业开展技术咨询服务，聘请产业界的研究人员来校讲授专业课程，与当地企业建立密切的联系，开发更多的合作项目，帮助企业员工在工作期间写出论述企业问题的论文来获得学位。1951 年，特曼与当时的斯坦福大学校长斯特林商定，用斯坦福大学的土地建立一个高科技工业区。在他的推动下，斯坦福把靠近帕洛·阿托的部分学校校园约 580 英亩划出来成立世界上第一个高校工业区"斯坦福工业园区"（the Stanford Industrial Park），即现在的斯坦福研究园（Stanford Research Park），兴建研究所、实验室、办公写字楼等。惠普公司成为进驻工业园的第一批公司，惠普公司从这里起步，并迅速发展壮大，随后，许多公司相继进驻这里。这种在大学校园内开设高新技术园区的做法在产学研合作实施方面是最早的，也是最为成功的，并被其他国家纷纷效仿。多年以后，在北京大学百年校庆上，当时的斯坦福大学校长 G. 卡斯帕尔在介绍斯坦福大学的成功之道时指出，建立大学与产业之间的密切合作，是办学成功的主要要素之一，并强调以技术转化作为纽带，高校与产业间的密切合作已经成为全球化的趋势和要求。斯坦福工业园的创办推动从牛曼式大学理念到特曼式大学理念的转折，标志着产学研合作从 19 世纪 60 年代开始的早期探索时代，迈过 20 世纪上半叶的逐步成型阶段，跨越到 20 世纪 50 年代的正式确立,此后就进入锐不可当的蓬勃发展时期,并形成由政府组建的北卡罗来纳州"三角研究园"和由企业组建的波士顿128号公路高技术园区等众多各具特色的产学研合作模式。在这个具有历史意义的发展历程中,特曼教授功不可没,在他的倡导下,斯坦福大学开创了大学支持教师、学生利用技术优势创新创业的风气,加强了产学研之间的密切合作,当前,这种趋势不但没有减弱,反而有更加强盛的发展势头。鉴于特曼教授在产学研合作领域的巨大影响,人们将致力于为社会服务的"另类"或现代新型大学誉为"特曼式大学"。

回顾一下高校与产业之间联系的发展历程,我们可以发现,传统的大学与产业是截然分开的两个独立系统,一方主要从事学术研究,另一方主要从事生产,随着新技术在社会经济中的广泛应用,企业出于竞争的需要开始从大学引进新技术,出现大学和产业两个系统之间的初步合作。但是,近几十年来,高校与产业之间的联系越来越紧密,出现双方相互融合的趋势,而两者之间的纽带就是技术创新及科技成果转化,有时双方或几方合办或共同投资设立科研机构形成了产学研合作的实体,直至发展为当前的产学研一体化形式,这个发展过程如图1-1所示。

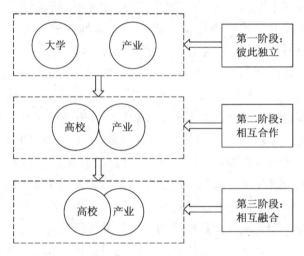

图1-1 高校(或大学)产学研合作发展历程

从世界范围来看,大部分国家产业与大学(高校)、研究机构的合作关系发展过程都可以分为三个阶段,但每个阶段发生的时间及具体情况有所差异。对于德国来说,第一个阶段处于19世纪50年代前,此时学术界与工业界只有"偶然、零星的联系时期";第二个阶段处于19世纪六七十年代,此时学术界与工业界的合作关系处于"转变时期";第三个阶段从19世纪末开始,学术界与工业界的关系密切,合作进入"成熟时期"。英国大学与产业的产学研合作发展较慢,19世纪中叶以前,由于受牛曼等人的古典大学观的影响,科学研究在大学没有地位,大学和产业之间几乎是完全隔离的,19世纪中叶开始,科学研究在大学渐渐受到重视,由于第二次世界大战对科研的推动作用,大学与产业之间的联系逐渐频繁起来,但推动力主要来自外界,形式上单调、不成熟。第二次世界大战后,英国高校与产业的合作进入第三个阶段,高校在产学研合作方面越来越主动、积极,合作方式也趋向多样化,程度不断加深。

根据以上对产学研合作历程的梳理,我们可以做一个这样的总结:经济社会、人们生活对于科技的需求越来越迫切,处于象牙塔中的大学出于生存发展的需要不得不放下姿态,融入社会、经济生活,传统意义上的牛曼式大学受到前所未有的冲击和挑战,这是世界范围内的高等教育在20世纪最大的变化之一,一部分高等院校实施产学研合作取得巨大成功,进一步拉动高等教育走出象牙塔。旨在通过为社会、企业提供高新技术和创新创业人才而提升学校的知名度、竞争力的"特曼式大学",其所倡导的产学研合作关系的正式建立及其在面上的大发展应是第三次科技革命(以1946年第一台计算机的诞生为开端)或者第二次世界大战以后开始的,它与企业、高等教育应对高新技术迅速发展的挑战和日益全球化的知识经济竞争,有着不可分割的联系。美国作为最早实施产学研合作(或产学研一体化)的国家并取得举世瞩目的成功,它的现代工业的迅速崛起乃至称霸世界证明产学研合作的普及可以加快国家的兴盛,这也已经被许多其他发达国家的现代化发展所证明,成功的实例举不胜数,科教兴国已成共识。有鉴于此,联合国教科文组织1998年10月9日于巴黎发表的《世界高等教育宣言》第四条中提出,应该根据社会对高校的期望与高校的行动这两者之间的吻合程度评定高等教育的适切性(relevance)。其实,无数成功案例也证明,只有具备一定的适切性,高等院校才能得到迅速发展的机会。为此,高等院校乃至高教体制必须加强与产业界的联系,高等教育应该以社会需要为基础,确定它的发展方向。

三、产学研合作的本质

如果深刻剖析产学研合作的发展历程及成功案例,可以得到海量的文字资料,由于本文写作时间、篇幅以及资料来源的限制,只能做一个简单的概括。虽然没有进行非常深入的分析,我们仍然可以看到产学研合作的巨大魅力。至此,读者可能要提出一个疑问:产学研合作如何有如此巨大的力量(如上文所述,它可以让曾经是一个贫穷的农业国的美国,迅速发展成一个称霸世界的现代化强国)?它的本质是什么?

实际上,如果细细品味美国产学研合作的发展历程,我们可以发现,所谓的产学研合作就是高等院校、产业界、科研机构(有时是高等院校和企业共同成立的非独立的机构)以技术研究及其成果转化为目的的合作行为,它既是一种学术性的产业活动过程,也是为产业的发展进行学术活动的过程。但它不是普通的产业活动,虽然它与其他产业活动有着一定的共性,但其鲜明的个性更加容易引起人们的注意。其个性在于这些产业活动中所具有的创新性,每一次合作,不但对于企业是一次巨大的发展机会,而且可能带来产业甚至整个人类社会发展进程的巨大飞跃。

1912年,美国经济学家熊彼特在《经济发展理论》一书中提出"创新"的概念,他在这本书里把"创新"定义为"生产要素的重新组合",并把其形式概括为五种:一是引进一个新的产品;二是开辟一个新的市场;三是找到一种原料的新来源;四是发明一种新的生产工艺流程;五是采用一种新的企业组织形式。熊彼特尤其强调把科技与经济结合起来,他认为只有将科技发明引入生产体系的活动才是创新,即理论的创新并没有完成"创新"的流程,也就不能称为实质意义上的"创新",在这里,"创新"更紧密地把高等教育、企业行业、科研机构联系起来,也可以看作是产学研一体化的实质要求。他还认为,"创新"是推动社会经济发展的重要动力。但是,由于古典大学理念的束缚,当时的政府、企业、大学、科研机构没有注意到熊彼特这一学说的重要意义,第二次世界大战后,特曼式大学的崛起和产学研合作的成功才使他的学说流传开来。今天,当我们说起"创新"的时候,就可以看到产学研合作在实现"创新"中的重要意义。在产学研合作的过程中,企业(产)、高等院校(学)、科研机构(研,有时候科研机构不是组织,可能是企业、高等院校合办或者政府支持高等院校、企业合办)以技术开发、新产品研发、成果转化、流程再造等为目的开展的各种形式的合作(契约式或长期合作等),其目标一般是实现科研成果转化,也就是不但要有成果,而且要转化为生产力,在这个过程中,科学研究、技术开发、生产试制和市场营销成为连续、有机的整体,从而实现产、学、研中的任何一方都无法独自达成的效益。可以认为,以创新为本质特征和目标的产学研合作过程是一个新思想的诞生过程,也是新知识的创造、传播和转化为应用技术的过程,其实质是新技术、新产品的产生和商业化的应用,这个过程要求高等院校、研究机构、企业或产业建立起更密切的战略联盟。

20世纪末,人们发现高新技术的研发和应用,不只关系到企业、行业的发展,对国家战略、国力也有重要的意义。1987年,英国苏塞克斯大学的经济学家和社会学家克里斯托夫·弗里曼教授在其著作《技术和经济运行:来自日本的经验》中第一次提出了"国家创新系统"的概念,产学研合作的重要性和本质特征被进一步深化。弗里曼针对日本的"技术立国"政策和创新机制以及历史上其他技术领先国家如英国、德国、美国的经济赶超过程深入研究后指出,在一国的经济赶超和竞争、跨越中,自由竞争的市场经济和以往自发的产学研合作远远不够,政府的政策干预和制度支持不但起到重要的作用,而且是非常关键的,只有政府的参与才能保证企业和国家长期战略的实施。

也就是说,创新不能只停留在产、学、研三方的合作,更重要的是政府参与,把产学研合作看作是一种政府行为,这对一国经济发展和竞争力的提高具有重大的作用。

弗里曼等学者对日本、美国等十多个发达国家创新系统的基本结构和运行机制进行深入研究后指出,国家创新系统远远复杂于第二次世界大战后的产学研合作,它要求在政府和中介机构的支持下,由企业、高等院校和研究机构等组成网络系统,如图1-2所示。

1997年,经济合作与发展组织(Organization for Economic Co-operation and Development,简称"经合组织",OECD)通过对其十几个成员国的国家

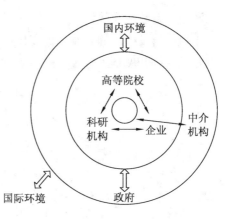

图1-2 国家创新系统组成结构示意图

创新体系进行比较后发布的《国家创新体系》指出,国家创新体系是"公共和私人部门中的组织结构网络这些部门的活动和相互作用决定着一个国家扩散知识和技术的能力,并影响着国家的创新业绩",创新过程中各行为主体(actors)之间的联系,对于改进技术绩效至关重要,创新和技术进步是生产、分配和应用各种知识的各角色之间一整套复杂关系的结果,一个国家的创新绩效很大程度上取决于这些角色如何相互联系起来成为一个知识创造和使用的集合体。这些角色主要是企业、大学和公共研究机构以及在这些角色中工作的人们。它们之间的联系可以采取合作研究、人员交流、专利共享、设备购买等形式以及其他各种渠道。OECD认为国家创新系统的核心内容或关键目标是"创新知识—创新技术—孵化—创新产品"这样一个技术创新、成果转化的过程,并指出,在政府的宏

观调控下,通过产、学、研合作计划,网络平台,中介机构,可以纠正企业因技术或发展战略的局限性而对研发投入不足所导致的创新系统失效和市场失效。从这个表述中可以看出,"国家创新系统"概念的提出主要是为了解决"系统失效"或"市场失效"问题。在技术创新过程中,可能出现"系统失效"的现象,在企业与高等院校之间、企业与科研机构之间,或者企业与企业之间进行合作时动力和知识流动不足,以及政府资助的研究方向与产业界的技术需求或者正在进行的研究开发不匹配。高校毕业生不具备企业迫切需要的具有创新精神、创新意识、创新能力和实践能力的人才,金融机构回避创业投资风险,中介机构在促进科研成果转化方面没有发挥应有的作用。为了解决"系统失效"问题,可以把参与创新活动的产学研三方主要主体以及政府、中介机构等影响因素作为一个有机整体来考察。这个系统如果是涉及国家范围的,就是国家创新系统,例如产学研的"产"扩大到产业、"学"扩大到全国范围的多个高等院校,政府以国家财政和地方财政以及政策进行宏观影响。产学研三方主体之间知识、技术的流动,对于提高研发投入的效益、提高技术研发成果向生产环节的转化,推动创新活动的长期持续开展是十分重要的。

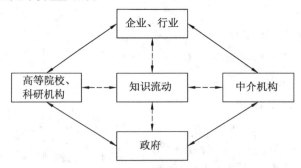

图1-3　OECD对国家创新系统的结构界定

如图1-3所示,国家创新系统旨在加强企业与企业、企业与高等院校、企业与科研机构之间的创新合作联系,促进中介机构在各创新主体之间的桥梁作用,以及加强政府在创新的产业发展战略和政策引导作用;同时,政府在各部门的工作职能上起到协调一致和集成作用。

从图1-3可以看出,OECD主张的国家创新系统结构是由政府、产业界、学术界(高等院校和科研机构)在科研和技术开发、成果转化的相互联系与合作交往中形成的,政府通过影响知识和技术的创新,影响经济社会的发展。

从以上分析可以得出结论,推动一个国家或产业的发展,仅靠企业、高等院校、科研机构的力量还不够,必须发挥政府的政策扶持、沟通平台建设等发挥促进作用或构建宏观促进机制，因此，对于政府来说，发挥各参与主体的功能和优势是保证产学研合作系统持续高效运行的关键。具体来说，在产学研合作处于项目研究与开发阶段时，发挥高等院校和（或）科研机构（称为项目主体）的积极主导作用是产学研合作顺利进行的前提；在产学研合作进行阶段，政府调控、构建沟通平台（称为调控主体）以及中介机构（称为中介主体）的沟通作用起到主导作用，在这个阶段，如果调控主体、中介主体缺失或没有发挥作用，那么产学研合作的运行也会受到影响；在科研成果转化到应用阶段，企业（称为执行主体）发挥主导作用，这个环节是验证科研成果最终效益的阶段，是知识转化为现实生产力的关键。

一些学者认为，产学研合作中起主导作用的是企业，它牵头组织产学研合作，并提供大部分资源、负责科研成果的转化。这种观点其实是片面的，产学研合作是一项复杂的系统工程，其最终目的是实现国家创新，在这个过程中，可能是高等院校、科研机构进行知识创新后，转化为技术创新，并通过中介机构发现其转化为现实生产力的潜力。以企业提高生产技术、开发新产品等发起的产学研合作，虽然具有一定的普遍性，但也有一定的局限性。产学研合作作为一个复杂的有机系统，其三个构成部分都是比较重要的：一是科学研究和技术开发，它是产学研合作的基础和前提；二是生产试制和市场营销，这是产学研合作的目标得以实现和持续运行的关键，起到沟通科研与市场需求的作用；三是政府政策的引导和中介机构的沟通、促进作用，这是产学研合作的实施保证和主体沟通的桥梁，是发挥政府引导和社会主持作用的渠道。

四、中国产学研合作的发展

无论是在中国还是在西方发达国家，产学研合作的发展之路都不是平坦的，在它出现之初，受到一味坚持牛曼的古典大学观的势力的阻挡，产学研合作常常处于理念压制和现实需要拉动同时影响的境况，但是，此时，在理论上对产学研合作问题的研究依然薄弱，不能给产学研合作指引正确的方向，也不能旗帜鲜明地支持其发展。即使在今天，关于产学研合作的性质、特点，以及它与社会发展的关系、如何规范等理论问题和促进措施，仍然存在众说纷纭的情况。产学研合作在新时期的发展要求在理论上对它的本质问题进行反思和再认识，在实践上探索更加成功的路径和保障措施。

我国产学研合作的历史可以上溯到学术界和军工企业联合攻关研制"两弹一星"时期，但由于当时合作领域、参与主体的限制，大多数研究者认为1992年国家经贸委、国家教委和中科院共同组织实施"产学研联合开发工程"

才是中国产学研合作的起点,截至目前,已经有20多年的历史,在中国产生令人瞩目的经济效益和社会影响。它以其一贯的令人惊叹的效果,解决了大量企业生产、经济社会发展中遇到的问题,为探索进一步的发展路径奠定了基础,已经取得的成绩有目共睹,存在的潜力令人向往。

在中国,高等院校不但是基础研究的主力军,而且是完成高新技术研究和国家重点攻关项目的重要力量。在功能扩展历程中,中国与发达国家的高等院校的发展趋势类似,起初是从教学中心转变为教学和科研中心,再扩展到集教学、科研和高新技术的开发与转化于一体,在中国经济社会发展中发挥越来越多的作用。同时,在国际竞争、环保、生产生活等需求的拉动下,中国高等院校从自身实际和国情、区域特征出发,形成了形式多样的产学研合作具体模式。例如,建立大学科技园,吸引企业和科研机构加盟,发挥集群优势带动高新技术研究和成果转化;成立科技开发部,对与企业或者科研机构的合作项目进行专门管理,总结合作经验,形成发展优势;引入风险投资,利用社会资金孵化科研成果并对有一定潜力的进行再开发;在政府的政策引导下建立工程研究中心、重点实验室等科研基地,加强科研成果的推广、转化;设立校办高新技术企业,集成内部科研成果,开展成果孵化、转化;利用现代信息技术搭建中国高校科技网作为服务平台,为高校、科研机构、企业搭建信息查询、沟通渠道。其中,高校校办企业的发展尤为引人注目,它一般坐落于大学附近,是教师和学生(或毕业生)参与创业的、利用大学的科技和智力资源设立的科技型企业,其发展历程大致可分为三个阶段:

从1978年到1985年是早期孕育阶段。随着改革开放政策的普及,一些高校教师和学生经过不懈努力形成具有转化潜力的科研成果,在"经济建设过程依靠科学技术,科学技术必须面向经济建设"的方针指导下,部分高校教师或科技人员"下海经商",设立校办工厂进行科研成果转化。其中,南京大学的尿激酶产品最早投放市场,被誉为"校办产业的先驱"。

从1985年到1992年是初步形成阶段。1985年,科技、教育体制改革决定出台,为推动高校、科研机构的研究与经济社会发展需求更加紧密地结合,高校在加强基础性研究的同时,鼓励有能力的教师从事高科技和应用技术的研究,并动员、组织科技力量根据经济建设需要,加强技术推广和科技转化工作,一方面向社会推广实用技术、推进成果转化,另一方面集中一定的人力、物力和财力,抓紧开发市场前景好或社会经济发展急需的特殊项目,以学校甚至系、二级学院或科研院所牵头办起了大量高科技企业。其中,北大方正开发的激光照排系统成功投放市场,实现非常好的经济效益和社会效益,成为高校科技产业的"领头雁"。

第三阶段可以称作快速发展阶段。1993年12月，原国家教委、国家科委、国家体改委联合召开了全国高校科技产业工作会议，充分肯定了高校科技产业的地位和作用，对如何加快发展高校科技产业进行了讨论，1994年3月，三部委联合发布了《关于高等学校发展科技产业的若干意见》，系统提出了发展高校科技产业的指导方针和实施路径，给高校科技产业提供了政策依据和基本原则。随着中国高校校办科研机构、生产性企业的发展成熟，又为科技创新提供了足够的资金、技术开发和企业管理人才以及成果转化经验，在科技、教育体制改革的推动下，高校产学研合作向着产学研一体化的方向迅速发展，成为推动中国科技创新的重要生力军。特别是近几年在市场需求的拉动、国际竞争的推动下，产品技术含量、生产智能化日益增高，中国在内需和外部推动联合作用下，更加重视科技创新体系的构建。高等院校发挥技术、人力资源优势，有重点、有选择地发展了一批高新技术企业，使高校自办、参股科技企业进入了快速发展新时期。一些改组改建的企业集团，已经形成规模化生产，产品在中国占领很大市场，甚至在国际市场也有一定竞争力，例如北大方正、北大青鸟、清华同方、清华紫光、上交大昂立、云大科技等成长发展快速，引起国内外的关注。目前，中国高等院校的科技研发主要集中在四个方面：一是国家、各级政府的攻关项目和重点课题的科技、技术开发，直接为经济社会发展服务；二是根据工厂企业的需要，面向经济建设主战场，承担工厂企业委托的高新技术开发，传统工艺技术革新，研制新产品的各种合作开发项目，为企业的发展提供服务；三是出于经济利益的需要，面向商品市场，通过试制、孵化，把开发出来的科技成果商品化和产业化，为高校办学提供经费补充；四是根据教育教学改革的需要，开展的教育教学研究。目前，中国高等院校产学研一体化的布局已经确立，据统计，2017年，中国的113所高等院校正在进行的研究与发展项目数达到481 264项，2018年，高等院校获得国家科技奖通用项目185项，占通用项目总数项的82.6%。很显然，此时中国的高等院校取得了大量科研成果，而且自办或合办经济实体在数量上也达到一定规模，取得了巨大的经济和社会效益。

由于发达国家工业起步早，大学对于开发高新技术的觉悟时间也比较早，作为产学研结合的产物大学科技园也是先出现在发达国家（特别著名的是前文所述的斯坦福大学的科技园），它在事实上已经形成了生产、教学、研发的联合体，所以已经突破了产学研的早期阶段，上升到产学研一体化的形态。我国创办大学科技园是教育界与生产界相互融合，并且在政策推动下的产物，它的产生受到西方发达国家的启发,在中国落地成长后,很多高等院校取得了成功,成为我国产学研一体化的重要基地。

1988年,东北大学科技园(软件园)正式成立,其他很多大学也开始谋划。我国政府对此非常重视,也在政策、资金、土地等方面大力支持大学科技园建设及高校科技产业化工作。1999年7月30—31日,科技部、教育部共同组织召开了"大学科技园发展战略研讨会",在此基础上下发了《关于开展大学科技园建设试点的通知》(以下简称《通知》),《通知》指出:"九五"期间高等学校承担了1/2左右的国家基础性研究项目,1/3左右的国家"863"高技术研究项目,1/4左右的国家科技攻关项目,取得了一大批研究成果,为我国科技发展做出了重要贡献,同时也为发展高新技术产业提供了良好的基础。今后,应积极创造条件,把蕴藏在大学中的智力优势转化为产业优势、经济优势,加速中国高新技术产业发展,提高综合国力和国际竞争力。国务院及其有关部门相继出台了一系列促进科技成果转化的政策,大力促进大学科技园的规划和建设。2017年,中国设立大学科技园共115个,大学科技园在孵企业10 448个,其中新增企业数量2 696个,从相关研究成果来看,大学科技园的地理分布与省、市经济的发展有着密不可分的关系。

大学科技园正在成为中国高等院校科技成果转化的基地、高技术产业的孵化器,成为大学与社会、经济发展紧密结合的纽带和经济发展新的增长点及重要动力。它们成功地为中国产学研一体化的发展积累了宝贵的经验,为中国大学进一步提高国际竞争力和办学质量探索出可行路径。但是,随着经营难度、科技竞争的增大,目前中国大学科技园的进一步发展面临着更多的挑战,清华科技园发展中心主任,启迪控股股份有限公司董事长,清华大学启迪创新研究院副院长,中关村产业技术创新联盟联席会会长描述了现代中国大学科技园的设立、成长模式,即技术资产经营:将科技成果作为资产,通过一些手段把成果从鸡蛋变成小鸡,确切地说主要就是要做三件事:第一件事是商业计划,包括第一笔、第二笔风险投资怎么拿,创业团队怎么组织,市场怎么开拓,这可以请专业公司来做,在这个商业计划之上,再做第二件事,即搭一个股权构架(技术、管理、资金各占多少股份),通过这两步静态的过程,就把科技成果变成一个静态的小公司。下面两步是更复杂、更关键的,第三步是获得公司持续运行、不断改善经营效果的资金,第四步是得到精通管理的公司运营团队,这两步即是风险资金的投入和管理团队的投入。与现有的孵化器与创业园的孵化模式不同,在依靠高新技术设立的技术资产经营进入正常运营后,不仅风险资金要退出,参与的人员也要退出。技术资产经营在运行时需要先物色一批专门做小公司的职业经理人，运转先期组建小公司并在一定时期内做大，然后把做大的公司拿到市场上去卖。从当前国际范围内的大公司的设立过程看，其设立模式有两种：一种是自己办研发中心，另一种是收购小公司。美国的英特尔和思科就分别是这两种模式：英特尔采用自己办研发机构的模式，取得快速发展，但这种模式一般存在官僚主义、效率低下等弊端；而思科专门收购小公司，成长也非常快，几乎超过微软。世界小公司的成长道路也有两条：一条是通过自己上市形成大公司，另一条是把自己卖出去，成为大公司的一部分。在中国，公司规模普遍很大，但自办研发机构的不多，主要靠收购兼并小公司扩张。在中国的公司管理模式下，小公司上市几乎是不可能的，所以高等院校可以先做出一批小公司，然后卖给大公司。显然，技术资产经营与孵化器和创业园的设立模式及发展理念不同，孵化器是谁下蛋谁孵化，创业者通常是科研成果的所有者，这种模式存在一个明显的弊端，那就是在技术研发方面非常突出的研究者，往往不善于从事公司的设立、经营。而技术资产经营则分别发挥两者的特长，科研人员专门做技术开发（"下蛋"的专门"下蛋"），公司的设立、经营专门由经营管理专业人员来做（"孵化"的专门"孵化"），然后，技术发明人再专心"下第二个蛋"，这样他就可以专心发展自己的专长，由职业经理人按市场的办法将他的"蛋"变成"小鸡"，然后再卖给能把"小鸡"变成"大鸡"的大公司。另外，科研人员在选择研究方向时，应该找行家而不是找专家，因为从事这个行业的人员才熟悉行业发展方向、存在的缺陷等深层次的问题。技术资产经营的思路，对目前情况下的高等院校及其科研人员的可持续发展，具有非常好的借鉴意义，也是今后中国高等院校产学研一体化发展的可行路径。根据相关文献来看，中国大学科技园通过以下几个功能促进和深化了产学研一体化：

一是作为高新技术企业的孵化器。大多数中国高等院校以低收费、帮助贷款等形式吸引、支持本校师生（尤其是毕业生）带着科技成果或创新项目到大学科技园设立企业，依靠大学的技术和智力支持，在园区专业而又及时到位的帮助下，把科技成果或创新项目转化为可以推向市场的产品，从而使企业成功运营，并能维持发展。大学的技术发明转化为产品常常需要以企业为媒介，由于这些大学衍生企业具有转化的外部条件，其成功率要比直接进行技术转让高。这种以大学牵头进行高等院校、科研机构、企业的合作形式，是一种成功的产学研一体化途径。

二是作为高新技术企业的技术创新基地。技术创新是大学科技园存在和发展的核心因素。高新技术企业的孵化过程实质上是技术创新与市场需求的对接过程，大学外部的企业在大学科技园中设立技术开发中心或技术开发公司是为了吸收大学的科技成果并对其进行再次开发，或直接与大学合作开展技术开发、产品研发等科研项目。这个过程是以企业或高等院校牵头构成的高等院校、企业、科研机构的合作，也是实践产学研一体化的过程。

三是培养创新创业人才的摇篮。大学科技园孵化高新技术企业的过程，同时也是创新创业人才的培养过程。大学科技园这片沃土不但有利于高新技术的产生、转化，也有利于技术人员找准研究方向和研究项目，有发展潜力的师生在这种环境下迅速成长为成功的企业家和发明家。大学科技园为创新创业人才构建了良好的实践环境，也大大促进区域性经济社会的发展，这个过程是基于产学研一体化的理念，同时也促进产学研一体化的模式创新。

尤其应该注意的是，不仅综合性大学在产学研合作中快速成长，中、高职院校也逐渐探索出产学研合作的成功路径。例如，原南京高等机械专科学校只是一所省属大专学校，在产学研合作过程中，结合企业需求，开发出列车自动门、列车电器联结器等市场潜力大的产品，在性能上可以替代进口产品，其校办企业被定为固定的产品供应商，提高了学校的社会影响力，也激发了师生对接市场需求，积极参与产学研一体化的积极性和主动性。

五、从产学研合作到产学研一体化的演化

企业、高等院校、研究机构的具体情况不同，其参与产学研合作的积极性及产学研合作的紧密程度也会有差别。同时，政府政策等外部环境也会影响产学研的组织形式及参与主体的积极性。但是，从大量实践案例来看，知识创新或技术创新的能力、技术或产品创新的需求程度对于产学研结合形式及参与主体的积极性具有很大影响。

从创新能力的角度来看，如果高校、科研机构的技术创新能力较强，企业与之进行产学研合作的积极性就会越大；否则，企业只会选用可靠性更高的技术交易模式。如果企业也具有一定的研发能力，企业选择与高校、科研机构共同开发则更为有利；反之，当企业急需的先进技术复杂性、需求紧迫性越强，而企业的研发能力明显低于高校或研究机构等合作主体时，企业也越倾向于选用技术交易的合作模式。由于中小型企业受研发能力和资金的限制，在进行技术创新、新产品研发时，这些企业与高等院校、科研机构合作时采用技术交易的合作模式更为有利，这种模式可以加快科研成果的研发、转化效率，也有利于中小企业以较小的资源投入，快速开发出符合市场需求的产品、技术；同时，这种合作也为今后持续、稳定的产学研合作打下了基础。

当高校、科研机构的市场化能力较强时,产学研合作会进一步发展。在这个阶段,高校、科研机构具有较强的面向市场进行技术创新、产品开发的能力,有能力为企业提供技术先进、适应市场需求、能快速投入生产的科研成果,特别能根据市场需求快速进行技术、产品的改进。在这个阶段,企业经常选择与高校、科研机构开展合作开发的模式,企业在技术、新产品研发过程中的提前介入,也降低了高校、科研院所的成本和压力,提高了市场需求程度和研发效率,这种模式有助于产学研合作的进一步密切发展。

企业与高校是否愿意采用产学研一体化的形式进行合作,主要取决于组建实体的成本和相对于共同开发模式可以节约的成本,以及职业院校拥有的资源、政府支持力度等。从成本降低的角度来看,如果采用产学研一体化模式相对于合作开发模式可以降低总成本,参与主体就倾向于选用这种模式。产学研一体化组建阶段的成本主要包括寻找合作对象的成本、机会成本、资源消耗成本等,① 在运作阶段产生的成本主要包括信息沟通、磋商、合同履行等成本。因此,政府在促进产学研一体化构建、运行中,可以采用降低参与主体成本的形式,但具体采用何种形式、对哪些主体采用哪些促进方法需要不断探索。从产学研合作到产学研一体化的演化过程可以用图1-4表示。

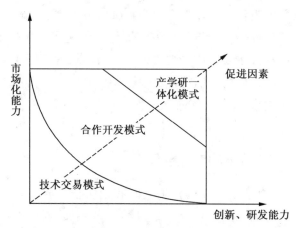

图1-4 从产学研合作到产学研一体化的演化过程

---

① 程庆辉. 高速铁路科技创新的产学研一体化模式研究[D]. 中南大学,2011:46-47.

第二章 中国近代教育思想对职业教育产学研一体化的启发

第一节 基于"大职业教育"思想的职业教育发展探究

民国初期,中国民族资本经济虽然摆脱了封建主义的束缚,但在科技、人才、宏观环境等方面仍存在局限。黄炎培以睿智的目光发现当时实业学校教育与社会需求之间的脱节,提出了"实用主义"的主张,创立了中华职业教育社,翌年,创办了中国第一所具有现代职业教育性质的职业学校——中华职业学校。作为中国现代职业教育的先锋,他在实践中针对中国的国情提出了很多有益的主张,形成了本土化的职业教育思想,其中的"大职业教育"思想以倡导全社会参与职业教育、职业教育要为社会服务为中心,诠释了职业教育的社会性,突出了其对社会、经济发展的重要性,促进了中国职业教育的发展。在经济转型升级、社会主要矛盾表现为人民日益增长的美好生活需要和不平衡不充分的发展之间的矛盾的中国特色社会主义新时代下,传承、发展黄炎培职业教育思想,对于提升职业教育内涵、深化职业人才培养模式改革具有重要意义。

一、大职业教育观下的专业群建设

黄炎培认为:"办职业学校的,须同时和一切教育界、职业界努力的沟通联络;提倡职业教育的,同时须分一部分精神,参加全社会的运动。"① 职业教育不能脱离社会,虽然当前中国经济、社会、政治环境不同于黄炎培生活的时代,但中国职业教育仍存在专业设置、教学内容与社会需求脱节、社会服务能力不强等弊端,在经济、社会正在发生巨大变化的背景下,更应与社会保持紧密沟通。

---

① 黄仁贤. 论黄炎培大职业教育思想对我国当今职业教育改革的启示 [J]. 教育科学,1997 (01):59-60.

1. 基于产业群发展需求构建专业群

黄炎培认为,职业教育要适应社会需求。我国很多职业院校专业针对传统产业设置,专业定向硬而细,学校有限的资源被专业分割,单个专业人才培养潜力、持续发展能力受限。在当前我国产业发展迅速、新的岗位不断涌现的情况下,不得不取消原有专业,长期积累的社会资源、专业文化在专业变化过程中被抛弃。同时,新专业无法完全使用原有资源,发展基础薄弱,无法与发展变化迅速的产业界建立深度联系,人才培养与社会需求之间的结构性矛盾得不到根本解决。

我国职业院校必须提高适应市场需求的能力,改变人才培养刚性过强的缺陷,从专业教学阶段就开始培养学生的就业适应性,给予学生在较宽职业领域就业的能力。针对区域产业群,把彼此关联的专业集聚为专业群,才能更好地发挥学校教育资源的效益,提高毕业生适应市场的能力。

2. 基于专业群调整专业结构

目前,在专业群建设过程中,很多职业院校仅仅停留在教学管理单位重组的层次,主要是把与资源、课程有所关联的专业进行空间上的集聚,达到分享教师、实训等资源的目的。这种做法有一定的合理性,但是忽视了教学组织、管理机制柔性化这些对提高人才培养质量、培养学生的发展能力更为重要的内容。

为了解决上述问题,我们应该清楚专业群内的专业结构布局,即各专业是以"学科联系"还是以"职业联系"。正如黄炎培所说:"职业教育的目的乃在养成实际的、有效的生产能力,欲达此种境地,需要手脑并用。"职业教育的基本定位是培养一线技能应用型人才,毕业生应该掌握精湛的技能,而不是过多的学科性知识。过分强调"学科联系"会影响学生对其未来工作的整体认知,无法满足产业界对技能人才的实际需求。因此,职业院校专业群的专业结构布局应该是以与产业、职业岗位群对接为基础的"职业联系"。

"职业联系"实质上就是工作要素的关联,因为职业能力的建立就是在知识和工作要素之间实现联系,工作要素的直接表现和职业能力培养的基础是工作情境。专业群的构建不是以课程为基础,而是以工作要素为基础,要立足于区域产业群,以给学生提供特定的工作环境为手段,加强其特定的职业能力的培养,为社会输送适应专业群要求的复合型高技能人才。

二、大职业教育观下的实训基地建设

黄炎培认为:"只从职业学校做工夫,不能发达职业教育;只从教育界做工夫，不能发达职业教育。"专业群实训基地的建设，需要依据产业的现实需要和发展趋势，需要投入大量资源，职业院校应吸引、争取社会力量的参与。

1. 吸引企业参与建设

专业群是以区域产业群为基础构建的，为了掌握区域产业结构、岗位设置、职业要求等，职业院校应和行业、企业进行深度合作，在实训基地筹建过程中，不但要深入企业进行充分调研，而且要通过建立工作小组或指导委员会的形式，吸取企业、行业、高校专家在区域岗位群、职业能力等方面的意见，对与专业群有关的工作岗位进行细致分析，掌握与本专业有关的工作要素，为实验室、实训室的建立打下基础。

2. 产学研合一

首先，很多职业院校存在重复建设实训室的弊端，大量设备设施使用率不足；同时，由于资源的缺乏，一些实训室又无法建设。因此，应建立区域性实训基地共享机制，提高资源使用率，把节约的资源投到紧缺的实训项目中。

其次，应建立实训基地的校企共享机制，职业院校的实训基地，向社会开放。一方面，可以吸引企业参与实训基地的建设，获得企业、行业在技术、人员、设备、资金等方面的支持，提高实训基地的建设质量；另一方面，可以提高职业院校的社会服务能力和影响度，改善职业院校的发展环境。

再次，实训基地应发挥研发功能，"今科学之昌明，皆人类手脑二者联络发达之成绩"，职业院校的毕业生不但要有精湛的操作技能，而且要有创新能力。在实训过程中，把握学生的个性，激励他们发挥创新意识。例如，中国宝武钢铁集团有限公司平均每天产生专利7件，其中70%由一线工人创造。在实训基地，集中区域职业院校、企业的科研、技术力量，以项目、科技攻关等方式进行创新，同时，也可以带动学生思考、培养其创新能力。

3. 开展政企校合作

实训基地所需资金、技术等方面的投入巨大，在统筹内部资源的同时，应积极争取政府、行业、企业及社会的支持。

首先，在外部，要与产业群及地方政府的产业政策一致。在深刻掌握区域产业群当前需要、未来发展趋势的基础上，分析地方政府产业政策，结合本校专业情况、发展定位等，构建适应区域产业群、符合地方政府产业政策、有利于自身发展的专业群实训基地。

其次，在学校内部，集中专业群内相关专业的师资、实训室等资源，根据统筹规划、共建共享、逐步完善的原则，对相关资源统一规划、合理使用，并在今后根据自身发展和产业需求中不断改善。

再次，在资金不足的情况下，基于专业群建设实训基地更为重要。集中学校资源，以现有实训室为基础，根据区域产业群、政府政策，优先改建、新建通用、重点实训室，增强专业群知名度，提高社会对毕业生的满意度，吸引行业、企业参与实训基地建设，争取政府资金，逐步改善专业群实训基地。

三、大职业教育观下的社会主义核心价值观培育

许多领域的研究成果都表明，人有群体生活的心理和实际需求，黄炎培把这种人的本能需求上升到思想道德高度，在其职业教育研究和实践中，非常重视思想道德教育。他的职业教育思想，包含着丰富的思想道德教育元素。他认为，接受职业教育不只是为了个人发展，更是为了服务于社会，"用教育方法，使人人依其个性，获得生活的供给和乐趣，同时尽其对群之义务"。在思想道德教育方面，也不能脱离"大职业教育"的范畴，职业教育不但要让学生掌握技能、乐于从事职业活动，而且要让他们树立为社会服务的意识。另外，他还提出"劳工神圣""人格教育""爱国主义教育"等"大职业教育"范畴的思想道德教育主张，他的这些思想道德教育观点对于当前社会主义核心价值观教育和职业院校学生工匠精神培养具有很好的借鉴作用。

1. 树立敬业意识

一些人对职业教育有偏见，部分职业院校学生也认为自己比学术型大学的学生低一等，黄炎培认为，这些观点是错误的，"世界文明是人类手和脑两部分联合产生出来的。作工自养，是人们最高尚、最光明的生活"，社会、经济的发展，不只需要脑力劳动者，也需要从事岗位操作的职业技能人才。职业教育不但能让学生掌握一门技术，"谋个性之发展""为个人谋生之准备"，更重要的是"为个人服务社会之准备""为国家及社会增加生产力之准备"。职业教育可以让学生求得谋生的基础，给学生展现自我的机会，让学生在服务社会中发现自己的价值，寻得自信，树立自强的意识。

在教育教学中，要强调职业技能对于社会的重要性，让学生意识到，技能不只是用来谋生的，不断钻研、练习，使自己在做中领悟技巧、发现原理，可以提高自己的思维能力，发现更好的操作方法、流程，展现自己更好的一面，得到社会的尊敬。

意识到职业技能的重要性，就会更加珍惜自己的学习机会、爱惜自己未来的职业，"对所习之职业具嗜好心，所在之事业具责任心"，"敬业"是在意识到自己职业的重要性的基础之上的。职业教育的一个重要任务就是要唤醒学生的这种意识，培养他们的"敬业"精神，即"对所习之职业其嗜好心，所在

之事业具责任心"，了解到自己所在职业的重要性就会树立自信心、形成爱岗敬业的品质和高度的责任心。

2. 培养友善品质

黄炎培认为，职业学校的学生应"具优美和乐之情操及共同协作之精神"，现代职业都需要岗位之间的协作、团队内部的良好合作，职业院校毕业生大多工作在生产、服务一线，很多时间是直接面对顾客，更需要展现其"优美和乐"的友善面貌。

为了能保持组织内的友善，必须先养成"利居群后，责在人先"的优秀品质。在教育教学过程中，可以结合职业道德、组织管理等方面的教学，让学生逐步理解、领会这种品质对于组织发展、个人成长的重要性。

为了培养中华职业学校学生的友善品质，黄炎培和同仁一起制定《职业训育标准》，对养成责任心、互助合作精神、理性的服务美德、对所从事职业之乐趣等进行具体的规定，使这方面的教育有操作标准和执行指南。

3. 塑造爱国主义精神

敬业、友善品质的升华，是爱国主义精神，黄炎培在表达自己的抱负时说："名，吾所不求；功，吾所不争；将吾整个生命，完全献给我国家、民族生存工作上。"国家富强是个人富裕、安全的重要保障，也是职业教育得以发展、强大的基础，在职业教育教学中，要让学生牢记"爱国不废求学，求学不忘爱国"。

在"大职业教育"观下，职业教育是国家义务的一部分，国家要保障每个公民都有所长、有生存能力；同时，每一个学子，也要树立为国家做贡献的信念，"人人须勉为一个复兴国家的新国民，人格好，体格好，人人有一种专长，为社会、国家效用"。当前，我国经济发展处于新常态，面临着经济转型升级的机遇和挑战，每一个职业院校学子在塑造强健的体格、精湛的技能的同时，也应树立为国家奉献的信念，把自己融入整个国家去看待责任、权利。

4. 树立职业平等观

任何合法职业都是社会分工的结果，都是整个社会得以健康运行的基础，它们之间是没有高低贵贱之分的，正如黄炎培所说："职业平等，无高下，无贵贱。苟有益于人群，皆是无上上品。"判断职业好坏的标准，只能是对社会有无益处，而不是体力、脑力等分类方法。

由于我国职业院校和本科院校是按照高考分数高低来录取学生的，造成公众对职业院校的偏见，黄炎培"大职业教育"思想是对这种观点的否定，任何职业都是社会运行、发展不可缺少的，都有其存在的价值，职业教育是因社会需求而产生、发展的，整个社会都要参与职业教育。同时，职业院校也要坚持为社会服务的方针，向社会证明自己的存在价值。

在职业院校教育教学中，应把职业平等的观点贯穿到每一环节，虽然职业院校有专业划分、每个学生有成绩高低之分，但是每种合法职业、每个毕业生都是社会的组成部分，每个职业都是平等的。

当前社会正在迈入人工智能时代，脏、苦、累等岗位会逐渐被机器取代，但仍会有报酬高低、脑力劳动和体力劳动等差别。为了帮助职业院校毕业生树立正确的人生观、价值观，对其进行职业平等教育仍是必要的。

黄炎培的"大职业教育"思想，无论是对于正确地评价职业教育在整个教育体系中的地位，指导职业院校深化内涵建设，增强职业教育的社会服务能力，还是对鼓励职业院校的学生树立正确的人生观、价值观，都有很强的借鉴作用。黄炎培以"大职业教育"为出发点，科学地剖析了教育与社会、教育与职业、职业与道德之间的关系，体现了职业教育"社会化"的性质，开辟了职业教育的中国本土化，启示我们新时代下的职业教育改革要立足国情、提升社会服务能力，注重学生的思想道德培育。

第二节 传承"做学合一"理念培养新时代高素质职业人才

"十二五"期间，江苏省综合实力、经济转型取得很大进展，经济总量年均增长高于全国1.8个百分点，人均GDP位居全国各省（区）首位。"十三五"时期，我国经济发展进入新常态，江苏省经济发展方式从规模速度型转向质量效率型，发展动力转向新的增长点。经济转型升级要求职业人才培养观念和模式产生相应的创新，黄炎培先生提倡的"做学合一"理念给新时代下的职业人才培养提供了启迪。

一、"做学合一"揭示了职业人才培养规律

1913年，针对中国实业学校脱离社会需求的时弊，黄炎培提出"实用主义"的主张，开启近代中国职业教育思想本土化之路。1917年，他发起成立中华职业教育社，社徽、社旗等都有手脑结合之意，暗含"手脑并用""做学合一"的职业教育教学原则。1918年，他在上海创办以"手脑并用""劳工神圣""双手万能"为办学方针的中华职业学校，从实践的角度论证了"做学合一"的科学性。

"做学合一"是有坚实理论基础的,瑞士教育家裴斯泰洛齐认为:"使功课劳作合一,提倡职业训练,是提高人的工作能力,增加实际生产量的最好的途径。"美国教育家、哲学家杜威也主张"从做中学",他认为让学生通过活动而非只是听课或读书学习更为有效。职业教育培养的是技能型人才,更需要通过"做"掌握精湛的技能,因此,黄炎培认为"单靠读书,欲求得实用的知识和技能,……是万万学不成的",学生应"一面做,一面学;从做里求学,从随时随地的工作中间求得系统的知识面"。边做边学,才能领悟做的原理,掌握精湛的技能和系统的知识。

黄炎培认为,职业教育不是专门去教学生怎样读农、工、商业之书,而是专门授予学生农、工、商之术。职业教育的"学"指的是关于如何"做"的学问,有其独特的规律,可以概括为三方面:培养目标职业能力本位、课程开发工作过程导向、教学过程行动导向。这三个方面都与"做学合一"的理念相一致:职业能力本位要求学生通过"做"实现能力的内化和运用,是素质教育的体现;工作过程导向就是把学生置于工作环境中,以技术应用和管理实施的程序为出发点设计课程,以使学生获得自我构建的过程性知识即经验,这个过程是在"做"中达到"学"的目标,"学"是在"做"中实现的;行动导向是在职业情境中以任务引导学生"做",在做的过程中,学生得到感性认识,并升华为理性认识。由此可以看出,"做学合一"是职业教育教学规律的体现。把握事物的规律,以岗位操作环境为基础设计教学环境,让学生在做中学、学中做,才能得到更好的教育教学效果。

二、"做学合一"的实现途径是产教深度融合

对于如何实现"做学合一",黄炎培的一段话可以予以解答:只从职业学校做功夫,不能发达职业教育;只从教育界做功夫,不能发达职业教育;只从农工商职业界做功夫,也不能发达职业教育。全社会都参与职业教育、职业教育与企业行业深度合作,"做学合一"才能具备实施的大环境。

产教深度融合不是简单的校企合作,而是以双方共赢为宗旨的深度协同合作,正如黄炎培所说:"设什么科,要看看职业界的需要;定什么课程,用什么教材,要问问职业界的意见;就是训练学生,也要体察职业界的习惯;有时聘请教员,还要利用职业界的人才。"由此可以看出,职业学校专业设置、课程体系设计、教材编写、教学内容、教师培养、人才培养方案制订等都需要企业、行业、社会的参与。过去,我国职业院校校企合作曾出现多种形式,它们不能提供"做学合一"的要求。

(一) 传统校企合作的形式及其不足

1. 以实训实习、就业为主的初级合作

传统生产模式下,企业需要大量一线操作工人,同时,职业院校要解决学生实训实习、就业问题,这时,学校和企业具有共赢点,学校把具有一定操作能力的学生输送给企业,企业帮助学校解决实训实习、就业问题,在这种合作形式下,共建校内外实训基地的案例大量涌现,校企共同提供人力、资金、技术等资源,共同享有建设成果。这种合作的互赢是显而易见的,但是同时,其缺陷也很明显,企业接纳学生的前提是其需要大量廉价劳动力,对于其能力、发展潜力等方面的要求不高。对于职业院校来说,虽然解决了眼前的问题,但是并没有解决人才培养与岗位的深层次对接,大量学生从事简单的重复劳动,无法实现自我价值。在运营过程中,权利分享、设备设施维护、师资待遇等问题也阻碍了校企合作的深度发展。

2. 订单、挂名班式定向培养

为了提高毕业生的岗位适应性,一些企业和职业院校合办了"订单班""挂名班"等,企业对学生进行资助,参与这些班级的课程、教学内容、实训实习等,为学校增加了教学资源,提高了学生的操作技能。但是,这样的合作依然存在缺陷:一是企业参与依然停留在表面,对于教学内容、实训实习等只是局部参与,不能系统地改善学生的综合素质;二是毕业生流失比例高,很多优秀的毕业生有能力在待遇更好、更有利于个人发展的用人单位就业;三是对于提高学校的人才培养能力有限,企业对于学校的投入很少,学校也没有深入企业,不能从根本上为人才培养模式的改革提供有效帮助;四是师资待遇问题,参与教育教学的企业员工、学校教师待遇不能随着工作量的增加提高薪酬待遇,校企分担经费机制不能顺利构建、运行,企业、学校员工参与积极性受到限制。这些缺陷是由于校企合作机制等深层次问题引起的,在校企没有达到深度合作的情况下,当然无法彻底解决。

(二) 新时代下的产教深度融合模式

黄炎培认为,职业教育应能适应社会需求,"无论受教育至若何高度,总以其所学能应用社会、造福人群为贵",虽然职业教育是"为个人谋生之准备",但是更重要的是"为个人服务社会之准备""为世界、国家增进生产力之准备"。由此可知,黄炎培主张职业教育要重视学生的个性发展,但更重要的是,要以产业、社会、经济发展需求为基础设置职业教育的专业、课程、教学内容、人才培养目标等。《江苏省国民经济和社会发展第十三个五年规划纲要》指出:"推进产学研深度融合""大力加强复合型创新创业人才、高科技领军人才、战略性新兴产业高端人才和高技能人才队伍建设"。江苏省处于向高端、高科技迈进的升级发展阶段，需要的是具有创新意识、创新精神、创新能力的人才，职业院校应探索、创新产教深度融合模式。当前，一些职业院校试行"系司所"（系部、公司、研究所）产学研一体化模式，并取得成功，该模式具有以下特点：

1. 企业成为人才培养的主体之一

职业院校设立以项目开发、技术研发与推广应用为主要业务的研究所，企业通过入股、投资、项目开发等形式参与研究所的运营，系部把教材、教学内容、人才培养方案等以项目的形式委托给研究所，企业与系部教师共同完成人才培养方案的制订、实训项目的开发、教学标准的修订、教学效果的评价等，企业深入人才培养的全过程，在人才培养中具有一定的决策权和发言权。

2. 职业院校深度参与企业生产、研发

企业把岗位人才培训、技术研发、流程改进等以项目的形式委托研究所完成，职业院校教师、学生参与企业生产、经营及各种项目，教师不但熟悉理论知识，而且在参与企业生产的过程中掌握岗位操作技能、了解生产经营中的不足。

3. 学生的学习实现"做学合一"

企业与学校的深度合作，使学生的理论、实训实习都围绕着企业的生产经营岗位要求进行，专业设置与企业岗位对接、课程标准与岗位标准对接、学习效果评价与岗位考核指标对接，实训实习内容以岗位操作内容、流程为基础进行设计，校内实训基地与岗位操作环境一致，校外实训实习基地都在企业进行，学生的学习过程实现了做中学、学中做。

三、"做学合一"实现的保障

实现"做学合一"除了以树立理念、构建产教深度融合作为前提条件外，还要有制度、师资等实施过程中的保障。

（一）"做学合一"的制度保障

1. 宏观层面

《国家中长期教育改革和发展规划纲要（2010—2020年）》提出，"建立健全政府主导、行业指导、企业参与的办学机制，制定促进校企合作办学法规，推进校企合作制度化"，校企合作需要从国家政策、法律、制度角度予以保障，从主体责任、义务、权利等角度促进职业院校、企业行业参与校企合作、产教融合的积极性和责任感。十九大报告也从指导方针的高度要求职业院校"深化产教融合、校企合作"。但是，目前我国还缺乏具体的、操作性的制度保障，把企业行业、职业院校在校企合作、产教融合方面的权利、义务、责任进一步细化，使有功者得到奖励、阻碍者受到处罚。

2. 中观层面

黄炎培认为，职业教育要符合社会需求，他创办的中华职业学校的章程中规定：本校特重实习，生徒半日授课、半日工作，务期各种技能达于熟练。在制订人才培养方案时，实习、实践课时达到一定比例才能实现"做学合一"的要求。目前，江苏省职业院校在制订专业人才培养方案时，普遍对实践课所占比例、职业资格证书的取得做了规定，引导学生、教师在教学过程中注重做中学、学中做。

为了使每门课程都能实现"做学合一"，结合岗位操作内容和流程，开发"能力模块""任务驱动项目""双证书课程"等，把课程与岗位真正对接起来。《江苏省高等职业学校人才培养工作评估指标体系》中，把顶岗实习、实践教学作为人才培养的关键指标之一，并规定了具体的课时：顶岗实习原则上应在半年以上；实践教学是专业课教学的核心环节，课时应占总课时的半数以上。这些规定，从时间、内容等方面都保证了"做学合一"的实现。

3. 微观层面

有了宏观、中观层面的政策、制度还不足以培养出为社会所需的优秀职业人才，黄炎培指出："人之资质各有不同，又非用各别教授之法，不能尽其所长。"正确的教学方法对于人才培养效果具有很大的影响，以书本为主要教学工具的传统教学方式不能满足新时代下高素质创新人才的培养，正如黄炎培所说："办职业教育……绝对不许在书本里讨生活。"设计教学内容时，应以岗位操作为基础；设计教学流程时，应以学情、岗位操作流程为基础，采用任务驱动、项目教学等方法，激励学生"做"的积极性，利用现代信息技术、仿真实训室、真实的岗位操作环境，给学生构建岗位操作情境。"受教育者对于职业，应有极端的信仰"，在做的过程中，培养学生爱岗敬业的精神。

在评价教学效果时，也要参考岗位考核标准，建立以能力为核心、行业企业参与的、以创新人才为培养目标的考核体系。现代信息技术提供了线上线下、课内课外综合使用的教学、评价工具，给实时监控学生做的过程、效果提供了更多、更好、更及时的平台，做中学、学中做的效果得到进一步提高。

(二)"做学合一"的师资保障

人才培养理念的执行者是教师，优秀教师是培养出优秀人才的前提，黄炎培认为职业教育教师来源于两个途径：一是技师，专习各该科之技能者；二是职业教育设计者，专事研究职业教育之理论及设施方法，即职业教育既要有掌握熟练操作技能的实践课教师，也要有掌握职业教育教学方法的研究型教师。这个观点是和我国目前提倡的"双师型"教师相一致的，《教育部关于深化职业教育教学改革全面提高人才培养质量的若干意见》（教职成〔2015〕6号）也要求"建立健全高校与地方政府、行业企业、中职学校协同培养教师的新机制……积极探索高层次'双师型'教师培养模式"，不但职业院校的学生要"做学合一"，而且教师也要动手做，在做中掌握岗位操作要求、领悟教学规律。

时代不同，具体国情也有差异，黄炎培处于我国工业起步之时，需要的是大量掌握基本技能的岗位操作人员。当前，我国处于全面建设社会主义现代化强国的新时代，对职业人才的要求是高素质、高技能，具有创新精神、创新意识和创新能力，职业院校的毕业生不但要掌握精湛的技能，而且要具备工匠精神和终身学习的能力。新时代对于职业院校教师提出了更高的要求，他们在教学方面也要树立"做学合一"的理念，在教学中不断提高自己的教学能力、综合素质、理论水平和创新能力。

黄炎培的"做学合一"理念是以相关理论为基础，经历长期职业教育实践总结出来的，在经济转型升级时期仍有很好的借鉴作用。把该理念和"大职业教育主义"、职业教育"社会化"等观点联系起来，促进做中学、学中做的人才培养模式改革，对于提高职业教育内涵、提升教育质量具有很好的指导意义。

第三节　创造教育启示下的职业院校产学研一体化

新时代下的国际竞争，是人才的竞争，是创新能力的竞争，党的十九大报告指出，职业教育要进行供给侧改革，"建设知识型、技能型、创新型劳动者大军""建立以企业为主体、市场为导向、产学研深度融合的技术创新体系"。职业教育肩负着"为促进经济社会发展和提高国家竞争力提供优质人才资源支撑"的历史使命，更加要注重人才培养模式的创新，为"服务建设现代化经济体系和实现更高质量更充分就业需要"输送高素质、创新型技能人才。

创新人才的培养，需要有针对性的教育思想、教育理念做基础，20世纪30年代，陶行知先生提出了"创造教育"思想，主张改造脱离实际的灌输式教育，提倡基于"行—知—行"的创造教育。

一、创造教育的特点

（一）注重学生主动性的发挥

陶行知先生认为："先生创造学生，学生也创造先生，学生先生合作而创造出值得彼此崇拜之活人。"创造教育观下的教学，不是灌输给学生死的知识，而是要师生合作发现教学规律，根据学生的个性特点培养其创造精神。

1. 激发每个学生的潜力

教师应该尊重学生的具体性、主动性，帮助每个学生发掘出自己的潜力，实现发展的可能性。学生作为生命个体，每个人都拥有与生俱来的发展可能性，老师教育学生的前提就是要认识到这种可能性，把可能性变为现实，并在教育过程中，不断生成新的发展可能性。因此，以"创造教育"的观点来看，老师教学生的过程，不是知识灌输或千篇一律的僵化过程，而是不断创造性地发现每个学生特殊的潜力，并结合社会发展对学生的要求，实现学生的个人发展。

2. 师生的教与学是共时、互生的

老师的"教"与学生的"学"是同时发生的，两者构成不可独立存在或相互分割的有机体，师生双方以教学目标为中心，围绕教学内容，展开对话、沟通和合作活动，在此过程中产生了相互影响、相互促进，并以动态生成的方式推进教学活动的进行，在实现教学目标的同时，师生双方实现了认识的深化和能力的提高。

3. 激发超越自我的意识

"创造出值得彼此崇拜之活人"，表明"创造教育"关注学生的主动的生存方式的形成，把传统以知识传授为中心的目标，转换为对个体生命质量提升的重视。在"创造教育"过程中，师生的互动、合作，激发出学生积极的生活、学习状态，培养学生积极主动地发挥自身的智慧和力量的习惯，使学生学会反思，不断超越自我。

（二）为学生构建创新的环境

陶行知先生认为："创造的教育就是'以社会为学校''学校和社会打成一片'，彼此之间，很难识别的。"培养学生的创造精神、创造能力，需要为学生构建"做"的环境，让学生在"做"的过程中培养创造精神，即"由行动而发生思想，由思想产生新价值""行动是老子，思想是儿子，创造是孙子"，所以，培养学生的创造精神，需要给学生创造动手做的环境。

1. 给学生"做"的场所

学生的"做",要有适宜的场所,生产要有车间、烹饪要有厨房,看书本中的理论不能真正学会"做",了解操作的流程也不一定能独立操作,在"做"的场所,自己动手"做",才能发现"做"的规律,改进"做"的方法,从而产生创新。

2. 给学生"做"的自由

陶行知先生认为:"做是发明,是创造,是实验,是建设,是生产,是破坏,是奋斗,是探寻出路。"让学生通过动手做去探索解决问题的方法,去创造新产品,去探寻新的生产工艺,通过"做",不断提高自己的创造能力。

3. 给学生必要的引导

很多学生在动手"做"之前,不知道如何着手,更不用说独立解决问题,这时的引导是非常必要的,正如陶行知先生所说:"我们必须重提要着重创造,让学生自动的时候,不是让他们乱动,而是要他们走上创造之路,手脑并用,劳力上劳心。"

(三) 让学生从束缚中得到解放

陶行知先生认为:"教育不能创造什么,但他能启发解放儿童创造力以从事于创造之工作。"创造教育发挥作用的前提,是启发学生的创造力,这就要求让学生从束缚中解脱出来。

1. 解放学生的头脑

创造精神的培养,需要让学生"手脑双挥",不能用旧观念束缚学生的头脑,要让学生在"做"的过程中感知事物发生、发展的规律,认识自己的不足,发现新的知识。

2. 解放学生的双手

枯燥的理论不但容易使学生产生厌倦心理,而且只说不做的教育方式,不能提高学生的实际操作能力、自我动手能力。让学生自己动手去做,一方面可以加深学生对理论的理解,而且学生在解决问题的过程中,很可能会产生不同的解决问题的方法,对于学生和老师专业水平、创造能力的提高都起到非常有价值的作用。

3. 解放学生的嘴

我们在课堂上经常责怪学生不主动回答问题,其实,学生不喜欢回答问题的原因是多方面的,有的时候可能是他们真的不会回答,但是,他们不敢回答也是一个重要的原因。同学的嘲笑、老师的轻视都使学生不敢回答问题,鼓励学生勇于发表自己的看法,给学生创造一个勤于思考、敢于回答的环境,是培养、发挥学生创造力的必要前提。

4. 解放学生的空间

不能把学生的活动空间局限在家庭、学校，要给学生亲身体验生活、参与社会实践活动与科学试验活动的机会，让学生在亲身体验中理解、掌握理论知识，创造性地运用理论知识。只有深入生活，学生才能真正发现生命的意义，才能深刻理解掌握科学知识的意义。只有亲身体验才能让学生真正理解和掌握理论知识。

5. 解放学生的时间

让学生有一定的时间去体验生活、接近大自然、验证书本中的理论，以理解生活的美好、生命的价值、科学的力量。在理解的基础上，学生不但可以提高学习兴趣、学习欲望，而且可以更好地掌握理论知识，开发他们的思维、创造潜力，帮助他们把枯燥的书本知识转变为活生生的现实、美丽的生活、伟大的创造。

6. 解放学生的眼睛

陶行知先生认为，如果想让学生认知事物的发展规律，必须让他们接触自然，在自然界中亲眼看到事物，从而透彻地了解它们。书本知识虽然是实践的总结，但是也束缚了学生的眼界，学生通过自己观察、引发思考，常常能有新的发现。

（四）注重引导学生主动发展

1. 在团体协作中实现个性发展

陶行知先生主张"在研究上发生力量，在研究上加强创造力量，集体创造，共同创造"，集体创造有助于提高学生的合作学习能力，促进团队协作意识；同时，通过集体创造活动，为个性化发展打好基础。

2. 注重个人经验基础上的集体创造

陶行知先生认为，集体创造应建立在个人经验的基础之上，集体创造来源于个人经验的积累。集体创造的力量固然巨大，但是，在"做"的过程中产生的个人经验，才是产生创造力的基础。"教育不能创造什么，但它能启发解放儿童创造力以从事于创造之工作。"

二、创造教育启发下的职业院校产学研一体化

陶行知先生认为："手和脑在一块儿干，是创造教育的开始；手脑双全，是创造教育的目的。"培养学生的创造能力，必须先给他们构建"做"的环境，引导他们自己动手做。因此，职业院校应以创造教育为目的，构建产学研

一体化的教育。

（一）职业院校产学研一体化的含义

《国务院关于印发国家职业教育改革实施方案的通知》（国发〔2019〕4号）指出，职业教育将"由参照普通教育办学模式向企业社会参与、专业特色鲜明的类型教育转变"，职业教育主要培养一线技术人才，因此，职业教育应注重企业、社会的参与。

因此，职业院校产学研一体化就是指以有关理论为基础，在国家政策的指引下，吸引企业、社会参与办学，为学生构建实训、实习场所，为学生提供动手做的条件。其构建关键主要有以下三点：

1. 校企共同设计教学内容

按照当前企业生产要求及将来发展趋势，制订人才培养方案、课程标准，设计教学内容，使学生能在学习中掌握实际生产技能、理解生产管理基本原理，熟悉生产标准，为自己动手"做"打好基础。

2. 校企共建生产性实训基地

产学研一体化下的实训基地，不仅要能满足学习需求，还要配置企业的软硬件设备设施，能进行实际生产，满足学生实际操作的需求，学生在按照企业岗位标准"做"的过程中，发现自己的不足，发现生产中的缺陷，从而激发创造意识、创造行为。

3. 校企共建研究机构

校企共同投入人力、资金成立科研机构，研究人才培养方案、课程标准的制定，开发实训项目，并且为企业解决生产、管理中的困难。根据企业、社会要求培养学生的理论知识、操作技能的同时，为学生提供研究条件。

（二）职业院校产学研一体化中的创造教育思想体现

1. 为学生构建了创造的基础

职业院校与企业共建实训基地，在企业专家的参与下按照实际生产要求设计实训、实习内容以及考核标准，使学生在动手做的过程中掌握基本原理、操作要领，即"从学习的原则看起来，事怎样做，就须怎样学"。陶行知先生认为，"做"与"学"不是孤立的，"做"的同时达到了"学"的目的，同时，在解决"做"中遇到问题，产生了创造的欲望。

2. 为学生创建了创造的场所

产学研一体化把企业、职业院校的资源有机结合起来，为学生构建了良好的创造场所。陶行知先生主张"为着进行经常的集体学习，最好是联合起来组织社会大学、星期研究会以实施共同之进修"，学校给学生提供的是学习场所，企业给学生提供的是创造的动机和结果，两者结合起来，为学生提供了良好的创造场所。

3. 为学生构建了创造的实现机制

陶行知先生认为"行动是老子，思想是儿子，创造是孙子""劳力上劳心，是一切发明之母"。"做"引发思考，思考的结果可能形成创造，这是一个连续的过程。职业院校产学研一体化为学生提供实训基地作为"做"的场所，提供教室作为集体思考的场所，也提供科研机构作为"创造"的条件，创造的结果又可以在实训基地得到检验。这种体系化的创造教育环境，可以更好地培养学生的创造能力。

陶行知先生的创造教育思想产生于一定的时代背景下，但是，在新时代仍有很大的借鉴意义。解放对学生的束缚，激发他们的创造意识、创造能力，是新时代下培养高素质创新型技能人才的有效途径。透彻理解陶行知先生的创造教育思想，使其在新时代下焕发出新的光彩，有助于我国当前的职业教育改革。正如习近平总书记所要求的："推动中华优秀传统文化创造性转化、创新性发展，不断提高人民思想觉悟、道德水平、文明素养，不断铸就中华文化新辉煌。"弘扬优秀传统教育思想、理念，创新我国现代职业教育育人模式，是新时代的要求，也是每一个职业教育从业者应尽的义务。

第四节 生活教育观下的新时代职业教育

陶行知先生在实践的基础上，发扬我国传统的教育思想，改造西方实用主义教育理论，提出了生活教育理论，对于新时代下的职业教育有很好的借鉴作用。

生活教育理论倡导"生活即教育"，教育学生的最好形式，是让学生在生活中受到教育。对于职业教育来说，应让学生在生产现场接受教育，在掌握理论、技能的基础上对生产加以改进。

生活教育理论倡导"社会即学校"，教育是为社会服务的，同时，也要发动社会力量支持教育。对于职业教育来说，企业、行业参与是提高办学水平的重要因素。

生活教育理论的方法论倡导"教学做合一"，"教的方法根据学的方法，学的方法根据做的方法，事怎样做就怎样学，怎样学就怎样教。教与学都以做为中心。在做上教的是先生，在做上学的是学生"。职业教育的首要目的是让学生掌握职业要求，亲身感受、亲自去做，如此才能让学生深刻地理解工作要领,掌握操作的关键技能。

一、"生活即教育"的内涵

陶行知先生认为应"给生活以教育,用生活来教育,为生活向前向上的需要而教育"。对于职业教育来说,不但要教育学生为什么要学习、怎样生活,更重要的是,在专业课、实训课教学中,也应为学生设置真实的情境。正如叶圣陶先生所说,"学校应该为学生设置种种环境""过什么生活便受什么教育"。

1. 以校园文化感化学生

置身在具有鲜明文化特色的校园中,学生可以受到潜移默化的影响,自觉或不自觉地提升自身的德育素养。职业院校的学生学业压力较小,世界观、人生观、价值观尚未成型,辨别是非善恶的能力不够,心智未完全成熟,课余时间接触网络的机会较多,容易受到不良思想的侵蚀,而富有新时代特征的校园文化,有助于学生从迷失中找回正确的人生方向。校园建筑、标语、集体活动都是校园文化的一部分,都应围绕校园文化的统一主题设计,使学生通过所听、所见受到感化,引导学生树立正确的价值观、人生观。

2. 以工作实景培养学生的职业素养

职业学校的学生毕业后大都直接走上工作岗位,在校期间就应培养职业素养。引企进校、校企共建实训基地等形式都有助于为学生构建真实的工作场景,学生在岗位上感知团队协作的重要性、"工匠精神"的魅力、职业素养的真实含义,比单纯给学生说教更为生动有效。

二、"社会即教育"的内涵

陶行知先生认为,社会就是一个伟大无比的学校,学校不得关起门来办学,必须和社会生活联系起来,运用社会力量充实教育资源的不足。职业教育主要面向生产、管理一线培养技能型人才,学生首先要掌握的是操作技能,职业教育应该给学生创造实训、实习条件,让学生亲自动手,这是提高教学质量的很好途径。但是,在实际教学工作中,让学生在生产、经营环境中学习常常是不能实现的:一方面,设备设施不能满足需要;另一方面,目前,在我国没有足够的岗位,也不可能让学生在企业的工作过程中学习。因此,广泛吸引企业、行业参与职业教育,为学生创造更多的岗位体验机会是非常必要的,即陶行知所说的"把整个社会或乡村当作学校"。

当然,社会对职业教育投入的同时,也要求职业院校对社会有所贡献,即

"我们要求每一个学生个性上滋润着智慧的心，了解社会与大众的热诚，服务社会与大众自我牺牲的精神"。职业院校应通过思想品德课程、主题班会、社会实践、社团活动等形式，培养学生的社会责任感、社会主义核心价值观，树立为国家富强、民族复兴而努力学习的信念。

立德树人是学校教育的首要任务，而社会责任感的培养更是重中之重，学生只有具有社会责任感才会有学习的动力、为祖国做贡献的信念。让学生在生活中感知社会责任的重要意义，不但是职业院校的义务，也是整个社会的义务，即"总说一句，生活教育是大众的教育，大众自己办的教育，大众为生活解放而办的教育"。

三、"教学做合一"的内涵

"教学做合一"是生活教育理论的方法论，也是生活教育理论最关键的部分，企业、行业、社会参与职业教育，用生活教育学生，都要在"做"中才能达到教育的目的。陶行知先生认为："教的方法根据学的方法，学的方法根据做的方法，事怎样做就怎样学，怎样学就怎样教。教与学都以做为中心。在做上教的是先生，在做上学的是学生。"学生学习时，要遵循事物本身的发展规律。教师教学生时，要根据学生的情况，遵循学生的学习规律。教师和学生要把握事物的规律，按照事物本身的规律进行教和学，条件许可时，可以边做边教、边做边学。同时教师自己也要动手做，通过做提高自己的教学、技能操作水平，然后才能给学生必要的指导。"教学做合一"不但要求老师先研究教的内容、学生学的方法，而且老师和学生都必须"做"，老师从做中了解怎样做、怎样教，学生在做中掌握怎样学、学什么，做成为教和学的出发点和归宿，两者都围绕着"做"展开。

但是，我们不应该直观地认为只有实训、实习需要"教学做合一"，思想品德教育、基础文化课程也应联系实际，联系生活，让学生亲身体会祖国强大的重要性，语言的艺术魅力，这样可以起到更好的教学效果。

四、新时代下生活教育理论在职业教育中的实践

新时代下的职业教育对于我国经济、社会发展的作用举足轻重，但是，目前我国的职业教育还存在很多不足之处，陶行知先生认为，"行是知之始，知是行之成"，应为学生提供"行""做"的条件。

1. 培养"双师型"教师

实践是掌握理论知识的开端和基础，"故职业教师之第一要事，即在生利

之经验"。作为培养岗位操作技能人才的教师，首先自己应该熟练掌握操作技能、通晓操作原理。但是，教师不能只局限于会操作，"则健全之职业教师，自必以经验、学术、教法三者皆具为标准"，即教师在会操作的基础上，还要具备丰富的专业理论知识，能灵活运用多种教学方法、手段。由此看来，对于职业院校的"双师型"教师来说，首先要具备精湛的专业技术能力，然后还要具备丰富的专业知识能力、娴熟的教育教学能力，这样才能熟练地指导学生领悟岗位工作原理、掌握操作技能。

2. 师生践行"教学做合一"

陶行知先生认为："人类与个人最初都是由行动而获得真知，故以行动始，以思考终，再以有思考之行动始，以更高一级融会贯通之思考终，再由此跃入真理之高峰。"如果想提高学生解决实际问题的能力，首先教师就应该知道解决问题的基本原理和途径，再让学生在实际工作中逐步积累解决实际问题的能力。"教学做合一"的教育方法不但要求老师先研究"教"的内容、掌握学的方法，而且老师和学生都必须"做"，老师从"做"中了解怎样"做"，学生在"做"中掌握怎样"学"才能会"做"，"做"成为"教"和"学"的出发点和归宿，两者都围绕着"做"展开。职业院校主要面向生产、管理一线培养实际操作人才，他们是我国未来职业人才队伍的主要力量之一，在对学生进行培养的过程中，不但要提高他们的思想道德水平、动手操作能力，创造力的培养也是必不可少的。通过我们对企业的调研以及企业反馈给我们的毕业生表现来看，企业在聘用高职毕业生时，除了要求他们掌握一定的理论知识和操作技能以外，也重视他们的团队合作、沟通、学习、创新及分析、解决实际问题等方面的能力，按照他们的说法就是"头脑要灵活"。要使学生头脑灵活，必须提高他们领悟、运用新知识的能力，而这种能力是在解决实际问题的过程中逐步培养的。所以，陶行知先生认为"学生拿做来学，方是真学"，即学生应该在"做"的过程中"学"，才能明白为什么这样做、提高发现问题和解决实际问题的能力，才能灵活地运用自己的知识更快地解决工作中遇到的问题、领悟和实施上级的指令，如此则可以提高他们的创造性以及解决问题的能力。

3. 深化校企融合

陶行知先生认为："为着进行经常的集体学习，最好是联合起来组织社会大学、星期研究会以实施共同之进修。"《国务院关于印发国家职业教育改革实施方案的通知》（国发〔2019〕4号）要求"优化学校、专业布局，深化办学体制改革和育人机制改革，以促进就业和适应产业发展需求为导向，鼓励和支持社会各界特别是企业积极支持职业教育，着力培养高素质劳动者和技术技能人才"，吸引企业、行业、社会参与职业教育，既是国家政策的要求，也是职业教育实践生活教育理论的途径。

在传统的校企合作模式下，企业参与不积极的一个主要原因是企业的利益不能得到保证。企业在投入资金、设备设施、人力资源后，职业院校不能给予相应的回报，很多毕业生也是从自身利益出发选择企业，优秀的毕业生希望在更好的企业工作。

校企深度融合应做到校企共同投入、利益共享。企业、职业院校共同投入资金、人力等资源构建稳定的校企合作机构（例如研究所），企业专家、专业教师共同协作，研究、改革人才培养模式，实施教材编写、学生实习指导、企业科技攻关、经营管理流程优化等共赢性项目，专业教师深入企业，了解企业的岗位操作、经营管理，实现真正的"做"；同时，结合企业的实际情况开展理论研究，为企业的更好运行出谋划策，不但能真正实现"教学做合一"，而且在运行过程中，还能实现利益共享。

4. 优秀企业文化进校园

优秀的企业文化大都符合时代精神，反映了富有时代感的价值观，在校企深度融合的基础上，把优秀企业文化引入职业院校校园，帮助学生培养正确的价值观、人生观，打造"工匠精神"，在实训、实习过程中培育学生的创新精神、创新能力，培养新时代完美的高技能人才。

在实践中，企业文化可以融入校园文化，可以结合实训操作的考核标准，让学生通过感官感受企业文化，真实地感知企业文化的魅力。一味地灌输理论很容易让学生感觉教育的苍白无力。

陶行知先生提出的生活教育理论被国内外大量研究者深入研究，近百年来，衍生出大量研究成果，联系新时代的背景深入理解生活教育理论，使其焕发出新的光彩，是新时代下高素质技能人才培养的需要，也是充实我国职业教育理论的有效途径。

第五节 "行知合一"观下的"双师型"教师培养

职业教育的培养目标是技能型人才，他们必须掌握一定的岗位操作技能、具备独立解决工作中问题的能力，这就要求职业教育的教师除了掌握丰富的理论知识外，还要熟悉岗位操作技能，不但要知道如何做，还要知道为何这样做、怎样做会更好。2000年1月印发的《教育部关于加强高职高专教育人才培养工作的意见》（教高〔2000〕2号）、2004年4月下发的《教育部办公厅关于全面开展高职高专院校人才培养工作水平评估的通知》（教高厅〔2004〕16号）等都对"双师型"师资队伍的建设提出了具体要求。近年来，我国职业院校各显所长、广开渠道，大力培养"双师型"教师。但是，在实际工作中，也存在着教师企业实践不足、技能掌握表面化等缺陷。"双师型"教师的培养，首先，要有稳定的校企合作作为支撑，给教师长期动手做的环境；其次，教师通过"做"才能深刻理解、掌握岗位操作技能，创新操作流程、生产技艺，达到授业、解惑的境界。

陶行知先生认为，"行是知之始，知是行之成"，实践是掌握理论知识的开端和基础，"故职业教师之第一要事，即在生利之经验"。作为培养岗位操作技能人才的教师，首先自己应该熟练掌握操作技能、通晓操作原理。但是，教师不能只局限于会操作，"则健全之职业教师，自必以经验、学术、教法三者皆具为标准"，即教师在会操作的基础上，还要具备丰富的专业理论知识以及能灵活运用多种教学方法、手段。由此看来，对于职业院校的"双师型"教师来说，首先要具备精湛的专业技术能力，其次还要具备丰富的专业知识能力、娴熟的教育教学能力，这样才能熟练地指导学生领悟岗位工作原理、掌握操作技能。

目前，职业院校"双师型"教师来源途径主要有三个：企业引进、专业教师培养、新进教师培养。三种途径各有弊端，从企业引进的教师虽然操作技能娴熟，但是理论知识存在欠缺、教育教学能力达不到要求；而后两种在实施过程中也存在很多困难，专业教师向"双师型"教师转化过程中，必须有大量的企业岗位操作实践经历，大部分专业教师没有在企业岗位长期任职的条件，而且，在企业任职、锻炼、实践过程中，也在考勤、工资报酬、考核等方面存在在政策、制度依据标准等困难。因此，在"双师型"教师培养的实践中，出现了多种途径，但是，这些途径都以给教师提供"做"的环境为基本目的和形式。

一、以"做"为形式的"双师型"教师培养途径

1. 校内外实训基地

在更有效的途径出现之前，大家认为，利用校内外实训基地可以满足对"双师型"教师"做"的要求，专业教师在校内实训基地熟悉岗位操作基本要求、领会相关理论，确实在"做"的过程中有所成长，但是，这种走马观花的形式，并不能让专业教师真正掌握岗位操作技能。例如，汽车维修岗位遇到

的汽车故障多种多样，校内实训室无法模仿这些故障，也没有能力提供所有类型的汽车。而在校外实训基地，教师也是偶尔参与岗位操作，且由于经营性质，也不可能让教师独立担任重要岗位的操作。因此，校内外实训基地只能使教师了解最基本的原理，无法给教师真正"做"的实质性条件。

2. 仿真实训室

对于一些昂贵、规模较大等难以在校内安装、运营的设备、设施、岗位，职业院校常用的方式是建立仿真实训室，教师和学生可以在这里进行模拟操作，掌握基本的操作技能。但是，其缺陷是显而易见的，仿真毕竟不是完全真实的，其功能、原理、外观、构造、操作等方面都存在差异，教师无法达到岗位操作要求，有时即使学生掌握了教师教授的操作技能，也无法胜任岗位要求。

3. 企业短期实践

为了使专业教师能在真实的企业生产、经营环境中熟悉、掌握岗位工作要求，教育行政管理部门、职业院校为一些专业教师提供了半年左右的企业实践机会，教师以岗位操作人员的身份参与企业经营、管理、生产，确实在提高这些教师的岗位操作技能方面起到一定作用。但是，短期实践并不能改变这些教师的身份，他们虽然基本掌握了岗位操作技能，但是，每个企业的岗位操作要求有所差别、岗位操作本身也在不断变化，经过短期实践后，这些专业教师大多数仍然只能掌握基本的操作要求，无法达到企业岗位熟练操作人员的要求。

4. 生产性实训基地

我国行业主管部门主办的职业院校曾采用"校中厂"等形式保证教师、学生的实训、实习需求。近年来，为了改善校内实训基地的实际生产经营性，一些职业院校在校内建设了"生产性"实训基地，这些实训基地从事真实的生产经营，例如在校内开办旅行社、快递收发点、财务咨询服务公司等，为教师、学生体验岗位操作技能提供了很好的场所。但是，这种形式依然存在明显的不足：一是生产经营不同于一般的公司、企业，公司、企业大多是以营利为目的，生产经营中追求高效、高利润；二是通常的公司、企业处于市场竞争中，其生产、经营技术是不断进步、完善的。因此，校内生产性实训基地虽然投入巨大，但是，建成后已经与真实的企业生产经营有所差别，而且管理难度较大，特别对于有事故、亏损等风险的生产、经营，更加难以管理，最终培养"双师型"教师的效果依然难以令人满意。

总的来看，以上这些形式虽然表面上给了教师亲自动手做的机会，但是，不能从本质上理解岗位操作技能，更不能以此为基础，把握怎样教学生。陶行知认为,"教学做合一"才是教学的较好模式,教师教的前提是要"做",教师不能真正去"做",就不能理解"做"的规律,也不能把握"教"的规律。

二、行知合一观下的"双师型"教师培养模式

近年来,从理论、实践、中央政策等层面都比较重视深化产教融合、校企合作,产教融合一方面要求学校深入企业、行业、社会,另一方面也要求企业与学校深度合作。但是,作为以营利为目的的企业,对于校企合作并不是非常积极。我国部分职业院校不断探索,构建了"产学研一体化"的行知合一模式,给教师深入生产、经营实践提供了条件,也给企业深入职业人才培养打通了渠道,实现了真正的"行知合一"。

1. 行知合一的构建

在传统的校企合作模式下,企业参与不积极的一个主要原因是这些模式不能保证企业的利益。企业在投入资金、设备设施、人力资源后,职业院校不能给予相应的回报,很多毕业生也是从自身利益出发选择企业,优秀的毕业生希望在更好的企业中工作。

在产学研一体化模式下,真正实现了共同投入、利益共享。企业、职业院校共同投入资金、人力组建稳定的校企合作机构(例如研究所),共同管理、经营,按照投入的多少分享收益。许多职业院校在实践中构建了多种机构,例如苏州旅游与财经高等职业技术学校的文化旅游研究所,就是以企业、职业院校入股,以研究所、旅行社等为实体的校企合作机构。

2. 行知合一的实现

在校企合作机构内,企业专家、专业教师共同协作,研究、改革人才培养模式,实施教材编写、学生实习指导、企业科技攻关、经营管理流程优化等共赢项目。在运行过程中,专业教师作为机构的员工,可以深入企业,了解企业的岗位操作、经营管理,实现实质上的"做";同时,结合企业实际开展理论研究,为企业的更好运行出谋划策,不但真正实现了"行知合一",而且在运行过程中,实现了利益共享。

3. 行知合一的效果

专业教师借助稳定的校企合作机构,深入企业岗位,真正实现了"做中学",在掌握操作技能的同时,科研、教学能力得到很大提升,成长为优秀的"双师型"教师。例如,苏州旅游与财经高等职业技术学校借助产学研一体化,提高了专业教师的操作技能,在全国技能大赛中多次获奖;同时也提高了专业教师的教学能力,在全国教学大赛中有多人获奖。

三、"双师型"教师行知合一培养模式构建建议

对于"双师型"教师的要求,不管在操作技能方面,还是在教学能力方面,都不只是对于职业人才培养的要求,还是教育教学规律的要求。陶行知认为,应视"教学做"为一体,"做"是核心,主张在做上教、做上学。因此,在"双师型"教师培养过程中,应注意以下几点:

1. 责权、利益划分明确

作为以营利为生存之本的企业来说,在参与校企合作时,也要考虑自己能获得哪些利益、应该承担哪些责任、享有哪些权力。例如,"产学研一体化"模式首先确定了企业的权力和责任,企业必须向产学研一体化机构投入人力、资金,企业有权在人才培养、实训项目建设等方面提出建议,甚至参与决策,并且有权要求职业院校教师参与企业科技攻关、项目建设等。作为职业院校,也应明确参与产学研一体化的校内部门或机构,一般是以系部直接参与,这样不但方便管理,而且细化了责任承担、权力执行主体,具有一定的约束、督促作用。同时,一般会设立稳定的合作机构,例如双方共同设立研究所,作为投资、合作的共同管理机构,企业对于校内人才培养过程具有一定的决策权。学校还应指定参与产学研一体化的系部、教师也必须深入企业,参与企业的生产经营、岗位操作、技术研发等,真正实现"行知合一"。

2. 制定教师参与制度

对于参与校企合作的专业教师,应制定明确的规章制度予以规范,例如,考勤、考核、津贴等制定应细化,避免参与的专业教师缺勤、走马观花,督促其认真履行自己的职责、安心在企业掌握岗位操作技能,并对达到"双师型"教师标准的教师予以奖励、兑现相应的待遇。

总之,"做"是培养"双师型"教师的必要环节,在"双师型"教师培养过程中,应给予其长期、稳定的企业实践条件,按照传统做法无法达到这一要求。深化校企融合,例如构建"产学研一体化"机构,给专业教师创立行知合一的环境,是培养优秀"双师型"教师的可行途径。

第三章 职业教育产学研一体化的
内涵与办学模式创新

第一节 职业教育产学研一体化办学概述

一、职业教育产学研一体化的内涵

从现有参考文献来看,目前,各国学者对产学研合作已经进行了大量研究,在理论上取得了丰硕的成果,实践中也积累了许多经验。但是,对于职业教育产学研合作,特别是产学研一体化的研究非常少,对其概念没有取得公认,已有研究成果中的相关观点可以归纳为三类:一是"实体说"。从参与主体的定位和视角研究职业院校产学研一体化,持这种观点的研究者认为,企业(产)、学校(学)、科研机构(研)在合作过程中,其牵头主体可以不同,从而合作重点有所差别,但大多认为是企业牵头,以技术开发、科研成果转化为目标进行合作。此外,一些学者从企业的角度,把产学研一体化定义为一种"以产养研、以研促产"的企业经营方式。也有学者从学校的角度,认为产学研一体化是以改善学校教学质量为主要目的,利用企业、科研单位等多种主体的优质资源填补职业教育的不足、发挥职业教育的特色,实现技能人才的针对性培养。二是"功能说",即职业院校产学研一体化的主要动机是主体功能的更有效利用。按照系统理论,生产(企业)、教学(学校)、研发(研究机构)综合功能的更好发挥,应基于三者的系统性合作,而基于三者合作中具体结构和关系的差异,演绎出了不同的观点。一种侧重生产功能,他们认为职业教育产学研一体化是以"生产"为中心,"教学"是为"生产"提供更好的技能人才,"研发"是为了以更低的成本、更高的效率生产符合市场需求的产品。但是,在合作过程中,学校依然要达到改善人才培养的目的,其原因是企业为了改进生产效率、开发新产品,必须帮助学校改进人才培养质量,同时学校老师在参与研发时,提高了自己的专业水平。另一种则侧重教学功能,支持这一观点的学者认为,在产学研一体化中以"教学"为重点,围绕学生知识的获得和技能的习得展开合作，"生产""研发"是教育教学的两翼，围绕并服务于其需求，同时又是完整的共同体。还有一种观点三者并重，认为产学研一体化是以培养高素质劳动者和技术技能人才为核心，集生产、教学、研发功能为一体的办学模式。三是"跨界说"，即从"界"这一宏观层面出发，认为产学研一体化是跨越生产、教育、科研的边界，成为联结这三"界"的关键纽带。事实上，从职业教育诞生之日起，它就显示出跨界的属性，但是，随着技术成为促进生产发展的一个重要动力，产学研三界的整合必要性日益显现。追溯产学研一体化的源头可以发现，其并不是职业教育自我衍生的事物，它起因于职业教育与生产的必然联系，又被发达国家高等教育追求实用性而推动。事实上，产学研一体化在实践层面显而易见地已经跨越了生产、教育、研发的边界，当前急于解决的是跨界后的持续发展问题。在我国，大多数职业院校属于公办性质，它们的主要功能是满足经济发展对于技术技能人才的需求，而不是营利。同时，对于中国的职业院校来说，技术攻关、产品开发的难度太大。因此，当前中国职业教育面临一个非常紧迫而又被很多研究者忽视的问题，即如何结合当前及未来一定时期内行业发展的趋势，培养岗位急需人才。显然，职业院校与企业合作是必要的，但是，如何深化校企合作又是需要不断探索的，从当前文献来看，产学研一体化是深化校企合作、促进科技创新的一种较理想的模式，它从根本上解决了职业院校深入生产一线、企业急需人才的培养和优化整合资源满足企业、职业院校增强核心竞争力的问题。

但是，中国目前的政策话语体系和研究话语体系对于产学研一体化的阐述存在着一定的错位，产学研一体化与产教融合、产学研合作等相关概念的区别也应梳理清楚。

首先，是对于产教融合的理解。在理论层面，一些学者认为，"产"是指产业，"教"是指职业教育，融合是指在某种机制的作用下两者的资源、日常运行在一定限度内融合在一起，发挥更好的作用，实现更大的产出。也有一些学者认为，"产"应该是指生产，产教融合是指职业教育的人才培养过程应该和生产过程结合起来，实现学中做、做中学，让师生深入生产一线，这样才能更好地遵循技术技能人才培养规律。显然，第二种理解虽然比第一种狭隘，但是却比第一种具体，它很好地回答了应该怎样实现产教融合的问题。同时，从政策体系层面来看，把产教融合与深化校企合作等同起来是正确的，但是，产教融合不同于深化校企合作，深化校企合作有更多的路径。很重要的一点是，中国政府应从政策制定的角度细化产教融合，为其持续发展提供政策、法律法规的保障。从政策制定的角度来看，产教融合这一概念的提出，对于职业教育的发展具有深远意义，它为两个国民经济部门之间的合作与对话提供了政策上的依据，为突破当前职业教育浅层次的合作，推动双方利益诉求的满足提供了通道。国务院《国家职业教育改革实施方案》提出"培育数以万计的产教融合型企业"的要求和目标，把产教融合视为当前提高职业教育教学质量的主要途径，从国家发展战略的角度指出产教融合是我国职业教育深化校企合作的总体方向。在实践层面，一方面，产教融合是落实政策的要求，另一方面，产教融合也是满足区域产业升级，为经济社会发展提供高素质技术技能人才的要求。随着中国进入社会主义建设新时代，创新成为推动经济发展、产业升级的重要动力，技术在生产、服务中的作用不断增强，人工智能代替简单一线操作的趋势越来越明显，职业教育必须加大供给侧改革，跨越教育与生产、学习和工作、知识和技能的界限，实现专业（群）和产业对接、课程内容与职业标准对接、教学过程与生产过程对接，培养动手能力强、富有创造精神、掌握行业发展趋势的高素质技术技能人才。

其次，是关于产学研合作的理解。产学研合作起源于企业、科研机构和高等学校之间的合作，通常指企业在技术需求的拉动下，与科研机构、高等学校之间的技术研发、科研成果转化、产品开发等领域的合作，其实质是促进技术创新所需各种生产要素的更有效组合，强调资源的重新优化整合。作为一种制度设计，它通过资源、收益共享的方式促使高校、企业、科研机构等分属不同社会属性的主体基于共同利益和互相需求，寻找共同发展而开展的深度合作与交流的形式。其萌芽出现于19世纪的《莫雷尔赠地法》，20世纪50年代以"斯坦福工业园区"的创办作为标志而正式建立。相较于高等教育产学研合作，中国职业教育产学研合作起步较晚，2006年，教育部《关于全面提高高等职业教育教学质量的若干意见》明确提出："以服务为宗旨，以就业为导向，走产学结合发展道路"，首次从国家层面肯定并大力提倡以职业教育产学研合作作为提高教育教学质量的重要手段。2014年，《国务院关于加快发展现代职业教育的决定》明确提出："专科高等职业院校要密切产学研合作，培养服务区域发展的技术技能人才，重点服务企业特别是中小微企业的技术研发和产品升级。"但是，2019年国务院发布的《国家职业教育改革实施方案》中数次强调"产教融合"，只是在高层次应用型人才培养这一部分提出"以产学研用结合为途径的专业学位研究生培养模式"，似乎弱化了产学研合作在职业教育中的作用，从《国家职业教育改革实施方案》的主要内容可以看出，这一方案主要集中于提高教育教学质量和完善职业教育体系，没有明确标准体系制定、产教融合、企业参与职业教育、多元办职业教育等职业教育发展目标的具体途径，忽略产学研合作是理所当然的了。

综上所述，产教融合、产学研合作和产学研一体化之间的关系可以这样解释：一是产教融合是职业教育发展的内在价值取向，为产学研合作和产学研一体化提供方向性的指引，既不提供具体的办学模式，也不回答采用何种人才培养模式，它的核心作用是高屋建瓴式地发挥引领指导作用；二是产学研一体化是产学研合作的高级模式，它以"校企研一体化"为导向，以共同进行技术研发、成果转化、专利发明权利的转移等为载体，实现不同所有权下的资源优化整合，它克服了组织实体间的差异，是层级更高、程度更深、潜力更大的系统性技术技能人才合作培养的现代模式。产学研一体化与产学研合作并没有实质性区别，关键在于合作主体之间利益的紧密度、行动的协调度。但是，如果产学研一体化已经达到互持股份的程度，则与产学研合作就具有本质区别，因为产学研合作毕竟是不同主体明显区分开的。基于以上分析，我们可以如此定义职业教育产学研一体化：在校企深度合作、产教融合的基础上，发挥职业院校、企业、行业及科研机构的资源优势，为人才培养提供做中学、学中做的多种教学环境、教学资源以及人才培养模式，融生产性实训、顶岗实习、研发为一体的，旨在把以课堂教学、专职教师为主的学校教育与直接获取岗位工作经验、职业能力为主的生产、产品研发、科研成果转化等有机结合的教育形式。它是一种更加符合职业教育教学规律，重在强调技术技能人才系统性培养的人才培养模式创新，也是中国进入智能制造时代后，职业教育发展的必然方向。

二、职业教育产学研一体化办学实践层面的特征

此处，本文未能分别从科技创新、区域发展等多方面讨论产学研一体化，仅就产学研一体化办学实践层面的特征进行分析。

（一）办学主体多元化：多方参与主体的利益共享

从职业教育的性质、人才培养目标来看，跨界应是其本质属性，职业教育产学研一体化既实现了办学主体的多元性，也是其体现跨界性的途径。跨界的职业教育需要相关主体全面看待利益：教育者跳出教育看教育，看到市场对人才的需求，看到其他主体对培养人才的作用；企业家跳出企业看企业，看到企业发展的动力源泉，看到企业参与教育对企业的益处；科研机构跳出科研看科研，看到教育主体对科研的推动作用，看到职业教育对人才储备的意义。当然，不同主体从不同的角度对同一问题可以得出不同的答案，最重要的是，把握利益所得的来源多样性。就像20世纪50年代还是默默无闻的斯坦福大学，在其他知名大学固守象牙塔时，它勇敢迈出创立"斯坦福工业园区"的第一

步,在短短的 20 多年里,跻身世界知名大学的行列,也成就了蜚声世界的"硅谷"。产学研一体化涉及政府、行业、企业、学校、科研机构等众多相关利益主体,它不仅在办学模式方面实现了多主体化,更重要的是在利益相关者之间实现了资源优化整合再配置。在分析其办学实践特征的时候,我们不仅要先明确办学主体的角色和定位,还要把各个主体的职责与功能作为先决条件,这样对于产学研一体化的动机、发展机制才能梳理地透彻,为归纳出其深入推进和持续发展机制做好铺垫。

首先,政府作为社会公共事务的管理者,其推动职业教育产学研一体化的最终目的是社会、经济持续有序发展,承担着为企业、学校、科研机构架设沟通渠道,制定法律法规、监督体系、宏观调控体系的职责,同时,也担负着组织协调、制定激励机制的功能,其获得的直接利益是人力资源的优化、技术创新体系的完善、就业率和税收的持续增长。

其次,行业协会、学会虽然是民间组织,但在我国经常扮演准政府组织的角色,在职业教育产学研一体化的产生、健康发展中也起到很重要的作用。它的直接作用有两方面:一是架起企业之间、企业与学校之间、企业与政府间合作的桥梁,职业教育产学研一体化的主体可能是多个企业、学校,这时,行业协会的组织、协调作用就非常重要;二是作为产业界的代表从微观、中观甚至宏观上参与指导教育教学、开展质量评价,它可以作为区域性或全国性的行业界代表影响专业人才培养的整体规格和标准,规避与单一企业合作时的局限性。当前,中国行业协会、学会在职业教育人才培养中的作用在不断增强,它们不但参与人才培养方案、课程标准、实训实习项目、质量评价体系的制定或修订,而且作为政府或行业的代表影响行业性科研的方向、师资队伍建设及职业资格培训和鉴定。

再次,企业作为营利性组织,它不但影响职业教育产学研一体化的发展方向,而且是其持续发展的中坚力量。职业教育人才培养质量大多要在企业岗位最终受到检验,生产性实训实习要靠企业提供或辅助建设必备的环境,技术研发或产品开发要靠企业转化为经济效益。无论从理论层面还是实践层面,企业在职业教育产学研一体化的发起、运行中的作用都不容忽视。可以说,企业参与的积极性决定着产学研一体化的运行质量。职业院校人才培养与产业需求对接、课程内容与岗位要求对接,必须以与企业密切合作为前提。中国许多职业院校在开展产学研一体化的过程中,均在政府的宏观政策指引下直接由政府作为协调者成立了学校、行业、企业及科研机构和其他社会组织等主体参与的组织机构,产学研一体化的多元主体参与特征非常明显。

（二）人才的系统性培养：产学研的有机统一

生产、教育教学、研发的有机融合是职业教育产学研一体化促进技能技术人才培养方面的特征，三者的紧密联系构成了交互式有机体，它有效实现了知识、技能、成果转化的相互促进和有序提高，是促进职业教育人才培养与市场需求的衔接、有效服务于区域经济社会发展的重要路径。

首先，推进产教融合。产教融合是职业教育校企合作深入进行的主要趋势，当前校企合作的订单培养、顶岗实习等模式存在先天不足。订单培养打破了人才培养的社会服务性，成为某些甚至某个企业的专有品，如果企业运营不佳或合作出现偏差，不但订单班的学生未来人生发展受挫，而且可能从根本上影响学校的教育教学水平。顶岗实习是一些职业院校津津乐道的成功之举，但实质上中国的顶岗实习存在多方面的缺陷：一是实习内容侧重于简单的生产岗位操作，与专业知识融会贯通的太少；二是很多企业接受实习生只是为了填补一些操作简单、待遇较低的岗位工人的空缺，合作发展前景不能令人满意；三是学生管理困难，当前，大多数职业院校提倡校企共同管理，但实质上还是按照企业标准管理为主，实习中指导师傅的教育教学效果也难以准确把握。而产学研一体化中行业企业和学校等相关利益方的关系更加紧密，甚至达到互持股份的地步，任何一方都在合作中有一定的发言权和决策权，可以在一定程度上参与合作方的日常管理。在这种模式下的企业是全过程、全方位参与人才培养的，从人才培养方案、课程标准、实训实习项目的制定到学生的评价，人才培养规格、专业（职业）技能项目及能力标准与岗位、市场需求紧密对接，教育教学和生产通过系统化、组织化的对接，保障了高素质技术技能型人才的培养。

其次，产研互通。生产和研发之间应存在天然的我中有你你中有我的紧密联系，但是在传统的职业教育任务中，教师以理论教学为主，实训是为了消化、理解理论，理论教学、实训实习都是为了掌握一线操作技能。产学研一体化彻底改变了这种局面，把"科研"视作职业教育的重要组成部分，把"生产""科研"设计为同时进行的过程，生产为科研创造了机会和条件，科研促进了生产的转型升级、效率改进及与市场需求的对接。这种模式提高了职业院校在企业心目中的地位，职业院校不再是廉价劳动力的提供者，而是高素质技能技术人才的摇篮，是企业利润来源、核心竞争力积累的重要组成部分。产学研一体化的办学模式契合了企业对人力资源、技术创新的需求，以市场为导向的生产和以生产为导向的科研及其成果转化，为职业院校发挥产品开发、技术升级攻关提供了发展的渠道。产学研一体化以实习为形式、项目为载体、问题为导向,通过"生产为导向、问题解决为中心"的方式,以产促研,以研促教增效,形成良性循环的有机系统。

总之,职业院校产学研一体化实现了做学研的完美结合。在传统观念中,职业教育培养的是生产一线技术工人,没有能力从事"研","研"的参与体现了职业教育人才培养的高标准,同时也是培养高素质劳动者和技术技能型人才培养的保障,从根本上改变了传统的束缚,拓展了职业教育人才培养的内涵。相比于本科院校的产学研一体化,有些学者认为职业教育产学研过于浮夸。中国大部分职业院校表面上看,研究基础、研究力量薄弱,但是,职业院校的"研"与本科院校的有区域、性质上的差别,本科院校的"研"主要是在尖端技术、行业甚至产业领域,职业教育的"研"则是集中于解决生产一线技术、流程及产品开发问题。当前,职业院校教师应改变只重理论、轻生产一线的弊端,潜心钻研生产一线的"研"。因此,"做""学""研"结合可以从两个方面来理解:一是学生技术技能培养和技术研发、岗位操作的关系;二是教师技能、专业水平、教学能力的提高和技术研发、岗位操作的关系。"做""学""研"不是截然分开的,"做"中有"学""研","学""研"在做中进行,学生和老师同时都在进行"做""学""研",二者也不是单向的独立过程,而是双向的互动过程,并且统一于企业技术研发、岗位操作过程中。简单来说,就是企业为师生提供"做"的环境,在"做"的过程中"学",提高师生的技术技能水平;师生在"做"的过程中发现企业岗位操作、流程、产品的问题,并通过"研"解决这些问题。在这个过程中,"做""学""研"实现了完美结合,企业、职业院校、科研机构的利益实现了统一。

(三)体制机制层面:互惠互促中观有机协作系统的实现

产学研中的三个部分在社会化活动属性方面是不同的,其活动主体、动力机制、运行规律目的性都存在很大差异,因此产学研一体化内部存在矛盾冲突,如教育教学的人才培养公益性与产品生产的营利性存在目的性和过程性的差异。在中观层面协调生产、教学、研发的经济效益和社会效益目的性、过程性的矛盾,既是产学研一体化持续运行的保障,也是其构建初衷得以实现的必要环节。"对接产业、依托行业、密切企业"的思路为产学研一体化的构建及持续运行提供了方法与途径,同时很多职业院校也在实践中验证了其可行性和有效性。对于职业院校来说,可以把以下几个方面作为突破口:

一是专业课程体系的构建。专业课程体系是从实践层面彻底改变传统职业教育重理论、轻实践的弊端。首先,基于行业企业岗位群的技术逻辑体系建立课程之间的内在联系,以职业能力为主线安排课程内容;其次,课程之间应体现层次性，以基本技能、核心技能、拓展技能为联系和基准划分专业基础课程、专业核心课程、拓展课程，既体现课程之间的逻辑性，又与产学研一体化相对应；再次，课程体系应体现素质与技能的融合，思想品德、职业道德、企业文化应融合于专业教学，避免素质教育的理论化、枯燥性，杜绝素质教育和技能技术教育两张皮。当然，从总体上，专业课程应以市场人才需求为导向，行业企业应全程参与课程标准、课程设置、教学计划、实训实习项目、学习质量评价及综合评价体系的制定，共同组织实施，共同构建实训实习体系，并承担学生课内外的指导任务。

二是兼专职教师队伍的建设。近几年，各级教育行政管理部门、职业院校都把建设"双师型"教师队伍作为重点工作，但在人才供给侧改革进行过程中，许多职业院校已经突破"双师型"教师的局限性，以校内专职教师、行业企业专家为基础，建设成了专兼、校内外结合的集教学、实训实习、科研于一体的教师队伍，校内专职教师不但具有丰富的理论知识、教育教学经验，而且在长期企业实践中，熟悉了生产一线操作要求、发现现存问题，在技术研发、新产品开发、流程改造方面提供了很多经验和实际贡献。基于产学研一体化下的教师队伍包括从企业、行业聘请来的实际操作经验丰富的管理者、技术能手，职业院校的专职教师在与其长期合作的过程中培养了管理能力、一线操作能力，并获得了与市场需求紧密对接的技术革新、产品开发、科研成果转化的能力。未来的职业院校教师，与本科院校比较，不再是层次上的差距，而是从事领域与专长上的区别。

三是产学研一体化常设机构的建立和持续运行。据统计，中国高职院校中的55.8%处于非省会城市（不含直辖市），对于职业院校来说，这虽然是一个弱点，但同时也是潜力发掘点。由于这些城市优质高等教育资源少，以"资源共建共享"成立产学研一体化，可以填补中小企业技术力量的欠缺，同时，也有利于高职院校科技项目、实践项目转化为生产力和实际产品。美国很多高等学校也是按照这个路径发展起来的，例如北卡州在第二次世界大战后经济较落后，当地居民收入处于全美平均线以下，1959年1月，当地政府出面在达勒姆市的杜克大学、查珀尔希尔的北卡罗来纳大学查珀尔希尔市分校、罗利市的北卡罗来纳州立大学之间的三角地带建立了研究园区，1994年，"罗利-达勒姆-查波尔希尔三角研究园区"创造的产值达到350亿美元，占整个北卡州的近1/5[①]。实践和理论都已经证明，教育和经济的关系具有引领和适应的双

---

① 程庆辉. 高速铁路科技创新的产学研一体化模式研究［D］. 中南大学，2011：33.

重属性，这也决定了产学研一体化是职业教育遵循经济社会发展规律的战略选择。在实际构建和运行中，职业院校应坚持以育人为中心、生产和科研为过程、满足经济社会需求为导向。产学研一体化的构建和持续运行，既需要各方主体的付出，也需要坚持以优化整合资源、提高整体效率为基础。

三、职业教育产学研一体化办学的实践模式

从近年来的理论研究和发达国家、中国高等教育的实践来看，产学研一体化一般都是以政府引导、企业牵头、技术开发或科研成果转化为导向的。但是，由于职业院校产学研一体化的主要领域、目的不同，其实践模式也有所差异，当前主要表现为学校自主型、校企共建型、中介平台型。

（一）学校自主型

迫于人才培养与市场需求脱节的压力，近年来，职业院校开始探讨产教融合、校企合作的深化、优化路径，其中一些依赖自身的物质与人才等资源优势，在当地政策的许可范围内，建立了生产性实训中心与校办企业，为教育教学与生产实践、技术转化紧密结合提供了条件。它的突出特点在于学校具有独立开展生产、教育教学、技术研发三个领域内业务的能力，学校可以根据市场对于专业人才的需求自主制订人才培养方案，通过校内生产性实训中心、自办企业以及自有研发中心等载体实施产学研一体化。但是，学校自主型产学研一体化自构建起始就存在弊端，实施过程中常出现很多需要克服的障碍。首先，以学校为主导的形式常常导致人才培养存在局限性。一方面，由于职业院校的资源有限，自办企业常常存在规模、现代化程度、经营范围等方面的限制，对人才的需求与行业、领先企业的实际需求并不相符；另一方面，企业自主经营能力、市场化程度的限制严重弱化了企业作为职业教育办学主体的地位。其次，资源以学校自身为主要提供者减弱了资源来源的多样化。职业教育区别于普通教育的重要原因是其在社会、经济领域的深入渗透，它的发展需要社会多个层次、领域大量优质资源的支持，且职业院校作为公益性组织，组建生产性实训中心、面向市场的研发机构等经济实体需要多方面的政策支持和一定时期内持续的大量资金投入，职业院校单薄的人力资源、有限的设备设施、场地等资源难以同时进行生产、教育教学、研发等功能的完善。因而，在实践中，学校自主型的产学研一体化模式数量不多、规模有限，主要是具有典型行业办学背景的职业院校，在开办之初就属于行业办学，与行业主管行政管理部门有着先天的联系，在发展中始终与行业行政主管部门、管辖内的企业及科研机构有着密切的联系，这样的案例难以进行复制，普及、示范作用有限。

（二）校企共建型

校企共建型是指职业院校和企业基于"共同投入、共享资源、共同管理、共享成果、共担风险"的原则和理念，将职业院校、企业、科研院所等多种社会组织力量和优质职业教育资源有效整合，以协议形式缔约建设相互开放、相互配合、相互促进、互补互助的利益实体。它最为突出的特点是将生产、教育教学、技术开发融为一体，形成面向需求进行人力资源规划与供给、面向生产和市场进行技术革新与产品开发、面向市场需求生产的有机统一体，它主要在两个方面体现出创新：一是机制创新，通常是校企共建二级学院、科研机构或校内企业。学校一般以专业（群）为依托，与行业中的领先企业合作共建二级学院、科研机构或校内企业。它既是学校的教学、科研部门，也是合作企业的组成部分，并且由企业高层管理者担任院长等主要领导职务，学校专业带头人、系主任等担任执行院长，充分发挥合作企业在二级学院、科研机构或校内企业的教学、科研、社会服务中的主导作用，有利于专业建设与企业协同发展，教学内容与岗位（群）需求对接，人才培养方向与企业需求对接，学生评价体系与岗位标准对接。二是资源共享，不断深化产学研一体化。依托二级学院、科研机构、校内企业等校企共同体制订专业（群）人才培养方案、共建教学（实训实习指导）团队、共建校内外实训实习基地、共同教育管理学生、共同指导学生制定职业生涯规划、共同开展就业指导、共享技术与产品研发成果，实现教学和生产融通、专业建设和社会服务并举、人才培养与企业发展同步、教师结构与个人能力共同完善。产学研一体化也为职业院校教师与企业技术人员协同开展应用技术研究与开发搭建了良好合作的研发平台，既有利于人才的培养，也有利于帮助企业进行项目攻关、解决管理及生产技术难题。可见，参与主体的资源优化整合、利益共赢是产学研一体化动力机制的内核，也是其持续健康运行、实现良性循环的重要保障。

（三）中介平台型

中介平台型是指以职教集团、科技园等公共服务平台为组织基础，以提升高素质劳动者和技术技能人才系统培养质量和拓展社会服务能力为目的，以开放合作、共建共享、互促共赢为途径的多元合作办学与社会服务模式。它突出的特征是成立了协调职业院校、政府部门、行业企业、科研机构等主体间利益与合作关系的中介组织机构。中介平台型产学研一体化的办学优势体现在三个方面：一是主体资源的优化整合。它突破了低层次校企合作"点对点"的局限性，代之以"面对面"的集群对接，能够更广泛地集聚多个领域（界）职业教育、技术研发、科研成果转化资源，更有效地实现规模效应和系统内协同作用，从而形成稳定、良性循环发展的产学研一体化系统。例如，苏州工业园区科技局、科教创新区管委会、高教办、中小企业服务中心联合发起成立的苏州工业园区产学研服务联盟，旨在通过联盟形式，推进科研院校与地方企业建立紧密协作、互动发展的良好机制。联盟会员主要包括园区内的高校和科研院所。联盟依托领军产业沙龙品牌展开各类形式的活动，每期选择行业热点主题，围绕各新兴领域的新技术、新成果、新产品，邀请行业龙头、新锐企业家、科学家共同探讨行业发展的新理念、新模式、新技术。联盟为会员提供了交流探讨活动的平台，开展形式包括高校科研成果发布、市场沙龙、园区企业名校行等。其中，高校科研成果发布以高校进行科研成果展示为主要内容，市场沙龙以企业技术需求发布为主题，名校行为园区企业与高校进行交流与沟通建立了平台和渠道，这几种形式以点带面、高效促进了企业与高校、科研院所之间的信息互动、交流合作，为彼此沟通搭建了高效平台。截至目前，领军产业沙龙系列活动已举办了 200 多期，活动参与者包括英特尔、百度、伟创力、博世等五百强企业和苏州大学、西安交通大学、复旦大学、南京大学、加州大学洛杉矶分校、牛津大学等国内外名校，参与企业和高校累计 4 500 余家人次。二是平台的服务运行功能。它能够推动职业院校与一定区域内的行业企业共建、共享、共管产学研一体化，并维持良好的运行机制。如宁波职业技术学院对接高技能人才的区域性需求，政校企共同搭建集人力资源开发服务、科技成果转化服务、产业集聚培育为一体的产学研一体化园区，并成为国家职业教育与产业协同创新试验区，为园区内企业、职业院校的产学研一体化拓展了潜力，创设了更为开放和广阔的发展空间，中观层面职业教育产教融合、校企合作的良性持续深入发展的机制瓶颈被打破。三是技术技能积累功能。随着我国创新驱动发展战略的全面实施，对技能技术人才的综合素质提出了更高要求，构建现代职业教育体系、提高职业教育质量已成时代主题。以职教集团、科技园等为组织依托，建设基于产学研一体化的研发中心和共享型教学团队，提高职业院校、企业、科研机构的内涵发展和对接社会需求的能力，加快推进以资产为纽带，集"产学研"等功能于一体的技术工艺、产品开发中心等载体建设，使之成为技术技能积累与创新的重要支柱，也为职业教育人才培养和社会服务提供了有效平台。中介平台为职业教育产学研一体化提供载体和渠道，同时，职业教育也为平台的持续发展提供人力、技术、资金等支持。

职业教育产学研一体化办学是促进职业教育人才培养模式改革、推动职业教育现代化、办学模式创新的重要形式和可行途径。作为人才培养的系统化工程，产学研一体化既需要从理论层面深入探究其内涵、特征以及办学模式，还需要从实践层面进一步探索其具体构建方式、运行机制，不断提升职业教育满足服务经济社会发展和技术技能型人才培养双重要求的能力和价值。

第二节　中国职业教育产学研一体化办学模式创新研究

从中国特色社会主义新时代建设和发展阶段来看，中国职业教育正处于快速发展时期，从文献和实践案例的角度可以发现，发达国家和地区的职业教育发展路径都是遵循职业教育的本质属性及其特点，秉承开放式办学思路，注重产学研合作办学模式，并呈现出持续性的主体多元化发展态势。中国的职业教育尚处于不断探索发展路径的阶段，深入开展校企合作、产教融合，建构产学研一体化办学模式是优化现代职业教育体系、吸引社会参与、开拓办学模式创新的重要途径。当前中国的研究者对于职业教育产学研一体化还没有公认的定义，"产学研"的具体解释有分歧，例如有的学者按照参与主体解释为"产业""学校""科研机构"，有的按照功能或属性理解为"生产""教育教学""研发"，但不管从哪个角度理解，都可以概况为分别表征现代化建设的经济、教育与科技三条主干线，其宗旨是改革职业教育与社会、企业、行业、相关产业的广泛沟通、相互协作机制。虽然其出现时间较晚，但由于从国外发达国家借鉴甚至移植许多经验、成功案例，其存在形态与组织形式已经呈现多样化，从办学实践路径与类型的角度可划分为"半工半读""订单培养""教学工厂""厂内基地""行业主导""职教集团""学年分段""弹性安排""阶梯分段"等。

一、职业教育产学研一体化办学模式创新概述

（一）职业教育产学研一体化办学模式创新的意义

随着现代科学技术的迅速发展及在经济、社会、生产、服务、生活中应用的普及，市场变化和产业升级等关键性因素对于企业生产经营甚至战略性发展方向的影响快速而意义深远，企业必须具备适应市场、行业快速变化的核心能力，企业还要在人才资源储备和技术创新活动中投入更多的关注，占用更多的生产要素，但是这样也使企业面对市场风险的可能性增加。对于职业教育来说，处于产业升级、技术更新加快的大环境中，也需要形成与企业、行业岗位（群）密切对接的机制，以缓解人才培养、办学模式与企业、社会发展需求的脱节。在所处环境发展变化迅速的情况下，经济组织和职业教育部门都需要提高承受强度和适应能力，职业教育与企业、科研机构（或企业与职业教育合

办科研机构，下同）的合作——产学研一体化办学，成为这些主体生存发展的可行路径和战略选择。职业教育产学研一体化办学模式旨在教育与经济领域的生产、服务部门形成双向（甚至是多向）沟通机制，避免从单向的教育视角探索、思考教育办学模式的狭隘性、时代局限性；同时力求实现教育、企业、产业及科研机构优质资源的互补共享，达到双赢或多赢的目的。一方面，职业教育具有专业人才优势，不但可以为经济、社会、科研提供新生力量，而且其教师队伍具有一定的科研能力，通过产学研一体化这一平台，直接推动产业、企业的技术升级、生产流程改进、新产品开发，并提高科研成果与市场需求的对接紧密度，对于区域经济社会发展及技术研发的优质资源整合具有巨大推动作用。另一方面，对于职业院校来说，产学研一体化也为高素质技能技术人才培养、专兼职校内外师资队伍建设、实训实习基地、课程体系、教学改革以及办学经费筹措等拓宽、创新路径。职业教育产学研一体化办学，以契约、中介平台、政府引导等方式搭建职业院校、企业、科研机构、政府之间交流、合作的桥梁，提升职业教育人才培养质量和社会服务能力，加速就业导向、与社会需求更加紧密对接的职业教育改革，彰显职业教育的本质特征。

（二）职业教育产学研一体化办学模式创新的功能目标设定

教育与经济的关系具有引领与适应的双重属性，因此，职业教育产学研一体化办学模式创新在功能目标的设定上必须综合考虑教育、经济和社会等范畴的要求。首先，在职业教育范畴，既要考虑职业教育自身的改善，也要考虑到对经济社会的积极作用。具体来说，应涵盖人才培养与市场需求的对接，技术技能型人才的综合素质、社会服务能力、课程内容与岗位要求的对接，师资队伍育人能力与科研水平，教育资源利用率及产出绩效等子目标。其次，在经济范畴，即职业教育对经济的促进作用，主要以产业、行业、企业为载体展开，包括增强企业核心竞争力、增强技术研发和成果转化能力、资源得到优化且产出效率的提升等。此外，有的学者主张也应重视受教育者范畴，具体包括强化专业理论学习、实训实习与市场需求的对接，学生学习动机的激发，培养创新能力，增进毕业生的岗位适应能力，增加职业体验机会，促进个人职业生涯发展，有效积累后致型社会资本等。从文献来看，在讨论这一话题时，从不同角度分析得出的结论可能有所差别，这也反映出职业教育产学研一体化的复杂性，所以职业教育产学研一体化办学模式创新的功能目标设定在不同时期、不同学校可能有所差异。

(三) 职业教育产学研一体化办学模式创新的原则

职业教育产学研一体化办学实践模式受到宏观经济环境、社会经济发展阶段、科技创新体系完善程度以及职业教育的本质属性、影响因素和受教育者是需求诉求等因素的影响，在探讨与实践中需要遵循一些基本原则，本书概括为五点：一是区域性原则。职业教育是以服务于区域经济社会发展为宗旨的，职业教育产学研一体化办学模式应顺承外部动因和内在本质强化职业教育与区域性经济社会发展的对接，改善职业教育的功能发挥，提高职业教育在区域经济社会发展中的重要程度。二是全面化原则。构建职业教育产学研一体化办学模式需对课程体系做出针对性的安排，首先，应能满足培养学生综合素质的要求，其次，课程内容应与岗位要求对接，再次，课程体系应与区域产业（群）对接，最后，课程体系应具有内部逻辑性，遵循学生学习规律。三是多样化原则。由于区域经济发展的异质性，职业教育产学研一体化办学模式应表现出特色化、多样化。四是国际化原则。随着技术的发展，经济、人才竞争的全球化日益显著，教育竞争的全球化、人才培养的国际化成为必然，职业教育产学研一体化办学模式应具有国际化视野和开放性思维，以世界性竞争能力为标准培养学生，以全球视野吸纳职业教育新理念。五是发展性原则。职业教育的宗旨是服务经济社会发展，同时，也必须适应经济社会的发展。当前，中国特色社会主义进入新时代，技术发展迅速，经济转型升级处于关键时期，职业教育应遵从新时代的要求，培养学生的终身教育和终身学习观念，以发展的理念对待职业教育改革和产学研一体化的逐步深入、拓展，适应多种规格和层次的受教育者的职业教育需求。

二、职业教育产学研一体化办学模式的主体组织结构创新

产学研一体化的构建、顺利运行，要以主体之间的有机组合为前提。职业教育产学研一体化办学模式的主体组织结构即指"产""学""研"这三方主体之间的关系及组合形式，它常会影响产学研一体化的运行机制甚至运行效率。

(一) 主体间关系的分析与设计

在产学研一体化系统中，职业院校和企业之间通常由科研作为纽带联系起来，利益相关程度和行动强度是分析它们之间组织关系及紧密程度的主要维度，这两者值的大小通常可以决定职业院校和企业之间的关系类型和关系水平，如图3-1所示。

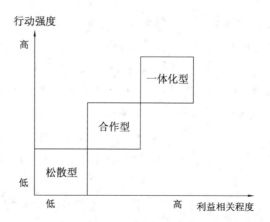

图3-1 "产""学""研"主体关系和利益相关程度分析图

职业院校、企业及科研机构的合作关系类型规定了产学研合作的程度,即产学研一体化主体之间的利益相关程度及其行动强度决定了关系类型和关系水平,大量文献表明,通常也会影响其校企合作的效率。

随着利益相关程度、行动强度逐渐增加,校企合作关系紧密程度呈现出三种状态:松散型、合作型和一体化型。多年以前,为了解决毕业生就业问题,中国很多职业院校就已经实施松散型校企合作,随着生产、服务的复杂程度提高,中国对技术技能人才的要求不断提高,国民对自身知识、技能掌握程度的要求也在不断提高,职业教育只有通过深化校企合作、产教融合,才能满足人才培养模式的改革要求,校企才能逐步迈入合作型。也有一些职业院校基础好、创新能力强、高层管理者高瞻远瞩,开始与企业开展更深层次的合作,除了进行人才培养方面的合作外,还进行师资队伍建设、人才培养质量评价的全程合作,有些还进行企业技术攻关及产品开发的合作项目,甚至合作建立了科研机构,形成了稳固的"共同投资、共享资源、共担风险、共拥成果"的长期合作格局。职业院校和企业虽然本质属性不同,但在人才培养、技术开发、成果转化等方面取得了目标取向和行动取向的一致性。

(二)职业教育产学研一体化主体活动的内在关系

社会亟须人才培养的能力和社会服务能力是职业教育生存与发展的核心问题,在对职业教育的办学质量和发展潜力进行分析时,不能仅限于教育视域去分析,在当前,至少应立足于"产""学""研"三个角度。教育、科研和生产,是职业教育产学研一体化组织内部最基本的主体活动,换句话说,三者构成了职业教育产学研一体化办学模式的有机体系。"产""学""研"三者的有机联系主线是资源的优化整合与产出效率的提升。企业行业、职业院校、科研机构突破资源限制,企业专家、学校教师在技术、理论知识等方面实现互补,科研项目与市场需求的对接更加精准。同时,通过产学研一体化主体间的紧密合作,知识的创新、传递更加流畅,职业院校拥有的固化知识通过"产""研"环节提高了转化为技术和现实生产能力的效率。职业教育的技术技能人才培养功能与科技创新、成果转化相互联系,形成产学研一体化独有的主体活动关系,如图3-2所示。

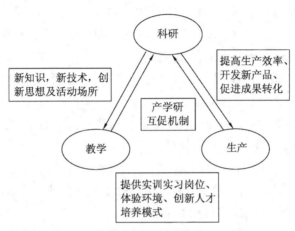

图3-2　产学研一体化主体活动的内在关系

三方主体在互惠互利的基础上形成良性循环的有机体,促进职业教育现代化由理论向实践转变,创新教育教学方式,弥补学校教育资源的不足,提高技术技能型人才培养与市场需求的对接。首先,教育教学是职业院校作为公益性社会组织的性质所规定,是基本任务。对于职业院校来说,其他活动都应围绕这项活动进行,即使社会服务、科技创新这些表面上与教育教学没有直接联系的功能,实质上也是为了吸引社会资源、提高教育教学质量和能力。其次,科研在产学研一体化办学模式中起着双向导引的纽带作用。一方面,科学技术、技能、产品的开发为教学提供新知识、新技能、新视野,提高人才培养能力和毕业生的市场竞争能力;另一方面,科研为"产""学"提供合作的实践样态平台,职业院校教师的加入使科研的人力资源增多,也把生产中对技术、新产品开发的需求引入科研,同时,又帮助企业消化、吸收新的科研成果,提高了科研成果的转化率。再次,生产是教学和科研的最终目的、效果检验和现实生产力转化场所,它为科研提供灵感和机会,为教育教学提供实践性教学活动和内容,同时,也为改进教育教学的研究增添力量。

职业教育产学研一体化办学模式的主体性活动均以人才培养质量与效率为

核心目标取向，统筹科研和生产，并将其纳入教学平台，使之遵循教育性的主线。同时，生产为教育教学指明了人才培养方向，科研为教育教学提供创新的平台，以及知识、技术创新的力量。

（三）参与主体的功能定位

在职业教育产学研一体化办学模式中，参与主体包括职业院校、企业行业、科研机构及政府，企业行业、职业院校、科研机构是产学研一体化的构成主体，属于内部参与主体，政府是主要的外部参与主体，在该办学模式的主体关系结构系统之中，参与主体具有不同的角色和功能定位。首先，政府一般采用税赋减免、财政支持、土地、保障体系等措施提供宏观的激励机制和引导效应，起到"催化剂"的作用。如教育行政管理机关、行政管理机关等，能够积极有效地推进行业企业参与职业教育、促进科研机构的构建和合作创新机制的形成，以便职业院校、企业行业、科研机构建立稳固的良性循环系统。政府的宏观管理、激励与调控作用，体现在该办学模式宏观发展目标的规划、政策与法规的有效供给与保障、财政支持、信用体系的构建、权威性校企合作平台搭建等。其次，职业院校在该办学模式中处于核心位置，其角色定位是以知识、技能、专门资源优势为行业企业甚至是科研机构提供技术技能型人力资源，并在企业增强市场竞争力和产品生长周期中发挥师生及科研机构的联合研发、成果转化作用，拓展、优化社会服务职能。再次，企业在该办学模式中具有对人才培养与岗位要求对接的导向作用，并提供人才培养质量的检验场所及人才培养中的技术技能辅助提升功能。企业可以按照区域行业企业发展需求帮助学校改进人才培养方案，把岗位要求引入专业课教学内容，把岗位考核标准引入课程标准和评价体系，以此提高毕业生的岗位适应能力，为未来区域性行业企业人才需求做好储备。

（四）参与主体合作形式的创新

职业教育产学研一体化办学模式的主体合作形式创新在于变革传统校企合作主体之间松散的或主动或被动的关系，增强合作主体关系体系中各主体的互相协助、互惠互利关系，简化主体之间的被动约束，将机械化合作模式进化为有机性关系网络，使之具有功能优化和跨组织的团队化特征。信息沟通可以在网络内自由交流，在多个主体参与的情况下，同类型、不同类型主体可以同时进行横向和纵向的顺畅交流。

从宏观的角度来看，职业教育产学研一体化办学主体组织形式的框架是建立在政府引导、企业和社会力量广泛参与的基础上的，这些主体组成了有机网络系统，在这个系统中，根据主体的参与程度、功能与作用，可将其分为管理、实施、协作三类。管理主体主要是政府，除了宏观政策、法律法规、税收优惠、土地等宏观引导措施外，政府还经常直接作为行业企业、职业院校、科研机构之间联系的中介，促进产学研一体化的持续、健康发展。实施主体主要包括职业院校、行业企业、科研机构，它们在政府的引导下，为了共同利益，优化整合内部资源，提高职业院校人才培养质量和与行业企业岗位对接程度的同时，直接促进技术开发、产品创新、科研成果转化。协作主体范围较广，一般包括所有参与职业教育、产学研一体化组织的决策、监督、评估及其他辅助作用的组织和个人。在产学研一体化主体之间关系的应然模型中，参与主体组织结构的创新存在于管理主体中的政府部门与行业主管部门、实施主体中的职业院校与企业的主体行为方向的一致性，管理主体的中介引导性，以及实施主体和协作主体的多元一体化。

（五）职业教育产学研一体化办学创新模式内容架构

深入分析和透彻把握模式的内涵，是建构与持续运行职业教育产学研一体化办学模式的逻辑前提。基于前文对其主体组织结构、功能等方面的分析，可以把其内涵涉及的人才培养各个环节和各种要素概括为：人才培养目标与培养计划的修订，一体化要素（专业或专业群设置、课程体系、教学内容、校内外实训实习基地、专兼校内外师资队伍、德育体系、社会服务），教学运行、管理调控、人才评价、科技研发等，如图3-3所示。

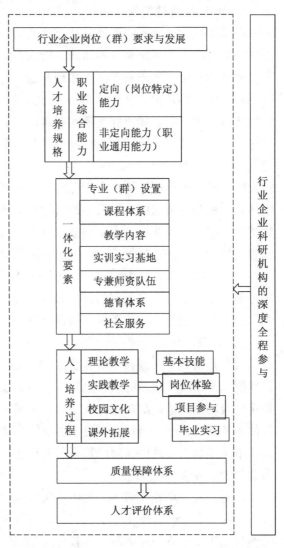

图3-3 职业教育产学研一体化办学模式建构

三、职业教育产学研一体化办学模式的运行机制创新

实现职业教育产学研一体化办学模式的不断创新与实施效果优化,关键在于其运行机制、主体利益产生机制上的创新,这包括参与主体之间的互动关系、产学研教育教学活动的运行机制及一体化要素的优化机制。其中,动力协调机制的优化及教学机制、管理机制、保障机制的合理化与有效性是创新的重点和难点。

(一)动力协调机制

产学研三方分属不同属性的社会化活动,活动主体所属领域、运行规律和合作需求与动力产生机制各不相同,所以产学研一体化内部必然存在矛盾冲突性,如教学与生产之矛盾在于人才培养的公益性、非物质性转化与产品生产的营利性、物质性转化之间的差异,这也决定了两者存在目的性和过程性的差异。所以,产学研一体化办学模式在运行中必须把矛盾转化为统一,并建立利益分配机制,发现、激发内在动力和主体利益驱动源,同时创新动力协调机制。

职业教育产学研一体化办学应遵循互利互惠、资源优化整合的原则,完善主体利益机制,根据资源投入、产出贡献比率等合理分配收益、整合并合理配置资源,明确主体获得的直接利益和补偿利益,确保产学研一体化办学的质量和发展持续性。例如,教学是一项复杂而关键的内容,对于职业教育实施部门具有显性的直接利益,但同时对于各方主体还具有隐性利益,在按资源、人力等方面的投入给各方分配利益时,难免产生不公平的情况,因此,利益协调、主体间沟通机制是动力协调机制的重要补充。

(二)教学创新机制

教学是指为了达到人才培养目标所采用的方法、渠道的总称。对于职业教育来说,人才培养质量的核心是教学,职业教育产学研一体化办学的教学机制是实施策略中的重点与难点,教学直接影响到人才培养目标的实现,在产学研一体化基础上,教学创新具有更大的空间。从内容上来说,教学创新主要包括人才培养计划的先进性、理论教学和实践教学的比例、实训实习的内容、师资力量、教学方法等。

首先,人才培养计划的主要内容包括招生对象、学制、教学内容、课程体系等。基于产学研一体化办学模式的课程体系建设应重视企业行业对教育教学的参与,实现企业的经济属性与教育的公益属性的统一,提高职业教育课程内容与岗位要求的对接,把人才培养与企业行业需求对接,科学合理地设计理论

和实践教学体系，培养关键职业能力。产学研一体化模式更有利于课程体系结构的合理化。在传统人才培养模式下，职业教育沿用普通高校的模式，以理论教学为主，在产学研一体化模式下，行业、企业、科研机构的参与，丰富了实践教学资源、更新了职业教育者的理念，理论教学与实践教学形成相互融合、相辅相成的系统，"研"是"做"的升华和拓展，"做"是"学"的过程，也是"研"的过程。在实践教学环节，学生不但提高了技术技能，而且在"做"的过程中领悟到岗位工作原理、发现潜在的问题，不但是"学"的过程，而且是创新意识、创新能力培养的过程。其次，在产学研一体化模式下，理论知识的学习是基础性的，是为掌握技术技能服务的，所以应灵活、适度地设计理论教学，把构建实践教学体系作为重点，围绕着实践教学安排理论教学。尤其重视实践教学体系中的微观操作，或称为岗位的具体操作环节，遵循学生的技能掌握规律和岗位工作原理，根据多维度技能的难度，由浅入深、循序渐进地设计实践教学内容，采用科学、合理的实训实习方法和手段，以校企研合作为基础，设计实训实习项目、制定评价体系。再次，优势互补的专兼"双师型"师资队伍建设，是凸显职业院校办学特色和技术技能人才培养优势的重要保证，是校企研合作的重要纽带。产学研一体化的组织机构虽然多样而复杂，但是，主要还是依靠职业院校教师、企业专家、科研机构研究者直接完成既定任务、开展各项工作。基于产学研一体的"双师型"师资队伍建设是在校企研合作的基础上建立起来的，仍旧要靠校企研合作平台的交流、合作机制深入发展，在产学研系统运行中，将校内专业教师的专业技术研究与横向技术科研项目的开展相结合，提高专业技能技术水平、加深与企业的合作，同时，推动企业高级管理人员、技术技能专家深入教育教学及人才培养质量提升项目的研究，双向促进专兼结合、校内校外结合的"双师型"教师队伍不断壮大、完善，实现其良性循环。

（三）管理机制

职业教育产学研一体化的持续、稳定发展，需要职业院校从管理理念、管理体制等方面深入探索创新渠道。产学研一体化要求企业、科研机构在学校管理中有一定的话语权，允许它们参与人才培养中某些事项的决策。在具体实施中，可以借鉴市场经济下的现代企业管理观念。首先，把"以人为本"的管理观念作为管理机制的基础与原则，即尊重人的主体价值，重视人的社会性和个性需求，避免职业教育的工具性和功利性对人本性的掩盖倾向。对于教师，应采用人性化管理，重视他们的意见、尊重他们在产学研一体化中的贡献；对于学生，应重视他们的个性发展，在教育教学中，尊重他们的成长规律，采用灵活的教育教学方式，推行"做中学、学中做"的教学方式，以企业、科研院所的智力资源、生产环境促进实景化、工学结合教学。其次，树立品牌导向的管理理念，这是实现产学研一体化办学模式管理机制创新的关键。当前，大多数职业院校都树立了专业品牌建设意识，从专业、区域的角度，突出特色化建设，但是缺乏进一步拓展的大视野，忽视学校品牌以及职教品牌的建设，影响专业（群）在深度、广度上的进一步发展。

产学研一体化的顺利运行，需要以健全管理体制为基础，这就要求职业院校在组织机构创新、规章制度建设方面更新观念。产学研一体化办学模式与传统的职业院校在管理上有很大区别，它具有更高的社会开放性和复杂性，需要以开阔的视野、宽广的胸襟吸纳办学参与主体的意见。这就要求产学研一体化管理体制的建制以及组织机构的建设既要具有稳定性，也要具有适度的灵活性和匹配性。在职业教育产学研一体化办学模式运行初期，管理组织机构的建设与运行应以严格、规范、科学的规章制度为先导，在参与主体信任体系、合作机制没有充分磨合的情况下，以严密的规章制度、契约等协调职业院校和其他参与主体的协作。产学研一体化规章制度以文本形式对管理体制、参与主体进行规范性、制度化约束，对学生、教师和企业及科研机构参与人员的行为规范形成系列性的约束。同时，在产学研一体化的运行中，管理组织机构应注意特殊情况下的突发事件处理及在目的性指导下的规章制度的灵活变通。

四、健全职业教育产学研一体化办学保障体系

职业教育产学研一体化办学模式的创新，在宏观层面上需要具有政府政策、法规层面的稳态运行的保障机制，在中观层面的观念意识创新机制，在具体执行层面的经费保障和参与主体协调机制。

第一，在观念意识层面，应树立产学研一体化背景下的职业教育理念创新与教育教学方法、手段的创新意识。首先，应以跨界的思维树立职业教育的系统观，双重突破传统的教育价值和商业价值观念，改革传统的职业教育办学制度。以更宽广的视野充分协调产业系统与职业教育系统之间的矛盾，满足双向需求，既要重视职业教育的教育性价值，也要满足企业的商业化价值，以开放性思维路径创新职业教育产学研一体化的构建和运行。其次，摒弃传统的灌输化、机械性教学模式，尊重职业教育特有的技术技能型人力资本形成规律，既重视职业教育的实用性、技能性和就业导向，也重视学生创新能力、个性的培养，打造新时代下的特色化职业教育。再次，站在企业视角构建、维护产学研一体化契合点，发挥参与主体的人才多样化、优质资源整合优势，推动企业主

导、市场导向的产学研一体化科技创新体系，不断优化职业教育教学手段、方法、渠道，与企业行业建立紧密联系，适时更新教学内容，不断提高毕业生的市场适应能力，在关注企业的市场和效益需求的同时，兼顾职业教育的育人价值追求，有效推动双方利益需求、目标的融合与协调。

第二，在政策法规环境层面，产学研一体化需要有健全、适宜的法律法规体系和制度性框架，突破传统职业教育管理思维，转变政府职能。首先，完备、规范、科学的政策和法规体系是产学研一体化顺利运行的基本保障。2007年4月1日，德国颁布实施《职业教育法》，对以校企合作为基础发展起来的产学研合作办学模式化予以国家层面的承认，把职业教育的产学研合作上升为国家意志，并以法律手段保证予以配套性建设，明晰地确定了法律适用范畴、管理机构法律职权、实施机构的法律地位和研究机构的法律功能。如此，一方面保证参与主体的利益，另一方面也保证参与主体参与职业教育的责任。经过多年的实践和理论探索，在《科技规划纲要》和《教育规划纲要》等政策实施的基础上，中国职业教育产学研一体化办学模式的法规体系逐步完善。当前，中国的职业教育、科研机构及企业的资源界限分明，促进其优化整合、挖掘和激励应用价值势在必行，但需要在借鉴国外经验的基础上，以政策为引导、法律法规为保障，在不断探索实施路径的过程中逐渐削减实践性障碍，推进职业教育产学研一体化办学模式、符合市场需求的科技创新体系的协同发展。其次，梳理制度框架，在产学研一体化的组织架构方面实现创新。增强制度层面的明晰度对于职业教育产学研一体化的创新和顺利实施至关重要。在办学模式创新中，应以实践性的角度，以保障其持续健康运行为出发点，把参与主体的组织结构、关系架构的保障和调节上升到国家制定和法律的层面予以规定，将传统的松散性或临时性的合作结构逐步完善至稳步发展、持续健康运行的有机协调系统，促进办学主体与参与者的合作关系结构趋于紧密。再次，转变各级政府职能，根据实际需要创新产学研一体化办学管理体制。理论研究和发达国家的实践都可以证明，产学研一体化的顺利实施与政府的支持和协调密不可分，在一些国家或一些案例中，政府甚至处于引导地位。进入20世纪后，科技在经济社会发展中的重要性日益明显，社会经济发展对于技术技能人才的质量要求日益提高、数量要求不断增加，政府应适应经济社会转型及全球性竞争要求，转变职能、完善宏观调控能力，创新职业教育产学研一体化的管理体制。政府应用经济手段、政策制定和监督执行等职能，采用科学、合理的激励手段引导甚至亲自策划产学研一体化运行的管理体制。其中经济手段包括税收、信贷优惠、资源价格、土地等宏观调控力，同时不断完善信用体系，发挥对产学研一体化参与主体的宏观监督作用,以提供高效、健康、能持续运行的产学研一体化平台。职业教育产学研一体化办学的管理体制创新主要表现在灵活释放办学环境和自主权的市场化,并在职业院校的市场化、自主性转变中加大法律法规、政策层面的宏观指引,适度、有步骤地拓展中国职业教育发展的空间,不断推进职业教育的社会化与参与主体的多元化,为产学研一体化办学创造有利的外部条件,不断完善宏观保障体系。

其三,完善经费来源的保障和宏观调控机制。经费来源保障机制是产学研一体化持续健康运行的关键点。近年来,各级政府以示范校、品牌专业等形式加大了对大多数公办职业院校的经费投入力度,但从落实效果来看并不令人满意:一方面,低效率重复建设、低辐射性明显;另一方面,资金运行效率低下。因此,职业教育产学研一体化建设应与其他项目综合考虑,避免学校内及产学研一体化系统内的资金低效率应用甚至浪费。应从经费投入与收益的相关性关系出发,衡量资金投放收益度指标,合理、科学地制定相关经费投入的数量和形式,促进职业教育系统及产学研一体化系统的良性发展。同时,应从职业教育的社会性出发,拓宽教育经费来源,完善多元投入机制。政府应从财政收入与投入的分配体制着眼,建立与完善各级政府之间的财政投入关系,创新更加科学合理的投入机制,从政府、企业、社会、学校四个方面完善教育经费筹措机制,以提高职业教育的吸引力和人才培养质量为基础,促进多渠道的教育经费来源。

职业教育产学研一体化顺应职业教育和经济社会发展规律,是职业教育强化技能技术人才教育质量和社会服务能力的必然趋势。产学研一体化模式彻底改变了传统职业教育的单一主体局限性,优化整合企业、职业院校、科研机构的资源,促进职业教育的开放、融合,并由传统的理论知识本位模式转变为职业能力及综合素质本位模式。对于当前以公办为主要办学主体组织形式的中国职业教育而言,产学研一体化办学模式存在很强的创新性、开拓性,但目前仍存在零散性、局部性和松散性等诸多需改进之处,其主体组织建构、运行机制、保障机制以及评价机制等还有待进一步完善。

第四章　基于产学研一体化的职业教育创新发展

第一节　基于产学研一体化的市场需求导向人才培养模式

　　电子商务技术的完善、普及应用使电子商务物流人才需求剧增，但在中国，电子商务物流类专业的发展尚不成熟，复合型人才的培养能力远远跟不上市场的需求，人才市场供需矛盾突出：一方面，市场对人才的需求数量巨大；另一方面，相关专业的毕业生难以找到对口的岗位。对企业、行业了解不深入，岗位实践操作、考核标准不能与人才培养过程相结合是造成这种现象的根本原因。教学内容与岗位操作、考核标准的脱节造成毕业生在实践能力方面与物流行业工作岗位的实际要求相差较远，职业规划难以与物流行业快速发展的趋势相匹配。

　　竞争不断加大、信息手段不断增强，现代物流涉及的领域不断向两端延伸，不仅要考虑从生产者到消费者的货物流通、配送问题，还必须考虑供应商、制造商的原材料采购、制造商生产过程中的运输、仓储和信息传递等环节，把整个过程看作一个整体，以最大限度地提高运转效率、降低成本。物流是企业的"第三利润源"，也是降低资源消耗、推行绿色环保的重要领域，电子商务物流复合型人才的培养是中国经济发展新动力的重要一环。

一、电子商务物流人才供需概况

　　物流业发展迅速与物流专业技术人才紧缺的矛盾，制约着中国物流行业的现代化发展。信息技术、人工智能的发展使物流职能的整合管理成为可能，例如把原材料采购、生产计划、运输、仓储、库存控制、流通加工、订单处理、配送、售后服务等环节利用现代信息技术整合成一体化的供应链，更有利于上下游的有效连接，节约成本、增强客户响应速度。当前，许多地方政府把电子商务、现代物流作为重点发展行业，面对物流人才需求的变化，不管是本科院校还是职业院校都没有快速满足需求的能力，物流行业的快速发展和技术升级对物流人才形成了巨大需求。为此，各院校纷纷开设物流管理专业。据教育部统计，目前我国有378所大学、824所高职和2 000多所中职开设了物流专业，职业院校物流专业的在校生人数已经突破了100万人。不过，电子商务物流人才培养仍存在缺口。2015年，国务院发布的《中国制造2025》指出，2035年，中国制造业将整体达到世界制造强国阵营中等水平，工业化和信息化进一步融合。我国逐步向工业化后期过渡，传统资源密集型产业向知识、技术密集型产业转变，从产业链中低端向中高端延伸。现代物流作为智能制造的物质运转渠道将向服务型制造转变，中高端的产业链需要中国形成中高端的物流服务相配套。

我国现代物流业的发展扩大了物流人才市场的需求，尤其是外资企业、合资企业以及国内500强企业的需求逐年增加，随着新技术的发展与普及应用，现代物流将需要大量高技能人才。《江苏省"十三五"物流业发展规划》提出了包括"共同配送工程""电商物流工程""信息平台工程"在内的六大工程，对于熟悉信息技术、人工智能、电子商务等技能的复合型人才需求将大量增加。2018年，江苏省人民政府发布了《智慧江苏建设行动计划（2018—2020年）》，为区域性物流的升级、创新发展创造了更有利的条件。目前，江苏省的物流行业仍然在几方面存有明显不足：

一是物流成本依然偏高。产业结构、运输组织、供应链管理等因素造成江苏省物流成本依然居高不下，直接影响了企业的盈利能力。供应链内物流设施标准化程度低、信息传递不顺畅，造成物流环节不衔接、不配套，拉高了物流业整体成本，社会物流总费用与GDP的比率与很多国家存在较大差距，不仅高于美国、日本、德国等发达国家，也高于印度、巴西等新兴市场国家。

二是结构性矛盾严重，供给能力亟待加强。物流企业仍然存在"小、散、弱"的格局，专业化、一体化的综合服务供给能力不强。物流装备设施的信息化、标准化、自动化程度低，现代化立体仓、标准仓没有普及利用，冷藏运输车辆、新能源运输车辆占比偏低，现代化的冷链、绿色物流观念、实施能力亟待加强。配合智能制造、一带一路宏观政策的港口、机场等枢纽集疏运体系、多式联运尚没有满足需求。国际物流服务网络、境外服务运行效率、参与主体数量亟待提高。

三是物流行业内部体制存在缺陷。物流行业内部体制尚未理顺，部门之间、区域之间协调沟通不够，信用体系建设亟待加强，从业人员整体素质有待进一步提升，复合型、精通现代信息技术、人工智能的比例过低，不利于行业升级发展。

四是与区域经济发展需求存在差距。随着"一带一路"、长江经济带、长三角一体化、上海自贸区等国家战略在江苏省交汇叠加,既为区域物流业发展带来了战略机遇,也对其提出新的要求。新旧动能转换、提质增效、转型发展势在必行,重塑产业链、供应链、价值链要求物流行业为经济结构调整和产业转型升级提供重要支撑。满足区域性物流需求,必须推动物流供给侧结构性改革、创新物流模式、减少无效和低端供给、提升物流效率与物流服务水平,推动传统物流向智慧物流转变,促进现代物流科技含量,加大物联网、人工智能等技术的应用。

五是配送环节与需求不匹配。新型城镇化、扩大内需为物流需求带来新空间,线上销售平台不断丰富,日用品、电子产品、农产品等线上交易遍及城乡,迫切需要加快建立便捷高效、规范有序、个性化服务、全程跟踪的民生物流服务体系,完善电子商务、城乡上门配送、全程冷链物流及城乡互动的双向物流体系建设,拉动内需、繁荣乡村。

物流与电子商务、现代信息技术的融合,迫切需要培养复合型、创新型高素质高技能物流人才:

一是企业物流管理人才。目前我国的物流企业已突破10 000家,物流市场以每年30%的速度递增。同时,很多其他行业的企业也需要物流人才,尤其是制造业需要熟悉本行业、本企业生产、管理流程的物流人才,许多知名制造企业已经斥巨资进军物流业。随着我国智能制造的普及,对熟悉现代信息技术、物联网、人工智能等现代技术的物流人才需求将有增无减。

二是物流规划和咨询人才。物流对于城乡经济发展有很大影响,许多城市在未来建设规划中,都必须考虑物流设备设施、节点的规划,例如物流园区配送中心的选址、规模、服务区域,以及智慧物流与智慧城市的匹配等,都需要复合型高素质、具有创新能力的物流人才。

三是国际物流人才。江苏省外向型企业众多,综合保税区、出口加工区也需要大量既精通进出口贸易、海关业务、保险业务、仓储管理、采购系统、供应链管理等业务,也熟悉智慧物流的国际物流人才。

四是科研教学物流人才。中国物流起步较晚,同时,现代物流发展迅速,需要有能力进行知识完善、技术研发的科研教学人才。同时,现代物流复合型人才的培养,也相应需要熟悉操作、理论丰富的高级物流人才。

二、电子商务物流人才培养现存问题

1. 与市场需求脱节

首先，课程设置不能满足人才培养目标要求，大部分课程是从传统课程局部修改而来，内容陈旧，智慧物流、现代供应链管理等内容不足。

其次，人才培养方案制订草率。很多职业院校沿用调研、问卷调查等传统手段，对企业、行业发展知之甚少，人才培养目标与市场需求不匹配。

再次，课程体系混乱。对于复合型人才的培养，许多职业院校只是把相关课程简单累加，相互之间没有形成有机联系，各方面的知识混杂在一起，无法在学生头脑中形成有机统一的整体。

最后，实践课时不足。虽然很多学校在制订人才培养方案时安排了大量实训、实习、岗位体验课程，但真正体现现代物流、智慧物流等新技术、新技能的不多，无法达到企业岗位要求。

2. 教学方法、手段落后

传统的物流专业教学以教材中的理论知识为主，学生学习中较被动，实训实验室通过调研、交流的形式规划、建设，与当地领头企业、行业实际操作脱节，不能体现行业发展趋势，教师费尽口舌讲解那些枯燥无味的文字或数字，学生却不感兴趣、难以接受，不能形成系统知识，缺乏独立操作能力。

3. 教师企业实践经验少

大部分教师从普通高校本科、硕士毕业后直接参加工作，即使部分教师参加了岗前企业实践、暑期企业实践，但没有深入企业一线的长时间工作经历，对岗位不熟悉，操作技能不熟练，细节问题不能透彻了解，特别是智慧物流的发展，使很多操作环节隐藏于软件、机器内部，难以在短时间内理解透彻。

4. 教材更新慢、系统性差

现在复合型、技能型物流人才的培养，需要多学科有机整合，但当前大部分职业院校的教材仍按学科分割，相互之间没有衔接，很多知识已经陈旧，与企业岗位操作差距较大。理论和实训实习不能很好衔接，理论内容沿用传统学科体系，实训实习则需要把多个学科的知识整合起来，从而造成教材与岗位操作脱节。

三、基于市场需求的电子商务物流人才培养模式创新

（一）确立人才培养模式创新方向

1. 与企业、行业构建产学研一体化格局

首先，以学生实习、物流职教联盟为基础，与区域内领先企业、物流协会建立联系，在磋商的基础上聘请企业、行业专家加入专业建设指导委员会，签订长期共育人才协议，企业、行业专家定期、不定期到院校内开展讲座、授课、实训实习指导，学校教师利用课余时间赴企业一线熟悉操作技能、了解行业发展趋势，共同商讨企业面临的技术革新、流程再造、设备设施维护等问题。

其次，专业建设指导委员会、教师工作站等牵头，建立企业与学校常规共同工作场所，合作修订人才培养方案、实训实习教材、课程标准等，共同开发项目、进行科研成果转化。

2. 区域性岗位群分析

深入调研并实地考察长三角电商物流企业和领先企业物流部门对物流人才的需求情况，对电商物流岗位群包含的具体岗位、各层次及主要岗位电商物流人才的能力和素质要求、考核标准，并分析国内外物流业发展趋势，对电商物流人才相关岗位的未来发展趋势做出预测。

（二）确定人才培养模式改革方向

1. 借鉴成功经验

搜集国内外物流专业人才培养模式资料、案例，借鉴成功经验，深入分析适合于本校的模式。邀请企业、行业、职业院校专家进行比较、论证，筛选较优模式。

2. 深化电商物流类专业群人才培养内涵建设

以校企合作、产教融合为基础，探索工学结合具体模式，搭建专业群平台、突出专业方向，以"八双八互"内涵建设为核心，形成特色化电商物流类专业群人才培养模式。

"八双八互"是指"校企共育双方互惠""毕业证书与技能素质拓展证书双证互融""工学交替双向互动""教学过程中英文双语互通""技能竞赛创业大赛双翼互促""校内外专兼职教师双师互补""校园文化企业文化双向互融""德技共举双修互助"。电商物流类专业群以服务区域经济需求为宗旨，对应的岗位群技术复合性强、应用性强、国际化程度高，人才培养特色鲜明。以校企深度合作为基础，采用工学结合、项目带动、任务驱动、CDIO等行动导向的

教学模式,以电子商务企业的物流管理岗位要求为指引,以"做中学、学中做"知行合一作为人才培养模式改革的切入点,融"学、做、研、拓展、证、赛"为一体,突出职业能力的培养、职业素养的养成。整个体系如图4-1所示:

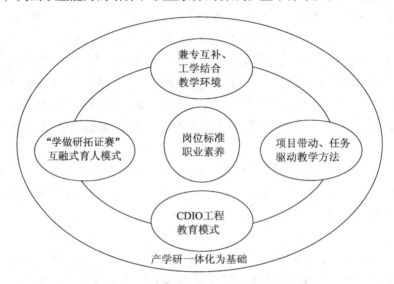

图4-1 市场需求导向的人才培养模式设计

(三)人才培养模式改革实施措施

1. 教育教学保障体系建设

校内校外专兼结合的教学团队、企业文化"辅导师团队"建设;校内实训基地,校外岗位体验、跟岗实习、毕业设计基地建设,校内外创新创业基地建设;教学、实训实习文字、视频、模型立体化资源库、线上学习平台建设;多媒体和网络技术辅助智慧化学习环境建设。

基于校企合作的课程、实训实习考核、技能鉴定标准建设;企业文化与校园文化熏陶式环境建设。

2. 以岗位考核标准为基础的专业核心课程开发与建设

以工作过程、岗位考核标准为基础,校企合作编写项目带动、任务驱动专业核心课程,把基础理论和实践技能有机结合,职业素养融合于日常教学,培养德技双修的高素质技能人才。

3. 综合评价体系建设

构建基于学生、教师、企业、社会等利益相关者的人才培养多元评价标准,建立过程性评价体系,把实训实习、课堂教学中的纪律遵守、操作环节熟悉程度、操作流程中的协作能力、自我改进能力、创造能力等纳入考核范围。

（四）确立基于市场需求的电子商务物流人才培养目标

职业教育人才培养质量主要体现在两个方面：一是毕业生是否适应企业岗位要求，二是毕业生是否具有独立解决实际问题的能力。我国在进入中国特色社会主义新时代后，"创新"成为时代的需求，技能型人才有一定的创新能力才能适应日益复杂的岗位工作需要，岗位适应能力、独立解决问题的能力是创新的基础。基于市场需求的电商物流专业毕业生应具备"零适应期"地从学校学生到企业员工自然转变的素质和能力，这样的毕业生才是企业所需、社会有用、家长满意、自身认可的新时代社会主义建设者。

1. 培养目标（以高职为例）

按照有关政策、文件精神，结合区域性产业发展状况，电商物流专业的培养目标为：德、智、美、体、劳全面发展，具备一定文化基础知识和专业理论知识，掌握相关岗位（群）基本操作技能，适应信息化、人工智能化背景下的现代物流业的发展需求，具备一定的独立解决岗位问题的能力、职业素质。根据国家人力资源和社会保障部委托，中国物流与采购联合会、全国物流标准化技术委员会制定的《物流师国家职业标准》，物流师职业分为四个等级（具体实施根据国家有关政策变化而定）：物流员（国家职业资格四级）、助理物流师（国家职业资格三级）、物流师（国家职业资格二级）、高级物流师（国家职业资格一级）。同时根据电子商务行业的需要，毕业生应具备一定的电子商务技能（具体标准根据国家有关政策制定）。

2. 对接岗位——复合型电子商务物流人才

由于传统的物流管理专业和电子商务专业学习课程交叉少、实训实习设备设施复杂、自学难度高，目前，复合型电子商务物流人才仍是我国人才短板，即使是在经济较发达的江苏省也是如此。同时，校企合作不够深入、对行业发展趋势把握有偏差，使大部分职业院校人才培养只注重精技能，而忽视了与产业、岗位对接。在新时代下，应积极落实有关文件、政策，推动校企合作、产教融合的进一步深入。复合型人才应是以"多元育人"为基础的，即吸引行业协会、企业、社会的参与，以产学研一体化为基础，为学生构建线上线下、校内校外、课内课外、专兼导师相结合的立体化学习环境，探索实践工学交替、个性发展路径，彰显服务区域发展的专业特色（具体设计如图4-2所示）。新时代基于产学研一体化的人才培养，是以职业院校为培养主力，紧密对接行业、企业需求；行业、企业是重要的培养主体，是立体化培养环境的重要构建者，是检验人才培养质量的主要场所；行业协会是政府、企业与职业院校联系的桥梁，是整合行业内及相关职业院校力量的组织者，协助政府制定宏观政策、组织职业院校和企业合作开展技术攻关、人才培养项目；政府是宏观政策的制定者和主要以财政支持手段进行引导的调控方；社会既是人才培养质量的监督者，也是人才培养的受益者和环境育人的责任方。在传统职业教育中，科研机构发挥作用很小，在新时代的职业教育发展中，创新精神、创新能力的培养离不开科研院所的支持，职业院校人才培养能力的提升，也需要科研机构的支持，如图4-2所示。

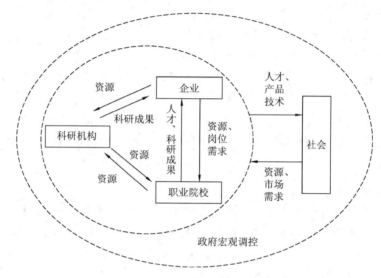

图4-2　基于产学研一体化的市场需求人才培养模式设计

目前，物流企业设置的岗位之间的功能不是泾渭分明的，相互之间有一定的重叠，一些岗位操作人员需要掌握多种知识或技能。譬如：

仓库主管人员必须了解物流作业流程，掌握仓库管理知识，熟练操作仓库管理系统，熟悉车辆保养维修、物业管理、商品特性等方面的知识，同时要具备作为管理人员应有的人力资源管理、沟通、团队协作能力。

对于配送中心主管人员，由于配送中心是物流的缩影，主管人员必须熟悉物流企业操作流程、企业管理、信息技术等多方面的综合知识与技能，如仓储管理、装卸、车辆配载、财务知识、营销知识、IT技能、成本核算、路线规划等，同时要具备作为管理人员应有的人力资源管理、沟通、团队协作能力。

客户服务代表必须熟悉客户管理和公共关系维护，具备货物信息处理、管理信息系统使用的能力，了解如仓库管理、运输作业、结算、需求分析、业务受理等方面的知识，同时也应该是一个很好的销售支持人员，具备客户沟通、关系维护、危机处理的能力。

对于网络维护员，IT 技术是必须具备的基本知识，同时也要了解物流具体业务操作流程，从而对物流信息系统出现的问题做出准确的诊断。一个优秀的网络维护员，也要具备良好的团队协作能力和沟通能力。

对于电商物流专员，培养院校应与科研机构、大专院校协作建立电商物流领域创新平台或研究机构，发现、高效解决电商物流发展的重大技术瓶颈。推进产学研用创新联盟的建立以及创新、推广人才培养、技术研发体制与模式，推动电子合同、电子结算、物流跟踪、信息安全、顾客行为分析、智慧仓储、线上交易等技术的应用。推动电商物流企业管理创新、服务创新和商业模式创新。

随着智慧物流、人工智能的普及，具备较高综合素质的复合型人才日益受到物流企业的青睐，职业院校应彰显职教特色，践行行知合一、工学交替，提高学生的动手操作、独立解决实际问题的能力和创新能力，探索培养"零适应期"专业群学生的有效途径。

（五）分析职业资格、技能鉴定中的能力结构与要求

职业院校的人才培养应注重课程内容与岗位操作技能的对接，毕业生应持有与岗位对应的职业资格或技能证书，在人才培养中，应分析职业资格、技能鉴定与课程内容的对接，合理安排理论教学、实训实习。例如，助理物流师应具有以下能力或知识：

1. 国际贸易和通关知识及技能

"一带一路""命运共同体"战略将促进我国对外贸易的扩大，国际物流、跨境电子商务业务是保证我国对外贸易顺利发展的基础，物流管理专业毕业生应具有相关的国际贸易磋商、合同签订、贸易术语、国际结算等知识以及国际商务、海运、外汇管理、贸易纠纷处理等相关的法律法规知识。在进出口环节，物流从业人员应熟悉中国报关、报检、原产地、出口退税、许可证等相关政策和法律法规，具有制订合理、可行的物流方案以及成本预算的能力，可以给客户提供报关、报检流程中运输路线、仓储、运输工具的安排，报关、报检地点及所需材料、流程、时间节点等方面的合理建议。

2. 仓储运输专业知识及技能

随着智慧物流、货物跟踪技术的发展，以及物流服务需求的个性化需求。合格的仓库保管员不仅要具备货物收发、储位安排、维护、保管等职能，同时能够担负起作业流程优化、设备设施维护和有效利用、库存合理控制和智能管理以及其他增值服务职能。

3. 成本控制知识与技能

物流服务涉及多个环节，甚至要使用多种交通工具，往往单个环节成本费

用不高，但是，在业务多、环节多的情况下，就会影响利润率甚至盈亏。因此，物流从业人员应有成本核算意识和能力，在保证安全、按时地完成客户订单的情况下，尽量压缩每个环节的成本，例如外包装、填充物的种类及数量等，虽然两个不同外包装的成本可能只相差几角钱，但对企业利润率有很大影响。同时，在与客户洽谈业务、比较物流方案的优劣时，通过科学合理、细致的成本核算，更容易说服客户。

4. 外语知识

很多物流业务伴随着商流活动，特别是江苏省这样的外向型区域。同时，报关、报检业务中也涉及英文材料，例如原产地证书、海关发票等。物流业务中其他环节也经常使用英文，例如一些软件、进口设备等。

5. 电子商务及安全管理知识

随着中国乡村振兴战略的实施、农产品电子商务的普及，鲜活农产品、食品、药品的电子商务平台将不断完善，企业电子商务经营方式和商业模式将不断推陈出新，线上线下结合、生鲜次日达等业务将逐步普及，冷链、智慧物流应用将更加普遍。物流行业的人工智能、云计算、北斗导航、模块集成、信息采集与管理、数据交换等新技术的开发、应用将常态化；跨境电商物流便利化，法务、商务和税务方面的信息支持，以及物流企业的海外并购审批、外汇便利化等将成为物流从业人员的必备知识。另外，物流业务涉及运输、仓储、搬运、装卸，甚至还会涉及跨国运输，很多环节涉及安全管理，物流从业人员应具有安全意识、熟悉相关法律、法规，掌握安全隐患排查、遇险急救等技能。

6. 相关法律知识

物流业务环节多，涉及的法律法规面广。从业人员应熟悉交通运输、特种车辆管理、对外贸易、海关、企业管理、合同、保险、环保等方面的法律、法规、政策，及时了解业务所在区域的有关条例等。

7. 地理知识

交通运输是物流的重要组成部分，直接关系到企业的利润、运输时间等，路线规划、车辆配载都与涉及区域的交通路线、地理环境有关，虽然 GPS 已经被广泛应用，但为了确保运输、配送安全可靠，必要的地理、地形知识是不可忽视的。

(六) 确立课程设置及与企业的对接模式

1. 课程体系以满足需求为最低标准

课程体系有广义、狭义两种理解，狭义是指一门课程的内容结构，广义是指一个专业的课程编制。美国学者罗伯特·M. 戴尔蒙德提出的"课程体系设计理论"认为,课程体系设计应包含需求的评估和目标的说明、设计、实施、评价、调整课程或课程体系这几个环节,如图4-3所示。首先从学生、社会和学科三个方面对课程体系的编制需求进行分析和评价、对课程目标进行说明,根据前者结合学校、专业特点设计课程、实施课程编制、评价实施效果,根据实施和评价中发现的问题对课程体系进行必要的调整,确保目标、教学和评价之间的相互协调。

图4-3 戴尔蒙德课程体系设计模型

根据市场需求、专业特点和职业院校教学现状,把上述模型改进,如图4-4所示:

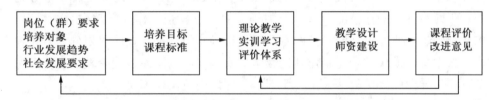

图4-4 市场需求人才培养戴尔蒙德课程体系设计模型

首先,模型突出人才培养以市场需求、学生基础、区域性行业发展特点及趋势、综合素养等为基础。市场需求、区域性行业发展特点及趋势主要由企业、行业确定。

其次,以需求为基础制定培养目标与课程标准。

最后,针对专业特点、办学特色,制定理论、实践教学内容、两者比例及评价体系,根据课程、岗位特点进行教学方法、教学手段设计,建设师资队伍。

在模型中,突出了两个循环,一个是根据课程实施效果改进理论、实践教学,另一个是根据需求变动改进培养目标、课程标准。

2. 课程设置与课时安排

(1)根据素质要求,文化课与专业课课时比约为4.5∶5.5。物流行业的性质对从业人员的文化素质要求较高,素质教育、个人发展等更加重了对文化课的要求。文化课贯穿三年(此处主要针对三年制中职或高职,五年制高职适当延长)中的前四个学期,包括语文(包括应用文写作)、数学、英语、政治思想与品德教育（此处指思想品德大类）。物流专业课包括法律（大类）、企业管理、交通运输、物流设备设施操作、保险、客户服务、仓储配送、成本核算、财务管理及企业经营、路线规划、仓储配送、物流设备设施操作等仿真模拟操作以及岗位体验、跟岗实习、毕业实习等项目。

（2）专业基础课、专业课、实习课课时比约为3∶3∶4。专业基础课是为专业课做铺垫的，以理论、模拟操作为主；专业课重在动手操作能力的培养，以实训实习现场教学为主；实习课包括岗位体验、跟岗实习、毕业实习等，以学生在生产场所自己动手操作为主，重在行知合一、学中做、做中学。理论课程与实习课程及理论教学与实践教学间改变传统的单向铺垫式结构，贯彻理论与实践相互渗透、相辅相成的原则，以项目为中心展开教学，在完成任务的过程中加深对理论的理解和动手能力的提高，即变传统的"基本理论—指导实践—理论总结"为"实践活动—理论升华—应用实践—创新实践"。

3. 职业素养的养成贯穿于人才培养全过程

根据行业特点和时代要求，把职业素养分为文化素养、思想道德、职业道德、工匠精神、操作技能、管理能力等模块，以校企合作、产教融合为基础，构建教师、企业专家共同参与的专业建设指导小组，把专业课程划分为若干模块，根据每个模块的功能制作理论教学、实训实习资源库，理论教学以任务驱动、项目导向的案例教学为主，实训实习课以岗位操作模块为主。

利用职教云、云墨客等平台制作文字、视频、图片等多种资源有机结合的线上学习平台，线上模拟演示与线下动手操作融为一体，课内讲解、讨论与课外线上答疑互促互补。

"基础+核心+拓展"的课程体系以培养综合素质为目标，"理解+独立操作+创新"的课程教学以提高动手操作和创新能力为目标。文化基础类课程是培养学生职业道德、职业能力、创新能力的基础，主要基于对学生基本素质、基本能力的培养，打造学生扎实的信息搜集与处理能力、自学能力、语言文字表达能力、合作协调能力、外语应用能力及正确的人生观、价值观、世界观，坚定正确的政治思想方向，培养良好的思想道德。

因此，根据物流管理专业的特点和新时代社会主义建设者培养要求，把学生素质划分为身心素质、文化业务素质和思想政治道德素质，将能力划分为职业基本能力、职业核心能力、职业拓展能力以及创新发展能力等四个方面。职业能力的培养贯穿于课程体系的建设中，课程体系的设置突出了学生职业核心能力的培养。确立了立足长三角地区，培养物流业务操作类、技术开发类和管理类复合型高素质技能人才的培养模式，如图4-5所示。

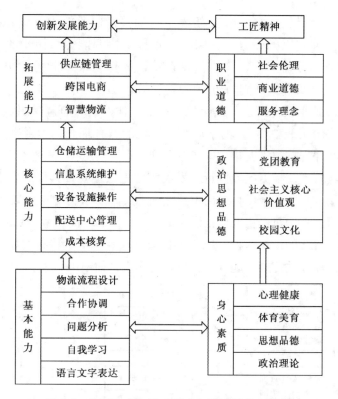

图 4-5　物流专业知识、能力和素质结构示意图

为了提高学生的综合素质,在安排课程时,心理健康、社会品德、政治思想等是与文化基础课、专业基础课、专业课合理组合,相辅相成的,共同塑造出适应中国特色社会主义新时代需要的高素质技能人才。

4. 课程内容与岗位要求对接

在电子商务物流业务岗位操作要求中,有些是基本操作技能和常规知识,例如仓库管理的基本操作、设备设施的种类等;有些是比较复杂的技能,需要较长时间的练习、领悟才能完全掌握,例如配送路线规划、智慧物流设计、成本控制等。相应地,课程应划分为专业基础和专业能力教学模块,同时,要求学生根据自己的特长形成核心技能,为职业资格考试、技能鉴定打好基础。专业基础课教学模块主要包括两部分:一是经济管理类课程如经济学、企业运营与管理、会计基础、市场营销等,为了与未来岗位对接,这些课程融合物流企业案例开展教学;二是计算机类基础课程如计算机基础、网络应用、数据库应用技术、办公软件等,为学生进一步学习仓库管理等软件系统和其他设备控制系统奠定基础。物流管理专业能力教学模块,主要培养物流从业人员必备的知识和技能，结合岗位（群）技能培养学生的关键职业能力、核心技能，即企业物流业务管理和服务能力，仓储配送管理和协调能力，初步的供应链（包括冷链）策划和分析能力，物流信息系统的操作与维护能力，初步的物流成本核算能力，以及智慧物流的初步设计能力。

为了突出职业教育特色，在课程安排、教学设计方面遵循职业教育"理论够用为度，突出实践教学"、高素质、精技能的教育理念，为了突出个性发展，后期专业核心课程按类别安排：即成本管理、物流信息技术、仓储配送、物流信息技术、运输管理，根据区域性行业发展和学生兴趣安排具体的实训实习项目，在具体实施中，涉及多个项目或岗位技能训练。岗前职业拓展类课程主要是围绕物流管理的应用来构筑，主要包括供应链管理、跨国电商、智慧物流方向，分别向学生提供套餐式的模块课程，形成了物流管理专业学生特有的职业拓展能力，对培养学生的职业关键能力起到至关重要的作用，如图4-6所示。

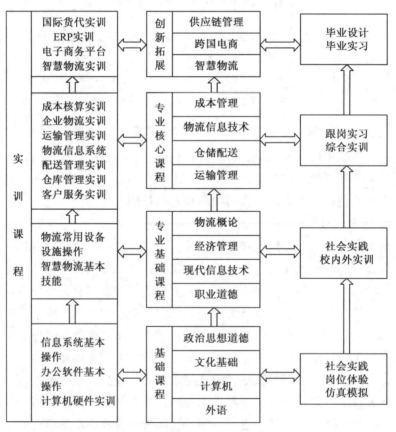

图4-6 物流专业课程示意图

四、产学研一体化的运行机制

人才培养满足市场需求、毕业生"零适应期"是以校企深度合作为基础的,工学交替、知行合一也必须有岗位实习、动手操作的场所,产学研一体化是使这些设想成为现实的良好途径。所谓产学研一体化就是以高质量人才培养、技术创新为核心,企业、科研机构、职业院校建立风险共担、利益共享、资源重新整合的紧密合作关系,培养高素质技能人才,推动科技创新,提高科研成果转化率。

企业专家深入教学一线,了解学生情况、参与人才培养全过程。专兼职教师共同发挥理论、实践优势,共同制定面向职业领域适应岗位群需要的人才培养实施方案、课程体系和课程标准,设计项目引导、任务驱动、以岗位标准为基础的专业课教材、实训实习模块。以"八双八互"内涵建设为核心和突破口,构建校企合作、产教融合的运行机制,挖掘学生潜能、发挥学生特长,全方位全过程发挥校企双方优势,培养具有创新能力、动手能力强、满足区域性需求的高素质技能人才。改革以理论为主的传统教学方式,实行学中做、做中学的教学做合一的教学方式,突出知行合一、理论实践相互融通、思想品德教育和技能培养共重。以物流行业岗位群为基础构建专兼结合的专业教学团队和课程建设团队。按照人才培养方案和课程标准,参照当地领先企业的物流业务流程,重组校内外实训基地,开发合作企业资源,共建校外实习基地,根据学生特点和岗位群业务操作要求设计实习项目、制定考核标准。

根据统计,物流专业毕业生大多从事调度、仓管、客户服务这三种工作,其中,客户服务人员主要拓展业务、维持客户,能力较强的收入较高,工作更具有可靠性和挑战性。为了提高学生的岗位适应能力,应以产学研一体化为基础探索、推行"两双三多"运行模式,即"双纲导教""双师执教""多堂施教""多元考核""多证就业"。"双纲导教"是指教学中要同时遵循教学大纲、岗位操作参考大纲;"双师执教"是指教学中企业专家、校内专职教师互相配合;"多堂施教"是指校内校外、课内课外教学、实践相结合;"多元考核"是指以信息化平台为基础,构建学生、教师、企业专家、本人为主体的评价机制;"多证就业"是指根据学生特长、兴趣,为学生提供多种职业资格、技能鉴定机会。这种人才培养模式需要企业、职业院校在实践中不断探索、优化,形成人才培养研究机制、创新机制。同时,应鼓励专职教师、有能力的学生深入企业生产一线,参与技术攻关、流程优化,提高教学水平和创新能力,激发职业院校的活力、核心竞争力,推动校企进一步合作。

（一）共建教师工作室

教师工作室既服务于教学，也是科研机构，由企业专家、校内教师根据岗位、研究方向联合组成。它是联系企业与学校的桥梁，也是合作形式。教师工作室承担着引进和实施校企合作项目（校内人才培养实施方案、教学标准、实训教材等的制定，企业技术攻关、流程再造、专利研发等）、带动专业群内甚至学校专业改革，创新人才培养、企业运营与管理。教师工作室发挥企业、学校的合力有利于培养企业急需的物流管理与电子商务专业复合型人才，拓展毕业生的就业空间；促进学校办学理念和培养模式的创新，充实、更新教学资源；提升专业教师技能操作水平，实现企业与学校教师互助、互派机制，使教师的教学工作企业岗位化、生产一线化、研究应用化；强化开放办学的人才培养理念，促进交流与合作，强化人才培养与区域需求对接。建立校企合作育人机制、课程共建机制、共同创新机制，探索出校企联合培养市场需求的创新型岗位人才的路子，可以为其他专业人才的培养提供指导，工作室运行机制如图4-7所示。

在人才培养模式构建中，教师工作室的建立具有非常重要的作用：

第一，它是打造兼专双导师教学模式的基础，企业专家深入学校教学一线，要从与校内的专业教师合作开始，了解教育教学基本原理、学生基础情况、专业教学设备设施、课程体系等，校内专业教师也从企业专家处了解物流企业运营、流程、技术、设备设施等情况。

第二，它是实现知行合一、教学做一体的保障，企业专家与校内专业教师合作，修订人才培养方案、课程标准、教材，开发实训项目、设计校内外实训实习基地；它彻底改变了传统的校企合作模式，企业专家、校内教师实现了角色互换，学生具有企业员工、校内学生双重身份，实现了工学交替；它彻底改变了传统教学、学生学习质量考核模式，企业岗位标准引入课程教学评价；它使企业文化、职业道德深度融合于日常教学，学生日常学习考核涉及岗位职责遵守情况、技能掌握情况、知识理解情况。

第三，改变了传统的教师队伍建设。教师工作室的运行不只是以老带新，还是校企专兼互助、老新共同协作，企业专家、校内专业教师、不同特长的教师组成一个教学模式、科技创新团队。企业专家引入企业的经营理念、实践操作技术、技术难题，校内专家教师引入教育教学经验、科研方法与知识，构成一个互补良性的循环系统。

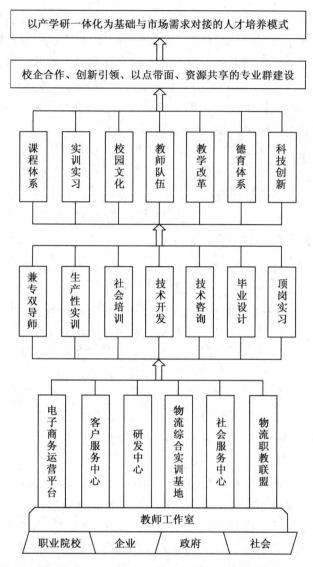

图 4-7 电子商务物流一体化工作室结构功能模型图

第四,推动创新体系的建立。工作室引进企业项目、技术难题,校内教师引进人才培养及对外服务项目,组成互利互惠项目团队,综合利用政府(项目支持资金)、学校(教师、设施设备、资金)、企业(人力、资金、设备设施、技术)等资源,推动企业技术创新,带动师生创新意识、创新能力的培养。

第五,增强社会服务功能。工作室的企业专家与校内专业教师交流、合作机制,建立专业与产业对接通道、校企资源,针对特色教育教学的现实需求和未来发展,在人才培养、项目合作、技术支持、职业培训和特色教学等方面建立合作共建的可持续发展机制,为示范专业建设和课程体系、实训体系、教师队伍、社会服务体系的建设奠定国际化基础,为其他院校提供咨询、示范服务。针对其他企业、行业发展,提供技术咨询、科研项目攻关服务。为社区、失业人群、农民工等提供技能培训和鉴定服务。

第六,促进职教联盟建设。企业专家与校内专业教师交流、互补机制,为其他学校做了示范,促进企业与职业院校合作,有利于职教联盟的构建、完善和发展。教师工作室作为研发中心、人才培养模式研究中心,可以吸引更多的企业参与,扩大职业教育的影响,拓展校企合作领域。

(二)共建物流综合实训中心

一般企业的物流业务包括原材料采购、进出库、仓储、运输、装卸搬运、配送等环节,在仓储、配送、运输环节涉及改包装、打唛、印刷条形码、贴标签、贴条形码、打板(木卡板/纸卡板/纸卡板)、包装、质量控制检查、堆垛、上架下架等,如果再细分,对于不同货物、运输条件要选用包装、填充材料,装卸搬运、配送过程中要根据具体情况选用设备设施,很多学校的实训室只能提供部分实训条件,企业的参与提高了实训室建设的质量、拓展了功能。

第一,校企合作共建物流实训室,可以模拟领先企业的生产实际,根据专业建设方向选择合适的生产流程。例如,对于现代生产企业,可以选择生产物流、商业物流、仓储、配送、运输、第三方物流、智慧仓储、供应链管理等实训项目。

第二,实训室建设与科研相结合。例如,实训室建设过程中结合企业流程再造,师生共同模拟企业物流流程,参与模拟操作完成后,就等于在物流企业实训一次,体会具体操作步骤和业务流程,发现问题,提出解决方案,既优化传统教学模式、培养学生的创新精神,也对解决企业的问题有所启发。实训室设计、设备设施安装过程中,师生的参与就是企业流程体验、探索的过程。

第三,充实实训资源。以少量资金或无偿引入企业过时、陈旧、报废的设备设施,给学生探索物流发展过程、激发创新意识,弥补学校设备设施欠缺。另外,现代物流运用智能设备、软件越来越多,在学校资金不足的情况下,由企业专家把这些设备、软件的工作原理、操作要领引入学校,也可以弥补不足。

第四,改善实训教学效果。企业的参与,使实训中心设备设施选用、安装更加合理,实训项目开发、考核与生产对接,学生的操作更加规范,实训项目安排依据生产流程安排，结合学生学习规律科学实施，提高了实训教学效果。实训体系更加符合现代物流企业流程、岗位设置，推进了实训与生产实际的对接。

（三）共建生产性实训中心

为学生营造真实生产环境，可以改善实习效果，缩短甚至消除毕业生的适应期。在产学研一体化基础上，企业为学校提供或共建生产实体作为实习基地，不仅为学校提供开展实训技能教学的场所，更重要的还是根据企业对人才的知识、能力、素质的要求，校企共同制订人才培养方案、参与人才培养全过程管理，梳理人才培养的理论知识体系、实践教学体系以及定岗实习环节，做到理论知识实践化，实践环节现场化。校企双方共同制订教学计划，通过前期岗位体验、实训，学生在实习前具备岗位操作能力，企业接受学生顶岗实习不再是负担、付出，而是增添人力资源。同时合作企业有优先挑选、录用实习中表现出色的学生的权利，使企业降低招聘、岗前培训成本，缩短新员工上岗的"磨合期"。企业从校企合作中获得实惠与利益，参与职业教育的积极性得到提高。校企合作使企业优先获得最佳的人力资源，关键岗位有人才储备，满足企业对高技能人才的需求。

经过企业专家、校内专业教师设计实训项目、引入企业实际案例、开展生产性运营，学校为师生提供了生产性实训实习、流程设计、科研成果转化的平台。由于学校资源、学生能力以及当地政策及法律法规限制，运行初期，平台能开展的对外服务业务不多，不能完全满足师生提高技能、技术开发、科研成果等方面的需求，需要资源积累、政府放宽限制、保障体系等方面逐步完善。

（四）共享师资资源

产学研一体化使校企双方的技术人员、师资力量可以"请进来，走出去"。一方面，企业的高层管理人员、高级专业技术人员深入教学一线，担任实践教学课程主讲教师或实训教师。另一方面，职业院校的老师可以深入生产一线，体验岗位操作、提高操作技能、学习物流企业的先进管理理念，提高"双师型"教师的数量和能力水平。另外，企业员工可以利用学校的设备设施、师资力量开展职工培训，提高职业素质、理论水平。校企双方共享智力资源，企业的技术研发能力、职业院校的科研与生产实际的对接程度、科研成果的转化率都得到提升。

（五）校企合作研发课程

当前，许多职业院校的教材是由本科院校的教材修改而来，这些教材按照学科理论知识来编撰，与职业教育培养技能型人才的要求有偏差。企业专家熟悉行业状况、企业岗位操作要求，但没有系统的知识，同时，学校教师对生产一线的操作技能不能透彻把握，两者合作取长补短，可以制定出内容与岗位要求对接的教材、教学大纲、课程标准。例如，企业专家与学校教师按照职业技术标准、毕业生岗位适应能力，以工作任务为引领，编写了基于工作过程、以项目化教学为主的教材《电子商务物流配送》，教材的适用性提高，学生的学习难度降低，如图4-8所示。

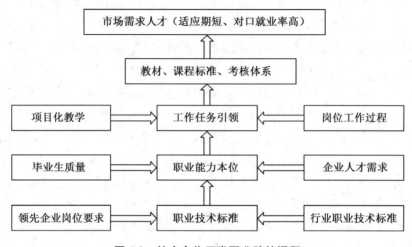

图4-8　校企合作开发职业院校课程

（六）"订单式"人才培养、职业培训

产学研合作形成了人才共育机制，企业可以按照当前及未来发展需求提出人才培养要求，参与招生、人才培养方案制订、课程建设、考核体系等，在学生在校期间就感受到企业文化的熏陶，职业院校成为企业的人才个性化培养基地，减少员工招聘、岗前培训、离职成本。同时可以利用教师工作室、企业专家等资源研究、制定在岗职工培训方案、教材，针对本企业及其他企业开展职工培训，提升企业整体营运水平和影响力，打造物流企业核心竞争力。

校企合作研究制定符合当地经济发展状况、行业结构的特色教材，依靠校企资源优化组合，研究、开发符合国际标准的现代化物流课程，编写具有国际标准的特色化的教材，制定相应的课程结构，满足本企业、本校人才培养、职业培训需求的同时，开展社会化职业培训，增强社会服务能力。

建立校园文化、企业文化互融互通机制，把企业经营理念、职业道德引入校园，创建校企文化育人环境，培育在校学生、企业职工的工匠精神、敬业精神。校企合作开展企业文化研究，对典型企业文化深入探讨，发掘、提炼文化内涵，增强企业员工、在校学生的文化传承意识，为其他企业的文化建设提供科学、可行的建议。校企合作开展传承地区优秀传统文化教育，编写具有行业特色的历史文化宣传著作，增强企业文化、校园文化的感染力，提高企业知名度、提升学校的内涵建设。

五、本节中产学研一体化的特色

第一，企业、职业院校共同研究、制订基于满足区域人才需求的人才培养方案，实现了毕业生从学生到企业员工的"零适应"角色转换。人才培养全过程实现了校企合作、工学结合，毕业生的知识、能力、素养与企业需求实现了对接。

第二，建立了以"八双八互"为核心的产学研一体化人才培养模式。突出了基于校企互惠互利、风险共担、资源共享、成果共有的合作机制；根据区域特点、行业特色、岗位群需求建设涉外性、实践性、区域性的专业群，强化工学交替，注重独立操作能力的培养；不但重视技能竞赛、创业大赛的参与，而且更加重视对学生职业能力和素养提升的作用；建立以教师工作室为典型组织形式的"校内外专兼职教学团队"，提高"双师型"教师的数量和质量，实现双师互补的新型教书育人格局，将企业的人才需求与学校的人才培养目标互融互通。

第三，建立校园文化和企业文化对接、传统文化传承与时代精神互融机制，通过特色教材建设、实习实践、走出去请进来、开设专题讲座等形式把校园文化与企业文化相互交融，提升学生的文化品位和职业素养，增强学生的企业文化理解力、接受能力。

第四，以产学研一体化为基础，建立了共同研发人才培养路径、共同提高企业职工素质和工作能力的机制，拓宽了企业优秀员工培养渠道，提高了职业院校人才培养能力，增强了社会服务能力。

第五，以教师工作室为校企合作基本形式，为校企加强沟通建立了渠道，为共同参与科研工作建立了场所。企业专家、学校教师在教师工作室互补互助，提高了整体资源质量，发挥了各自专长促进人才培养改革、提高实训实习与岗位操作的对接，完善了学生评价机制。

六、小结与改进建议

该校基于长期校企合作积累、实地调研等，深入了解长三角地区电商物流、航运、港口、货代、仓储等行业和企业的岗位设置情况，明确了该区域岗位群对各类型、各层次物流人才的能力和素质要求,以学校现有基础、未来发展方向为基础,准确定位该校物流专业群的培养目标;同时,借鉴其他学校实践经验、国内外研究成果,探索、实践了产学研一体化人才培养模式。通过对职业领域岗位群分析,使人才培养更具有针对性,实现了毕业生从学校学生到企业员工"零适应"角色的自然转换;通过创新校企合作运行机制,促进校企双方互惠互利,加深了企业、学校互相信任的程度,实现了常态化合作;通过产学研一体化,引入企业参与课程体系、教材、实习实训基地建设,把岗位操作流程、技能要求、职业道德标准引入课程、教材、实训实习,实现理论—实践双向有机互动,教学做一体化;参照岗位标准、职业发展要求对学生潜能分析,针对职业院校学生特点制定课程考核标准;合理设计、利用技能比赛、创业竞赛,激发学生的学习能动性、吃苦耐劳精神,与校内外实训实习共同构成操作能力,了解、熟悉、掌握、精益求精体系,养成学生的工匠精神;通过引进"校外兼职辅导师"团队,引进企业文化、科研项目、技术攻关项目,提高教师科研和校企科研成果转化率;建立校园文化和企业文化对接机制,实现学生—毕业生—准员工—企业员工的有机衔接;通过产学研一体化,深入研究地方优秀传统文化和专业技能提高融通机制,传承地方优秀传统文化,促进工匠精神的养成。本项目通过分析区域性领先企业对电子商务物流人才的知识、能力和素质需求现状,针对目前职业院校电子商务物流教育存在的主要问题,提出一种基于市场需求的电子商务物流人才培养模式。该模式以物流人才市场需求为导向,以立德树人、培养德技双修的高素质技能型人才为宗旨,明确人才培养目标,构建立体化实践体系,建立按需培养的模块化课程体系,将知识、能力和素质的培养以个性化课程体系纳入人才培养的全过程。期望通过该项目的实施和辐射作用,推动中国电子商务物流类专业群建设和发展,为培养高素质技能型专门人才提供依据和支持,也可供其他类型人才培养借鉴。

由于实施时间、研究深度的限制,本项目还有一些待完善之处。首先,产学研一体化的科技创新机制探索较少,许多研究表明,职业院校的发展不能只看技能大赛,也要看科技研究及成果转化能力,产学研一体化的健康持续发展,不仅依靠人才培养机制的校企合作创新,还要依靠职业院校对企业科技创新能力的推进;其次,对仿真模拟实训—岗位体验—跟岗实习—顶岗实习的学生技能培养渐进机制研究过少,没有明确应如何有机整合;最后,职业院校在启动、实施产学研一体化项目时,怎样以现有能力为基础,逐步深入推进,也是值得深入探讨的问题。目前,由于政策的推动,很多职业院校都在探索校企合作、产教融合之路,但是大部分都是聘用企业专家入校,如何提高校内教师的科技创新能力,深入企业一线,发挥职业院校教师的技术创新能力、社会服务能力,是职业院校提高核心竞争力和地位的核心所在。

第二节　新时代下基于主体下沉的产学研一体化研究与实践

2019年1月,国务院印发的《国家职业教育改革实施方案》指出,职业教育应"以促进就业和适应产业发展需求为导向,鼓励和支持社会各界特别是企业积极支持职业教育,着力培养高素质劳动者和技术技能人才"。一方面,职业教育的人才培养应以满足就业和产业发展需求为导向,从本质上提高职业教育的地位,就业以一线操作技能培训为主,而适应产业发展需求则应以培养高素质现代化技术技能人才为主;另一方面,从办学形式上看,当前中国职业教育以国家或地方财政支持、职业院校为主体,从未来发展来看,社会各界及企业将发挥更大的作用。同时,中国的职业教育将突破传统的培养一线操作人员的观念,提高人才培养层次,为中国特色社会主义新时代提供高素质、精技能人才。当前,人工智能、物联网、大数据等新技术的普及应用,改变了传统工业生产、服务业经营管理模式,简单机械操作岗位正在被机器人占领,职业教育面临着重大变革,如何进行供给侧改革,切实实现"服务建设现代化经济体系""更高质量更充分就业需要"的功能,是增强职业院校内涵和核心竞争力的基础。

由于苏州旅游与财经高等职业技术学校有长期校企合作历史,早在2012年就发现了现有校企合作模式的不足,开始摸索新的路径,例如开设订单班、设立研究所、成立产业公司等,但由于政策、理论、经验积累等方面的限制,一直未能形成系统性的成果,没有总结出校企合作新模式的形成、运行机理。随着近年来深化校企合作、产教融合研究的深入、政策的引导,特别是中国高校产学研合作实践成果日益丰富,学校经过经验梳理,完善校企合作体系,总结出"基于主体下沉的产学研一体化"校企合作新模式。

一、"基于主体下沉的产学研一体化"基本含义

(一)主体下沉

传统的校企合作是以学校的名义同企业合作,但是在实施过程中,往往是系部或二级学院负责执行具体事务,造成合作主体不明确、责任利益不对等的问题。例如,系部教师协助企业完成学生顶岗实习方案的修订,其直接利益主

体应是教师，但绩效考核时，其实是学校学生就业管理部门的成果，教师的积极性难免会受到打击。因此，传统校企合作模式下，教师的积极性一般不高。因此，本项目中的校企合作以执行方、责任方系部为主体。

（二）产学研一体化

传统的校企合作之所以企业积极性不高，是因为企业获得利益少（主要是可以得到毕业生），而且不确定性大（毕业生有选择就业单位的权利）。产学研一体化是企业、高校（本项目中是指职业院校）、科研机构以资源重新整合后共享、收益共享、风险共担为基础，共同培养人才，共同进行技术开发、流程优化等。三方主体是在目标一致的基础上实现合作，积极性高，效果更加显著。但是由于当地政策、职业院校基础等方面的限制，三方合作具体方式有差异，效果也不完全相同。本项目中的具体形式如图4-9所示。

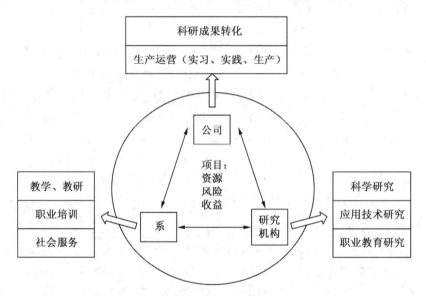

图4-9　产学研一体化组成结构示意图

在不同的地区，产学研一体化的具体形式可能有所不同，有些地方政府允许校办经济实体、营利性科研机构的存在，有足够资金、技术人员的职业院校可以自办生产、服务性企业或科研机构。但是，对于大多数职业院校来说，还是以与校外企业、科研机构合作为主，这种主体之间的合作较复杂，风险分担、人员分工、利益分享等较难处理。

本项目中的学校在前期与当地领军企业、科研机构有稳定的合作，是多个职教集团的牵头单位，师资力量较强，经常参与企业的技术攻关项目，聘请企业专家参加教学指导委员会、专业建设委员会，企业专家、科研机构人员也经常应邀到学校开展讲座、实训室建设、实训实习项目开发、技术研发合作等，有较好的合作基础。2019年1月，国务院印发《国家职业教育改革实施方案》后，企业、社会参与职业教育办学得到政策支持，教材内容与岗位要求对接、实训实习考核与岗位考核对接等成为热点问题，为了借助政策支持探索更有效的校企合作、产教融合路径，践行行知合一，实现教学做合一，学校与当地领先企业、有实力的科研机构签订了长期合作协议，共同为学生打造技能提升、品德养成的内外环境。

首先，企业参与人才培养方案、课程体系、评价体系、实训实习体系的建设，以岗位标准、国际标准衡量学生的能力，保证大部分毕业生成为高素质技术技能人才。

其次，企业专家与校内专职教师互补互助，形成理论与实践结合、专兼职结合的双导师教师队伍，"双师型"教师数量、整体水平得到提升。

再次，校企合作完善实训实习内容，以仿真模拟岗位操作让有一定理论基础的学生初步掌握技能，以企业岗位体验的形式让学生了解业务流程、理解工作原理，以工学交替让学生熟练掌握技能，以顶岗实习让学生具备独立操作能力。

最后，企业的深度参与也把企业文化引入校园，与校园文化互相融通，让学生了解企业经营理念，理解职业道德的重要性。

另外，在产学研一体化的基础上，学校教师得到深入企业生产一线、了解行业发展最新趋势的机会，有利于他们有针对性地开展研究工作、申报应用型课题、提高科研成果的转化率。

企业与学校的深度合作，促成大量研究项目，例如人才培养实施方案、课程标准的修订、企业技术难题的解决、新技术的研发与应用等，使科研成为校企合作的一个重要桥梁，也成为共同创造效益的重要渠道。

二、产学研一体化的构建

（一）项目的启动基础

1. 校企合作持续发展

在长期校企合作过程中，学校和企业相互之间建立了良好的合作关系，校企合作开发项目取得许多良好的社会效益和经济效益，例如国际酒店系的特色菜开发、国家示范建设专业的人才培养模式探索等。当时，"教师—研究人员—师傅""学生—项目团队成员—徒弟"的师生复合型角色已经形成，提高学生的综合素质与就业能力、教学团队的科研能力、企业的研发与产业应用推广能力体系基本形成。按照校企合作深入的发展趋势，需要建立常设机构，进一步梳理风险责任利益共享机制，校企合作新模式的构建成为大势所趋。

2. 实践经验积累丰富

在多年的校企合作过程中，学校探索出了许多成功经验：按照企业人才需求举办的各类订单班，由企业提出人才需求计划，校企共同研究新生入学条件、人才培养过程、实训实习项目开发、学习过程及毕业评价等，形成了按企业所需培养技能、基层管理人才的成熟模式；成立了多个校企共同投资、共担风险、共享成果的科研机构，具有人才培养改革、技术研发、咨询服务、技术指导等社会服务能力；在政策许可的前提下，校企共同投入资金、设备设施、技术人员、管理人员，共同承担风险、分享权益，成立了已经稳定运行多年的生产性企业，为学校在校生提供了实训、岗位体验、跟岗实习、毕业实习等条件，参与科研成果转化，为学校教师提供实践、实验条件，取得了良好的经济、社会效益。

3. 校企合作逐步深入需要更适宜的组织形式

学校与企业已经实践学校主动推荐毕业生、合作进行毕业生质量提升与人才需求调研、共同制订人才培养方案、共同开发实训教材、共同组建专业建设委员会和教学指导委员会、共同建设实训基地和订单班、共同组建科研机构等合作形式。在未来的发展中，从人才培养、技术开发、科研成果转化等方面提出进一步加深合作的设想，急须形成新的合作模式。一些系部产学研一体化格局已经形成，急须学校、企业签订新的合作协议。各方面的发展趋势都在推动产学研一体化模式的建立和运行，例如，学校老师与企业专家日常合作机制已经形成，企业在教材编写、教学评价、培养质量评价等方面已经深度参与，急须形成一系列常态合作模式，老师和企业专家之间的科研合作也需要学校政策的支持、保障，这些都推动了产学研一体化的正式构建。

（二）产学研一体化构建中需要解决的关键问题

1. 参与方责权利的梳理

首先，按照原有学校管理制度、职称评审政策要求，教师必须完成规定的教学、科研、实训基地建设、学生管理等任务，参与产学研一体化后，要负担更多的社会服务、科研、深入企业一线实践、参与项目运行等任务。教师负担过重，必须改革原有的教师绩效评价办法，把科研、教学、学生管理、教材开发、实训项目开发、社会服务等任务按照难度等级划分类别，教师只要完成其中的一部分，达到总的绩效考核要求即可，这样也可以发挥教师的特长，按照自己的情况承担擅长的工作。

其次，企业营利与人才培养公益性冲突的问题，企业以赚取利润的形式积累发展资金、给职工发放报酬、维持企业各部门的运行，参与人才培养短期内得不到与付出相应的回报。人才培养方案制订、实训项目的开发等既要求企业专家有一定的专业理论水平，也要有丰富的实践经验，不但要对人才培养规律有一定的掌握，还要了解专业课程体系，花费的时间、精力与实际所得要能成正比，否则开发出的成果实际应用效果难以保证。产学研一体化的运行可以从三个方面保证企业获得相应的利益：一是参与人才培养方面的项目有经济利益回报，通过稿费、专家费等形式给予企业或员工报酬；二是给予学校优秀毕业生选择权，允许企业在校内进行校园文化、企业员工发展前景等方面的讲座，让学生了解企业、掌握更多企业经营管理知识，为企业吸引更多有就业意向的毕业生；三是共同开展社会服务，共同申报各级政府的招标项目，项目资金按贡献大小分摊，共同进行技术开发，活动收益按贡献大小分摊。虽然这些措施在运行初期对企业的利益补偿不明显，但是随着项目、优秀毕业生质量、数量的提升，企业获得的利益会越来越多。

再次，参与主体的责任。产学研一体化运行初期，是依照具体项目分别签订合同，划分责任，各方按照预期获利、以自愿为原则承担责任。虽然过程比较复杂，但避免了后期可能出现的纠纷。进入平稳期后，企业、学校及参与的企业专家、教师都获得了比预期高的收益，各方主体参与项目的意愿增强，这时，信用约束将起到更大的作用，一旦有失职的事件发生，就有可能失去参与项目的权利。

2. 突破原有体制机制

公办职业院校的体制机制与产学研一体化的运行是有冲突的。公办职业院校属于非营利性质，但企业必须盈利才能生存，教师必须有经济回报才能积极参与。解决这一冲突只能从利益划分、绩效考核的办法入手。产学研一体化组织的经济性收益，大多是企业所得，学校主要在科技创新、项目研发、人才培养质量和社会声誉提升方面获益。教师则可以用参与项目、科研代替其他任务，例如利用带学生实习、实训的机会熟悉企业，用科研成果代替教学任务量等。但是，在实际运行中，这些措施并不能完全解决问题，如学校能否参股企业、教师能否在企业兼职获得报酬等问题仍未得到较好设计。《国家职业教育改革实施方案》指出，"推动企业深度参与协同育人，扶持鼓励企业和社会力量参与举办各类职业教育"，允许企业参股学校，但学校参股企业、教师兼职获取企业报酬一般被地方政府禁止。

3. 科研机构的性质和重点任务

科研机构在产学研一体化的构建中起到重要作用，它是企业、职业院校联系的纽带,是双方合作的重要区域,也是双方利益的主要来源。因此,科研机构应是企业、职业院校共同投资、共同受益的,同时,也是较容易设立的常设性机构,企业、职业院校投入的资金、设备设施划分、用途都十分明确。但是,在运行中开展的项目需要细细梳理,例如人才培养方案、实训项目开发等主要是学校获益,企业可能参与度不高,这类项目应以学校投入资金为主。企业的技术攻关、流程再造等项目风险性较高,但是,可能获得的收益也很大,一旦取得成功,企业的利润、市场竞争力、吸引社会资金的能力等都会得到改善,而且可能产生专利、发明等,这类项目的资源投入、风险承担应以预期获得利益大小为依据进行划分,双方根据具体情况签订合同。科研机构的顺利运行是产学研一体化持续运行、健康发展的重要保障,因此,职业院校应予以重点关注。

科研机构在运行过程中负责的项目是多方面的,既有人才培养、职业培养类型的,也可能有为地方经济发展出谋划策类型的。科研机构在成立初期,应根据校企双方的人力资源、设备设施、技术力量等方面的具体情况适当选择项目,以免过度占用资源,影响生产、教学的正常进行。常见科研项目举例如表4-1所示。

表4-1 科研机构主要开展的项目举例

项目分类	承担部门	项目名称	项目来源
产业服务	企业管理咨询有限公司	企业信息化管理设计	企业
	现代物流信息系统设计有限公司	物流公司仓储管理系统	企业
		商贸公司智慧物流管理系统	企业
		超市智慧仓储管理系统	企业
教学	现代服务业协同创新研究院	电子商务专业国际化教学标准	商贸系
	现代服务业协同创新研究院	市场营销综合实训中心规划	商贸系
	现代服务业协同创新研究院	智慧物流仿真模拟系统	商贸系
	现代服务业协同创新研究院	现代物流信息综合性实训实习项目开发	商贸系
	现代服务业协同创新研究院	《物流企业设备设施》教材开发	商贸系
科研	现代服务业协同创新研究院	共享经济下生鲜农产品"e+"供应链优化研究	商贸系
	现代服务业协同创新研究院	高职院校人才培养质量多元评价体系构建研究	科研处
社会服务	各系、X现代服务业协同创新研究院	现代物流"1+X证书"示范基地开发	物流职教集团

（三）产学研一体化的探索历程

1. 校企紧密合作期

在长期的校企合作过程中，由于人才培养、科研、技术开发等方面的合作越来越多，出于业务联系的需要，企业和学校共同出资设立了研究所、有实际生产能力的经济实体（以技术咨询、成果转化等业务为主的营利性组织），双方签订的合作协议对共同投入、风险共担、收益共享的意识增强。教师的工作量认定、企业兼职报酬等成为亟须解决的问题。

2. 产学研一体化雏形形成期

在人才培养模式、教学方法改革过程中，企业参与范围不断拓展，双方联系不断深入。岗位体验、跟岗实习离不开企业的支持，企业专家参与实训实习教材编写、项目开发取得很好的效果。同时，企业员工培训、拓展业务、技术研究中学校的参与也越来越多。学校和企业之间的利益相关度越来越强，虽然学校参股企业的政策没有放开，但是，双方共同投入资源以及共同经营的研究所、咨询公司等取得良好的社会效益和经济效益。教师、企业员工参与产学研一体化项目的积极性不断提高。

3. 产学研一体化格局形成

随着各级政府、教育行政管理部门对职业院校校企合作、人才培养模式改革重视的加强，校企合作、产教融合受到社会的关注，毕业生能否尽快适应岗位要求成为企业招聘员工时关注的重要方面。在这样的大环境下，学校参股成立咨询公司、研究所等成为深化校企合作的重要渠道，学校与企业开始探索校企合作中的资源优化整合问题。首先，优化整合人力资源。企业专家参加专家建设委员会、教学指导委员会等组织，帮助进行实训实习项目设计、课程标准修订、学生实训实习评价体系修订等，使教学内容与岗位要求的对接度增加，教师在企业的兼职问题以工作量认定的形式得到缓解。其次，优化物质资源。学校设备设施、实训实习条件在企业专家的指导下得到改善，一部分企业员工的理论培训、职业技能鉴定可以交给学校完成，学生岗位体验、企业文化感知、跟岗实习、毕业实习可以在合作企业完成，而且由企业和学校共同制订方案、考核办法、日常管理，节约了学校这方面的支出，同时学生对合作企业的了解加深，为以后优秀毕业生进入企业做了铺垫。

产学研一体化的发展历程如图 4-10 所示。

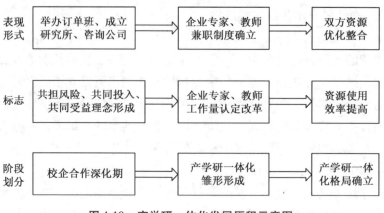

图 4-10　产学研一体化发展历程示意图

三、基于产学研一体化的人才培养模式改革

（一）基于产学研一体化的教学理念创新

在教育教学中发现，虽然职业院校的学生理论基础普遍较差，但也有一些学生脑子灵活、发现问题的能力较强，这部分学生被允许跟随老师参与课题研究、企业项目研发、实体经营等，其中一部分学生提高了创新能力，甚至毕业后成功创业。

为了提高教学内容与岗位要求的对接程度，在企业专家的帮助下，学校把企业岗位操作要求、技术要领引入教学，并以合作企业为研究对象开展岗位体验，实地进行企业调研。例如，在"物流信息技术与应用"课程教学中，引入第三方物流企业的管理系统、物流企业公共信息平台，给学生真实的操作环境，并且安排学生到企业参观，在生产现场听企业专家讲解信息系统原理、操作等，加深学生对抽象理论的理解，提高动手操作能力。具体安排如表 4-2 所示。

表 4-2　基于产学研一体化的"物流信息技术与应用"课程教学安排

序号	学习内容	教学安排
1	初识物流信息技术	合作企业实地调研
2	物流信息标准化	合作企业专家讲座
3	物流数据采集—条码技术	掌握条码制作，研究作用原理
4	物流数据采集—RFID 技术	练习 RFID 设备操作，研究工作原理

续表

序号	学习内容	教学安排
5	物流动态跟踪技术	学习制作电子地图
6	电子商务物流	合作企业实地参观流程
7	物流管理信息系统	练习操作第三方物流企业管理信息系统
8	物流自动化立体仓库信息管理系统	合作企业参观、练习软件操作
9	物流公共信息平台规划与运营模式	合作企业参观、了解流程,练习操作

基于产学研一体化的教学,明显的变化是教学过程融入了更多的企业案例,企业专家参与课程标准、实训实习项目的开发、以产业岗位群为基础构建专业群课程体系。

(二) 基于产学研一体化的课程设计改革

企业紧密参与职业教育人才培养全过程,不但从宏观上促进了教学理念的变化,而且从细节上推动了课程设计的变革。

1. 针对技能人才培养的教学内容与教学方法改革

首先,企业的紧密参与使职业院校对人才需求的理解更加透彻,对行业发展、岗位要求的变动反应更加灵敏。在此基础上建立和完善教学内容遴选机制,及时吸纳现代物流新知识、新技术和新标准,保持"与时俱进"。在备课环节把陈旧知识列为了解类,把行业当前及未来发展需要的技能、知识列为拓展、重点类。

其次,以企业专家和教学实践经验丰富的专业教师为基础,以科研机构为依托,探索岗位能力要求、素质要求,按照职业岗位和职业能力培养的要求,整合教学内容,形成模块式课程结构,实现现代物流职业能力培养模块化。课程内容充分体现现代物流职业标准的要求。

再次,通过企业专家、专业教师的深入探索,总结物流企业岗位(群)素质要求,将物流专业素养培养贯穿于课内外理论教学、实训实习项目中,通过案例研讨、沙盘实训、方案设计、视频观看与研讨、企业参观与见习、物流工作站(校内外教师工作站)实践、物流专题调研、物流知识与技能竞赛等教学模式提高学生的专业素养与综合能力。

2. 课程考核方式改革

根据技能人才培养规律,依托企业专家和校内教师研究岗位(群)考核、评价体系,并以课题研究为依托,改革校内学生课程考核、评价体系。

在评价体系中采用过程性评价与终结性评价相结合，理论测试与动手能力检验相结合，论文、调研报告与方案设计相结合，第一课堂与第二课堂相结合，教师评价与学生自评互评相结合的评价方式。专业基础课考核成绩分成三部分：卷面成绩40%、平时成绩20%、课内外实践成绩40%。专业课提高了对动手能力的要求，而且在考核形式上更加灵活，允许学生以物流业务设计的形式代替一部分卷面成绩。其中，平时成绩不只是看学生的活动参与情况，而且看学生发现问题、解决问题的情况，以此锻炼学生的创新、独立解决问题的能力。

3. 人才培养目标改革

一是知识目标与要求变革。与传统目标要求比较，更加重视对行业发展趋势、相关知识应用现状及发展的掌握，除了要求学生熟悉现代物流的基本概念、基本原理和基本方法，包括国内外现代物流理论与实践的最新发展以外，还要求学生通过行业发展趋势、联系生活了解物流前沿的思维、最新的物流理念，使学生对物流行业、技术发展趋势、就业方向及其应具备的能力、职业发展前景有清晰的了解。

二是技能目标与要求变革。技能要领、操作要求由企业专家根据企业岗位实际情况制定，由企业专家和学校老师合作，与岗位要求对接，根据企业实际业务分为实例分析、模拟实训，模拟企业实际生产、管理现场，给学生创造实景式教学环境。学生面对实际工作中的问题、按照岗位要求，全面获得人际沟通、团队协作、双语表达、自我学习与自我发展能力的培养，在实训实习中养成从事物流行业应具备的职业态度、职业素质、职业通用能力与创新能力。学生从填鸭式教学中解脱出来，在问题解决中逐步养成利用物流理论知识分析和解决问题的能力。

4. 课程学习的情感态度目标与要求改革

学校引入企业文化，把职业道德融入日常实训实习、理论教学中，促进学生养成正确的学习目的和学习态度。培养学生自我提升、精益求精、不断钻研、敢于创新、不断进取的任务导向，现代物流服务的客户至上理念与团队合作精神；引导学生养成热爱本职工作、劳动光荣的观念；通过参加社会实践与科研活动，让学生了解国内外现代物流发展的动态和新技术；帮助学生树立系统性观念，学会根据具体情况全面、系统地研究和解决现代物流有关理论和实际问题。

5. 课程体系改革

传统的职业教育特别是中职教育的课程体系存在着先天的不足，课程之间的联系大多是沿用本科院校的做法，以学科之间的联系为基础建立课程之间的联系。但职业院校的人才培养规律与本科院校截然不同，本科院校主要培养系统掌握理论知识的研究型或管理型人才，职业院校主要培养岗位技术技能人才，学生在学习过程中应按照实际操作、业务流程来掌握相关知识，因此课程之间的联系应基于岗位或操作流程之间的联系。在企业专家的帮助下，学校按专业或专业群重新整合课程内容，推行项目化教学。课程重新组合存在一定困难，工作量大，要求深刻、细致地了解企业岗位，但研究成果对当前职业教育改革意义重大。

（三）基于产学研一体化的现代学徒制探索

1. 相关背景

现代学徒制是相对于传统学徒制而言的，发源于20世纪的德国、英国等国家。现代学徒制是传统学徒制培训方式与现代职业教育相结合，即学校与企业深度合作办学的现代职业教育制度，其目的是为了更好地培养适应经济社会发展需要的高素质技能型人才。传统学徒制重在一对一、口传身教传授操作技能，现代学徒制以校企深度合作为基础，以培养学生的解决实际问题能力、职业道德为核心，以岗位要求为纽带，以企业的深度参与以及学校教师和企业专家的深入指导为支撑，把岗位标准、技术革新、流程再造、企业管理、企业文化与学校人才培养过程深度融合，形成了学生与员工、教师与师傅之间的角色互融，教学与生产、学业与产品过程互融的现代人才培养模式。职业教育的宗旨是培养技术技能人才，离开了企业、行业的参与，就是闭门造车，学生能力与岗位要求脱节、毕业生与人才需求脱节是难免的，现代学徒制打通了企业与职业院校之间的隔阂，同时也为学生构建了学中做、做中学的环境。

德国的双元制被认为是"现代学徒制"的成功典范，其鲜明特征是完善的立法体系。早在1969年，德国就颁布了《职业教育法》，从法律层面明确了双元制的法律地位，以法律规范将企业与职业教育、政府有机结合在一起。企业有参与职业教育的义务，也有按照需求进行人才培养的权利，职业院校和企业都是职业教育的主体，双方各负其责，分工有序。德国现代学徒制的教育经费来源主要有三条渠道：联邦政府、联邦州政府、企业，分别承担总费用的17%、16%、67%。为保护企业的积极性，国家还对提供培训岗位的企业给予每生3 000欧元的一次性补助。英国的学徒制体系与英国的国家职业资格（NVQ）制度紧密结合，每一层次的学徒制都与国家职业资格之间存在一定的对应关系，这种制度既为技能人才提供了上升渠道，也保证企业、行业有源源不断的人才供给。澳大利亚新学徒制的主要特点是将职业资格与教育、就业、培训联系在一起，建立了认可资格证书和学分转换的国家权威体系，制定了由八级不同能力水平构成的能力标准体系，建立了国家职业技能认证体系，学徒完成培训后即可获得全国认可的、与学历文凭互通的资格证书，进入高等职业院校或普通院校学习，培训成绩和证书可作为被认可的学分。这种转换体系不但为学生选择未来职业奠定了基础，而且符合学生学习规律。澳大利亚设立了300多所新学徒制培训服务中心，免费向社会提供服务，帮助培训机构和学徒达成培训协议，获得政府的财政资助，对招收学徒的企业给予税收优惠，并建立了市场导向的拨款制度。虽然德国的双元制在中国的知名度最高，但澳大利亚的这种模式比较适合中国国情，企业、职业院校合作培养人才、开展技能鉴定，政府采用税收优惠、财政资助的方式促进企业参与职业教育都比较容易操作，产生效果也很迅速。

近年来，中国也在总结传统经验、国外成功案例的基础上推进现代学徒制，并在一些学校取得了成功。2011年6月，在全国职业教育改革创新国家试点推进会上，教育部将新余市的江西职教园区作为国家现代学徒制试点，按照"世界眼光、中国特色、国际标准"的总体要求开展试点工作。2014年，教育部颁布了《关于开展现代学徒制试点工作的意见》和《现代学徒制试点工作方案》，在河北唐山召开了现代学徒制试点推进工作会议。2015年8月，教育部公布首批试点单位名单，在全国范围内分地方政府、企业、职业院校三个层面开展现代学徒制试点工作，有17个地市、8个企业、百所高职、27所中职、13个行业作为试点单位，标志着我国现代学徒制试点工作进入实质推进阶段。

2. 实践过程

经济发达地区外资企业多，对人才的要求较高，学校与企业签订人才共育合同，明确校企双方职责、分工，根据大型外资企业人才需求特点和现代职业教育的实际情况，基于中外合作现代学徒制项目，对人才培养方案进行修订，在国际物流技能型专业人才培养模式上进行探索与实践。

一是修订人才培养实施方案。双方多次进行实地考察调研，深入到工厂、课堂和校内实训基地等，召开教师、学生座谈会，了解学生的特点、教学计划、课程设置等情况，职业院校和企业双方共同分析物流专业人才需求的市场现状，历时数月初步制订了融合中外双方意见的现代学徒制人才培养方案，教学目标和教学内容突出在国际物流相关方面的知识要求，强调客户服务意识、外语和计算机方面的技能要求，明确爱岗敬业、团结自律、勇于创新的人文素质要求，打造适应国际物流企业需要的高端物流技能型人才，并在后续几年的组织实施过程中不断根据教学实际情况，经合作双方一致同意，进行了多次调整和修订，做到与时俱进。

二是优化招生办法。依据《教育部关于开展现代学徒制试点工作的意见》，采用先招生后招工形式，入学的学生经过一定时间的理论学习后作为学徒进入企业并与企业签订学徒、企业、学校三方培训协议，企业与学校按照协议在自己的责任范围内指导、监督、保障订单生在企业接受技能培训。这种人才培养方式缩短了在校生向企业员工转换的适应期，企业岗前培训前移至从优秀学生中挑选"在校准员工"时期。而且三方协议中特别指出，在学徒期间学徒享受企业提供的津贴补助，根据考核成绩，补助还会不断提高。企业和学校严格按照"订单生—准员工—正式员工"三位一体的培养方式开展，订单生毕业能够达到企业的标准即可成为正式员工，获得学历证书和由企业出具的职业培训证书。

三是创新教学方法。运用了基于工作过程的情境化学习方法，让学生在现实的工作环境中通过学中做、做中学理解复杂的理论、掌握操作技巧中的细节。物流管理专业订单生的学习地点不再仅仅局限于学校和传统意义上的校外实训基地企业，而是将课堂搬进企业，将授课过程和企业实际工作相结合。通过企业工作岗位的培训和学习，使订单生的人文素养、职业道德素养以及职业精神等得到提升。企业精选了经验丰富的优秀员工作为培训师，学生每到一个岗位，均有师傅先行讲解，然后再边讲边练，直至熟练掌握技能。企业精心安排了学生分组轮训，以保证学生在企业的各个岗位都得以锻炼。学生分为若干学习小组，在六个工作岗位中轮换接受系统的培训和实习。六个岗位分别为系统文员、对讲机包装线 FTZ、运输组 ALP、物流英语实例翻译 ALP、海关组 FTZ、仓库发货 ALP 等。企业对实习学生实行现代化绩效管理，每位实习生毕业后均有由六个方面构成的综合考核成绩，并需逐一汇报学习成果。首期实习结束，企业聘请五位优秀学生以及以后几期优秀学员赴国外总部实习、就业，同时为其他学员提供在中国区特别是发达地区就业的机会，提高项目对优秀学生的吸引力。

四是课程体系优化。按照"岗位—能力—课程"的基本思路，通过对物流职业岗位典型工作任务所需职业能力的分析，并结合学生个人发展，校企双方共同制定合作项目的课程体系，使专业课程设置与教学内容、实训内容均符合企业需求，分阶段、有侧重点地对学生进行能力培养。以培养学生综合职业能力为目标，在企业人员与学校教师共同参与下，按照培养目标和企业用人需求和岗位资格标准来设置课程,建成基于职业素养的公共基础课和基于职业技能的专业基础课、专业核心课与专业选修课的课程设置,建成满足中外合作现代学徒制人才培养要求的课程体系。

五是打造优秀教学团队。现代学徒制项目中的学校专任教师应具备较高的理论知识和丰富的工作实践经验,能进行校内校外多种形式的教学和辅导,企业的师傅应是专业技术能手,且具有良好的教学能力。学校在"双师型"教师基础上,选拔专业能力和教学能力强的教师到企业挂职锻炼培训,并辅助企业人员对学生进行监督辅导;企业遴选业务技术骨干担任师傅之职,并定期派往学校进行教学技能培训和开展讲座。对于合作项目中的教师,校企共同建立师资队伍的绩效考核机制,奖励优秀教师和师傅,形成优秀且稳定的师资队伍。

四、基于产学研一体化的人才培养模式实施过程

产学研一体化的人才培养模式基于深化工学结合,"工"(在公司、研究所工作)与"学"(在系、二级学院学习)密切结合,遵循技能人才培养规律践行知行合一。该模式让学生在学习校内专业知识理论课的同时,也能获得企业的专业培训和实践经验。

1. 人才培养模式的构建

第一步,成立载体。先以系(或二级学院)、企业(条件具备时也可以是校办生产性实体或引企入校)为主体成立研究机构,由于具体情况不同,三方的关系可能有所差异。例如,企业为引企入校形式时,企业、学校(通常具体到系或二级学院)对科研机构、校内企业同时具有所有权,三方的关系可以简化到校企两方。第二步,维持运营。科研机构的持续运营,需要争取到若干个科研课题、企业横向项目、职业教育重点项目,有一定的发展前景才能吸收老师、学生来共同参与。这就需要在成立校内企业、科研机构时,选择有能力、有潜力的企业、教师参与。第三步,优化发展。在项目运行过程中,首先要解决参与项目的企业专家、教师的报酬以及绩效考核等问题,科研项目能否取得预期效果、校内企业运行情况存在很多不确定性因素,参与项目的人员比较复杂,一般可以按工作量来衡量参与人员的绩效,但实际操作时仍然需要克服很多困难。

2. 基于产学研一体化的教学过程

虽然产学研一体化人才培养模式有很多具体的实施形式,但一般是根据岗位业务把课程转化为若干个项目,将每一个项目细分为若干个任务,每个

任务都会包含一个关键技能点。在顶岗实习环节，教师（即企业导师）会根据每一个学生的基础、学习能力以及岗位能容纳的学生数量制订学习培训计划，学生根据自己的学习计划和企业为其安排的岗位逐个实施项目分解的任务。在学习过程中，教师（即企业导师）会对顶岗的学生进行学习指导、过程考核，根据学习计划定期考核每个任务中技能掌握的情况，并及时对顶岗的学生做出反馈和评价，同时通过文字、图片、语音、视频等相关媒体记录整个考核过程。最后会审核顶岗的学生整个学习过程并进行最终的考核和评估，考核合格会颁发企业的认证。例如，基于条码技术的智能仓储管理系统设计项目分为准备期（校内理论教学为主）、初级任务分配期（企业岗位了解为主）、研发期（企业或校内生产性企业顶岗实习为主）、考核及颁发资格证书期四个阶段。在准备期，企业导师、校内教师制作网络学习平台，给学生提供仓储管理、条码技术、数据库技术、程序设计、信息管理系统、商务谈判、公关礼仪等课程的视频、图片、文字等资料，供学生进行相关知识的准备和项目过程中自行解决遇到的困难。同时，企业导师、校内教师根据产品入库操作、文字描述、业务流程图绘制、客户交流、业务磋商、合同签订等基本技能制订这一阶段的考核方案并依据考核结果给学生评分。在初级任务分配期，学生在企业调研完成项目需要的流程、必备的技能和基础知识，企业专家和指导教师把设计项目按流程、难易程度分为熟悉程序、算法分析、编写一级简单功能、编写二级简单功能等任务，根据学生前一阶段的知识掌握情况安排对应的任务，在指导老师的帮助下让学生在完成任务的过程中掌握整个项目需要的知识、技能，教师按照学生完成任务的情况给予评分。在研发期，大部分学生已经掌握基础知识、技能，企业专家和指导老师把项目设计中难度较高的业务分为程序诊断与修订、系统部署、功能模块测试等任务，让学生边熟悉技能边完成任务，在教学做合一的模式下掌握整个项目需要的知识和技能，指导教师根据学生掌握技能的情况进行评分。在考核期，每个学生完善、提交自己的项目设计，并撰写项目设计报告，回答指导老师提出的问题，指导老师根据这些方面的完成情况进行评分，然后根据四个阶段的得分计算最终得分，达到要求的学生由企业颁发职业证书，这个流程如图 4-11 所示。

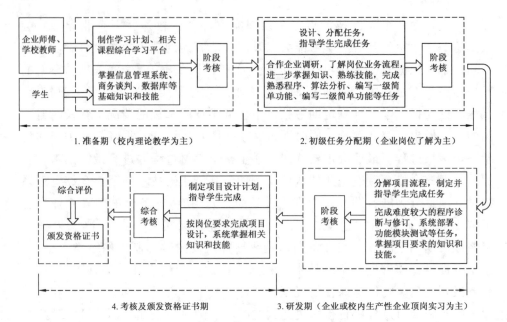

图 4-11　基于产学研一体化的教学过程

五、小结

在长期校企合作的基础上，该校形成了产学研一体化的校企深度融合模式：企业专家参与实训实习教学、学习评价、实训项目的开发等；教师参与企业技术开发、员工培训；企业专家和学校教师一起承担政府、企业的技术开发项目。以企业生产环境为学生提供真实的岗位体验，以社会服务、产品开发带动教师的科研能力提升。在产学研一体化的基础上，企业从学校得到了技术支持、学校从企业得到实训实习场所、实训项目、技术和管理人员支持。学校和企业在技能人才培养、技术开发、科研成果转化中的合作，使双方资源得到升值。该模式的设计和实践，整合了企业和学校的硬件和软件环境，综合形成了充实的实训场所，获得了一系列的产业、科研、职业教育重点项目，学生培训、实习、顶岗的都是真实的环境、真实的项目。近 7 000 名学生在该模式的培养下不仅掌握了专业化的知识和技能，还具备了创新能力、实践操作能力、技能自学能力等，毕业后得以在较满意的岗位工作。更加可贵的是，该模式培养了一批具有产学研运营能力的职业院校教师，他们现在不但有能力承担繁重的教学、科研、产业服务工作任务，而且在合作过程中得到了学校、企业、研究所三重环境的锻炼，孵化出国家级精品课程、精品资源共享课题等职业教育重点项目，有的老师成长为省级教学名师、省黄炎培职业教育杰出教师，部分老师参与的项目获得了行业科技进步一等奖、三等奖等奖励,而且获得软件著作权 11 个,他们开发出的物流公共信息平台经过 7 年多的经营,整合了大量行业、职业院校资源,起到了职业教育引领产业发展的作用。该校在四个方面实现了创新:

一是职业教育产学研合作方式的创新。从中国近年来产学研合作方面的理论和实践来看,职业教育产学研合作模式一直存在不足。该校的产学研一体化模式推动了职业教育产学研合作的深入发展,通过产学研合作项目拉动人才培养模式改革、教师教学科研能力提升,为其他学校在这个领域的探讨提供了借鉴。

二是职业院校、企业资源整合模式的创新。中国在职业院校校企合作方面已经探索多年,企业参与职业教育人才培养的意义已经普遍得到重视,但是,在实训实习基地建设、教师队伍建设等方面一直存在着重复建设等问题,企业和职业院校的设备设施、技术力量等资源不能得到优化整合。该校以产学研一体化的形式整合资源,实现了在这一领域的突破。

三是职业院校办学机制的创新。该校以产学研一体化的形式实现混合所有制办学模式,以资源共享、风险分担、收益分摊的形式开展人才培养、技术开发、社会服务等项目,围绕着项目配置资源,以项目带动人才培养和师资力量提升,实现了参与方互惠互利的效果。

四是现代学徒制实践模式的创新。该校以产学研一体化为基础,以项目带动师资力量和学生动手能力、创新能力的提升,以校内校外兼专职双导师改革教学模式、推动教学做合一,以与外资企业合作的形式引进国际职业资格考试标准,在促进就业、引领教改、师资提升、学生综合素质提升以及社会影响力拓展等多个方面取得了显著的效果。企业顶岗实习期满后,每期会有 10%~20% 的优秀学生被送到外资企业总部进行半年以上的带薪实习,经双向选择,最终可以成为企业正式员工,其余学生既可以选择在中国境内各大城市的分公司任职,也可以选择到其他物流企业应聘,应聘成功率大幅度上升。该项目的实施不仅使学生受益,学校的知名度也得到提高,有利于学校招生。学校社会服务水平的提升,促进了产学研一体化规模、范围的进一步提升,有些以前怀疑职业院校能力的企业、科研机构现在已经改变了认识。企业不但获得遴选优秀员工的机会,而且可以从在校生中选拔有发展潜力的准员工进行有针对性的培养,毕业后就能适应企业岗位要求,填补企业亟须人才的空缺,同时还降低了岗前培训、招聘员工的成本。

但是,该项目也存在一些不足:一是教师的工作量衡量仍存在难度,在现行体制下，公办职业院校以人才培养、学生日常管理为主要工作，特别是近年来上级主管部门在衡量职业院校成绩时，把技能大赛、教学比赛作为重要指标，一些科研能力强、负责的项目有发展潜力的教师参与企业技术开发、科研成果转化时做出了很大的贡献，取得了可观的经济效益，在现行体制下却难以得到相应的回报，这就限制了产学研一体化的进一步发展；二是职业院校、企业、科研机构互相参股时存在政策限制，虽然目前国家政策鼓励企业参与职业教育，但公办职业院校参与营利性组织时仍受到很多限制。

第三节 我国职业院校校企融合深化路径研究

为了提高我国职业教育质量，增强职业院校与企业的对接程度，《国家中长期教育改革和发展规划纲要（2010—2020）》强调，职业教育要建立健全政府主导、行业指导、企业参与的办学机制、促进校企合作制度化，《国务院关于加快发展现代职业教育的决定》（国发〔2014〕19号）中再次强调要"深化产教融合、校企合作""服务经济社会发展和人的全面发展，推动专业设置与产业需求对接，课程内容与职业标准对接、教学过程与生产过程对接，毕业证书与职业资格证书对接，职业教育与终身学习对接"。当前，校企合作对于我国职业人才队伍培养的重要性已经在职业教育层面形成共识，但是，由于企业对于从中获得利益的需求不能充分满足，企业对参与校企合作的积极性不高，虽然他们也希望从职业院校获得更多的优秀毕业生，但是仍然缺乏深入开展校企共育人才的主动性。苏州市职业院校一贯重视与企业的合作，从当初的为学生联系实习、就业岗位演变到如今把企业引入整个人才培养过程，实现了校企合作质的转变，尤其是近年来，在市政府、行业协会的支持下，通过仿真、生产性实训基地建设和实景化教学模式改革实践，进一步加深了对校企合作的理解、拓展了校企合作的渠道。其中，苏职校物流管理专业在长期实践积累经验的基础上，校企双方以共赢为出发点，深入挖掘校企合作的内涵，不断拓展校企合作形式，通过"人才培养与需求的初步对接，企业初步参与人才培养，企业与学校构建正式合作组织，校企资源共享、共育现代职业人才"四个阶段历程，实现了校企深度融合、资源共享，探索出"四段合一"式校企合作模式。

近年来，随着习近平主席对中国经济"新常态"解读的深入，政府、职业院校、行业、企业进一步认识到了校企合作的重要性。2015年8月21日，苏州市政府印发了《关于加快发展全市现代职业教育的实施意见》，并于10

月 26 日，在近 10 年内首次召开了全市职业教育工作会议；《意见》指出，职业院校要"深入开展校企合作，协同推进技术技能人才和创新创业人才培养""更多、更好地为苏州经济社会发展培养高素质劳动者和技术技能人才，全面提升人力资源素质，使职业教育更好地服务改革、服务转型、服务发展"。这既是对苏州市职业院校今后发展趋势的指引，也为苏州市职业院校开展校企合作、创新校企合作模式提供了政策保障，"新常态"下的苏州市职业院校校企合作应该为现代职业人才的培养发挥更大的作用。

一、苏职校校企合作的基本指导思想

学校通过与企业了解、合作、共建、共育的过程，在与企业共赢的前提下，不断加深与企业的合作。企业参与学校人才培养方案修订、课程改革、校本教材编写、实训基地建设、评价体系构建等多个方面，参与学生的职业生涯规划、专业课程学习、实训、实习等多个层次的培养过程。坚持工学结合、知行合一，实现专业学习与就业岗位的无缝对接，逐步形成"四段合一"人才培养模式和校企合作的持续深入机制，增强学校办学条件、教学内容、教学质量与企业、行业、社会要求的适应性，不断改善人才培养质量和学生职业前景，逐渐探索现代学徒制，校企共育现代职业人才，推动职业教育与经济社会的共同发展。

二、苏职校校企合作的发展路径

（一）逐步实现人才培养与需求的初步对接

以苏州市部分职业院校的物流管理专业为例，苏州在全国范围内属于物流比较发达的地区，2006 年，《苏州市国民经济和社会发展第十一个五年规划纲要》指出，要"重点发展优势传统产业和现代物流业，建设成为苏州南北向重要的物流轴线"、加强"现代物流等专业人才的培养"。大量物流企业的进入，需要招聘相应数量的物流人才，苏职校物流管理专业受到用人单位的青睐，与物流企业在实习、就业方面的接触、洽谈越来越密集，与苏职校建立学生实习、毕业生就业持续合作关系的企业越来越多。长期的交流，使校企双方相互增强了信任，用人单位把对毕业生的要求、毕业生在工作岗位的表现或优缺点反馈给学校，学校在人才培养过程、难点等方面与企业协商，争取企业在人才培养过程中提出意见、参与改革。

（二）逐步实现企业深度参与人才培养

随着企业接纳实习、毕业学生人数的增多，企业对学校物流管理专业的关注度慢慢增加，对人才的数量需求和岗位适应性要求，更使企业逐渐认识到参与学校人才培养的重要性，企业主动到学校与学校协商人才需求情况，学校深入企业了解学生实习、就业情况，双方接触次数增多，洽谈不断深入，企业开始思考如何促进学校培养自己急需的人才、怎样把优秀的毕业生吸纳进来。部分企业与学校签订了长期正式合作协议，以奖学金、订单式培养等方式引导学校人才培养方向，并且开办介绍物流企业方面的讲座、参观项目。

（三）逐步构建了常设性校企合作组织

为了进一步推进学校与企业的合作，给广大物流企业对校企合作树立信心，在苏州市政府推动下，2010年5月，学校牵头的苏州市现代物流职教集团正式成立，学校成为常务理事单位，时任苏州市副市长王鸿声亲自参加了首届年会，并发表讲话鼓励企业和学校加强沟通、增强资源共享和共同合作的信心，为苏州市经济转型升级、建设"三区三城"共同培养更多急需的优秀技能型人才。

（四）逐步实现了校企资源共享、共育现代职业人才

以苏州市现代物流职教集团为依托，学校进一步推进与企业的合作，聘请物流企业管理、技术专家到学校担任兼职教师，参加专业教学指导委员会。在人才培养方案的制订方面，企业专家帮助学校进行人才需求调研、对人才培养方案进行论证；在校内外实训基地建设方面，企业专家以行业发展趋势为指导参与实训基地建设方案的制订、实训项目的设计、考核标准的制定等；在教学改革方面，企业专家帮助学校按照工作流程和岗位要求编写校本教材。企业在人才培养过程中的多方面、深层次参与，使人才培养与岗位需求实现了更好的对接，学生在校期间对于企业要求、岗位操作技能有了更好的掌握。企业与学校的深入合作，形成了四阶段式人才培养过程：一是学生入学时就接受到校企共同设计的职业生涯规划教育，为以后的专业学习奠定思想基础。二是按照校企共同制订的人才培养方案，开展理论教学和初步的实训教学，为以后的岗位工作奠定理论基础。三是利用校企共同设计、构建的仿真实训室进行业务操作仿真练习，了解操作流程、掌握业务要领；利用校企按照先进物流企业的生产条件共同构建的生产性实训基地，以及校外实训基地提高学生的操作技能和岗位适应能力，帮助他们养成良好的职业素养。四是以仿真、生产性实训基地为依托，提高专业教师自身的操作技能和岗位认识，逐步积累企业管理、业务操作方面的能力。同时，根据教学需要，培养、引进一批懂教学、理论知识丰富、素质高的企业专家作为兼职教师，与专业教师共同提高实训教学效果、改进实训项目、编写校本教材。

三、"新常态"下苏职校校企合作的新举措

（一）校企共同帮助学生制定职业愿景

职业院校的学生文化基础弱是大家公认的事实，他们怀着忐忑不安、对自己的未来充满困惑的心情进入学校，为了帮助他们树立信心、对自己的未来做好规划，新生入学时，学校与企业专家共同开展入学教育，帮助学生了解自己所学专业的就业方向、在校期间必须掌握的知识、技能，帮助学生制定努力目标。看到学校先进的实训设备、企业化的实训环境，看到历届毕业生的良好就业情况，同学们对自己在校期间的学习充满信心、对未来的工作充满期望。

（二）校企共同进行课程改革

学校将企业的用人需求目标和学校的人才培养目标统一起来，在行业企业的帮助下，利用教师下企业锻炼、实习生巡查、校企交流会等机会，不断收集、整理、分析企业岗位工作流程、能力要求等信息，对人才培养方案进行修订，使专业人才培养方案的设计更加贴近生产实际，符合企业实际需求。共同制定课程标准，按照企业的工作流程、岗位技能和综合素质要求，以企业真实的工作任务为载体，重构课程体系，强化专业核心课程教学，开发校本教材，逐步形成学校的专业特色课程。

（三）校企共建实训基地，促进学习与岗位的对接

高素质技能型人才的培养，需要有良好的实践技能培养场所，传统的实训室只能提供单项训练或者模拟操作练习，与工作岗位实际操作流程和要求有一定区别，而且往往和企业当前及以后岗位要求有一定出入。为了使在校学生真实感受工作场景，受到岗位工作体验和培训，学校与苏州当地知名企业合作设计、建设了一批仿真、生产性实训基地，实训室的设备设施完全按照当地知名企业较先进的标准配置，操作流程和技能标准按照岗位要求制定，实训项目、考核标准按照企业对岗位业务、员工的要求制定。学生在仿真、生产性实训基地不但可以按照真实工作流程亲自动手操作企业当前或未来使用的设备设施，而且可以受到企业制定的规范、企业文化的熏陶。在仓储配送综合仿真实训室，学生体验仓储设备使用；在快递生产性实训基地，学生体验快递接收、交付流程，学习与其他岗位的协作、沟通；在仿真报关报检实训室，学生通过真实的业务体验，掌握报关报检流程和业务操作要领。仿真、生产性实训基地推动了在校实训和岗位的无缝对接，企业专家在实训室、生产性实训基地的现代师徒制指导，使学生掌握了课本中学不到的操作要领，达到了"工学结合、知行合一"的效果。以仿真、生产性实训基地为依托，专业教师与企业专家

共同改进教学内容和教学方式，经过积累后编写了基于工作流程导向、项目教学法的校本教材，重构了教学内容，提高了教学质量，深化了学校教学与岗位要求的对接。

（四）校企共育师资、共建专兼结合的师资队伍

教师理论水平、操作能力、综合素质高低，直接关系到人才培养质量的高低，教师培养与提高也是职业院校发展过程中一个难题，我校在长期实践过程中，走出了校企合作共育师资、打造专兼结合教师队伍的路子。企业专家、技术能手等具有实践动手能力强、解决生产实际问题能力强的优势，他们知道"怎么做"，能解决生产实践中的问题，可以帮助学校填补专业教学提供指导和技术支持方面的不足；学校专业教师具有系统的专业、教学理论知识和教学能力，他们懂得"为什么这么做""怎样教会学生这么做"，不但可以采用科学的方法培养在校学生的理论、实践能力，而且能为企业提供员工培训、技术攻关等服务。以生产性实训基地、专业建设指导委员会为平台，学校坚持"校企互通、专兼结合、动态管理"的原则，借助企业资源，校企双方共同培育优质师资，以实现优势互补、共同提高。

在教师培养过程中，学校要求专业教师根据自身特长和个人兴趣，定专业方向、定单位、定时间下企业锻炼，熟悉企业岗位工作流程和业务操作技能，了解企业设备设施、技术等方面的更新、发展趋势；同时引进企业、行业能工巧匠担任客座教授、兼职教师，定期来校进行专业讲座、学术报告，并参与专业建设、实训教学、技能大赛的训练指导，在多家物流企业聘请了一线技术骨干担任校外顶岗实习指导教师，建成一支相对稳定、素质较高的兼职教师队伍，充实了学校的专业教学力量。

四、苏职校校企合作的实践成果

（一）构建成案例教学、仿真实训、生产性实训系列教学体系

通过两年的示范校建设，学校积累了大量企业处理业务实例，建成了集教学、研究、培训于一体的仿真或生产性多功能实训基地。其中，仓储配送综合实训室、报关报检仿真实训室等仿真实训室是学校和苏州知名企业按照当前较先进要求仿照企业真实工作流程和设备设施建立的，与苏汽集团、顺丰速运等物流企业合建的速运站面向国际教育园范围开展快递的接收、配送，学生在不同岗位亲自操作，学校专业老师和企业兼职教师亲自指导，形成了以解决关键问题为主的现代师徒制实训教学方式。以这些教学资源为依托，不仅开展技能教学，更多的是以先进的实训设备、优良的师资开展技能教学的研究工作，并集合全省技能教学的专家、教师等精英，合力开展技能教学研究工作，与企业、职业院校联合举办物流竞赛和技能大赛，为其他院校培养参加各类竞赛和技能大赛的学生和老师，进行各类竞赛和技能大赛的组织协调和规则制定方面的研究。同时，凭借优良的实训资源和优秀的师资团队，在完成正常的学历教育教学工作以外，积极开展对外服务和社会培训，为其他学校、企业提供职业资格鉴定、能力测试提升、实习训练等一系列服务，发挥示范引领作用，为物流行业从业人员提供包括"助理物流师""国际货代员证""物流员"等从业资格证书考前培训，两年内累计社会培训500人次，培训企业员工数1 100人日，对外技术服务到款额达到18万元。为物流行业从业人员提供包括"助理物流师""国际货代员证""物流员"等从业资格证书考前培训。

（二）构建了优质"双师型"教师团队

示范校项目的建设，为学校师资队伍建设提供了一个良好契机，大力推动了教师队伍的成长速度。通过业务、技能培训，下企业锻炼以及参与"产学研"合作等多种渠道培养提高专业教师业务水平，以校企合作为基础、以职教集团等为依托，借助校内仿真、生产性实训基地，教师队伍各方面水平都有了很大提升，骨干教师队伍成为课程建设及产学研结合的主力军，两年内，培养了双师骨干教师9名、学科带头人2名，新增技师1人，新增高级技师2人，"双师"比例达92%，市级优秀"双师型"教师增加2人。

（三）学生的技能水平大大提升

企业在人才培养过程中的多方面参与，大大提高了学校的教育水平和质量，学生的技能水平得到提升。以校企合作为依托，借助良好的校内外实训教学条件，在积极实施第三方教学评价的同时，大力推行学历证书与职业资格证书并重的"双证书"制度，根据学生的个人特长和职业愿景，分别开展助理物流师、物流员、单证员、叉车等方面的职业资格培训和职业技能鉴定，毕业生双证取得率达到100%，就业率维持在100%，企业满意度也达到100%。毕业生能力的提升进一步促进了企业与学校合作的热情，学校举办的毕业生与企业双选会每年都有大量企业到场参加，一直维持一个学生可以选择多家企业的状态。技能大赛方面，物流管理专业在2012—2014年省市技能大赛中，一直在全省同类学校中名列前茅，只要有国赛，也能代表江苏省取得优异的成绩。

五、"新常态"下苏职校校企合作的发展趋势

"新常态"下的中国经济，更加注重质量的提升，对于职业教育来说，必须与企业、行业、政府进行更密切的合作，培养适应"新常态"需求、具有

国际竞争力的现代职业人才,因此苏职校校企合作将会出现以下趋势:

(一)将更加重视校企共同体的构建

长期对校企合作的探索和实践使苏职校看到,营利性的企业始终是把短期经济利益放在首位,有时他们的由于追求利益造成的短视和职业院校培养人才的中长期目标具有冲突,无论是以职业院校、企业为主体的"双主体",还是以职业院校为主体的"一个主体",都无法避免在校企合作过程中由于利益不一致造成的冲突,而校企共同体是以企业为主体,尊重企业作为法人追逐经济利益的特性,同时,职业院校以社会、行业、企业的中长期需求为指导,遵循行业标准、国际标准制定人才培养方案、课程体系,开发教材及实训项目,在校企共同体内,学校起到了指引的作用,在很大程度上避免了和企业的利益冲突。

另外,职业院校与企业构建的校企共同体不限制其他企业和学校的加入,在很大程度上具有集中优势资源、扩大社会影响的作用,例如,苏职校与企业合作组建的菜鸟驿站,融合了顺丰、邮政、韵达、苏汽集团等多家企业,充分利用了这些企业的技术资源和企业专家,对于该校人才培养质量的提高起到很大作用。

(二)将更加重视双师型教师的"引进来"与"走出去"

与企业合作培养优秀的双师型教师,是近年来苏职校进行校企合作的主要目的之一,利用企业的场地、设备、经验、技术等资源,大量专业教师在技术能力方面得到很大提升。同时,一些企业的管理、技术专家被引进学校开展现代学徒制人才培养方式的改革,有助于学校人才培养质量的提高。但是,学校专业教师的管理、技术优势,运用到企业才能发挥更大的作用、得到更多的检验。今后,苏职校正在制定一些政策,鼓励、督促教师进入企业、行业,开展技术服务、与企业联合进行技术研发、新产品开发,不断加强学校在社会上的影响和作用。

(三)更加重视现代学徒制的探索与实践

学徒制在国内外职业人才的培养方面已经得到了广泛的应用,实践中也证明了学徒制对于职业人才的培养具有很好的效果。中国经济"新常态"下,对于职业人才的要求,不但是技术的精湛、操作能力的熟练,而且要求职业人才具有创新意识、具备在国际上竞争的能力,现代学徒制可以使职业院校的学生更深刻地理解操作细节、技术关键,更有利于其观念、思维的启发,苏职校在校企合作过程中,按照学生的专业和兴趣,成立了一些课外专业活动小组,由学校专业老师和企业专家共同指导,实践证明,这些学生在操作技能、创业、创新等方面都得到了很大的提高。

当然，在"新常态"下，职业院校在校企合作方面还应该不断进行新的探索，例如注重学生品德的提升，引入企业文化；重视学生职业变迁适应能力的提升，培养学生面对未来新职业的要求等。在"新常态"下，不但是经济发展阶段的变化，更要求职业院校人才培养观念的变化、职业教育人才培养模式的变革。

第四节　校企共建共享产教融合性实体化实训基地及其效果

李克强总理在全国职教会议上指出，职业院校要依托企业、贴近需求，建设和加强教学实训基地，教育部教职成〔2011〕6号文件指出要"推进产教结合与校企一体办学，实现专业与产业、企业、岗位对接"。我国当前的职业教育仍然存在着学校教育与企业岗位要求脱节、校企合作方面的实践存在缺陷等问题，由于受传统教学模式的制约，学校缺乏专业实训设备，只能在实训室进行简单的模拟，学生缺乏必要的实际操作训练，更不了解企业的生产、服务实际情况，实训和就业不能很好衔接。通过校企紧密合作，不但能培养学生的实践动手能力，而且把企业的相关管理制度、企业文化有选择性地引进校内实训基地，培养出的学生将有更好的岗位适应能力和职业前景。但是，我国当前在校企合作方面的实践还存在很多问题，例如利益的分配、责任的分担、过程管理等方面还没有确切的解决方法。

一、理论和实践依据

综合我国近期对于校企合作的研究来看，大多数学者认为通过校企合作可以培养学生综合利用所学的知识、能力和技能去处理和完成实际工作任务的能力，其最终目的有三个：一是要实现"工学结合""产学合作"的人才培养模式；二是要真正实现学生顶岗实习；三是要实现学生的零距离就业。另外，何燕、刘国联等认为校企合作可以进行专业研究、技术开发、生产及高新技术的应用与推广；进行"双师型"教师培训；培养学生职业技术、技能及独立解决实际问题的能力和创造能力，培养学生的职业道德和团结协作精神，全面提高学生的综合素质。

在校企合作共建生产性实训基地方面，很多学者认为校内实训基地的建设应当遵循"调研优先、理念先进、互利互赢和制度保障"的原则，其基本思路即"筑巢引凤、优势互补、校企联动、产学合作",实训基地的来源有三个:一是将原有教学性实训基地改建为校内生产性实训基地;二是学校投入设备,企业投入技术与产品建设校内生产性实训基地;三是学校提供场地,企业投入设备、技术和师资建设校内生产性实训基地。通过校企共建实训室,为学生顶岗实习、教师技术研发提供了条件,企业也获得了学校在厂房、技术工人、政府优惠政策等方面的支持。

国外对于校企合作的研究比较早,实践经验也比较丰富。国外学者认为,校企合作的来源主要有以下几个:一是促成产业界的主要科学家回到大学校园,向大学的学生们介绍他们感兴趣的新思想、新技术;二是大学生在课余和暑假期间到企业的实验室工作,可以为他们带来可观的收入和将来的就业提供经验;三是当大学准备发展一些新的研究计划时(例如设立一些商业课程),征询产业界人士的建议,以符合实际需要;四是企业使用大学暂不使用的实验场地和设施,大学可以获得场地的租金,企业可以雇佣一些学生作为实验助手;五是校企之间建立互相咨询关系,这往往是校企合作关系建立的起点,以后会逐渐扩大合作的内容;六是大学学者到产业界参观或做报告;七是企业为大学的研究或教学提供各种仪器和设备。

国外在校企合作的实践方面也比较成熟,与本课题关系比较紧密的主要有以下两个:

德国的"双元制":学校和企业联合培养职业技术人才,学校主要负责理论与专业基础课的教学与考核,企业主要进行实践操作能力的培养。其运行的主要特点是以职教立法委为保障,以企业培训为主体;专业设置以职业分析为基础,实践课程设计则以技能培训为目的的教学单元或教学模块;考核以职业要求为标准,由行业协会代表、雇主代表、职业学校教师三方参加,对学生进行既有技能操作又有知识水平,既有结果考核又有过程考核的合格考试。德国职业技术教育的成功使其经济发展显示了令人羡慕的生命力。

澳大利亚 TAFE 模式:TAFE(Technical and Further Education),即技术与继续教育,该模式以岗位要求为目标,教学工作的重点放在提高学生运用知识和技能,解决实际问题的能力,TAFE 学院很多技能培训课程是在工作现场完成的,对学习效果的考核有时还要到企业的具体岗位进行。TAFE 的教师与企业联系密切,从而确保 TAFE 的教学不脱离企业实际。

二、校企共建共享产教融合性实体化实训基地现存障碍

从国内外对于校企合作的研究和实践来看,对于校企合作的重要性普遍取

得认可，职业院校和企业也可以根据所处环境、自身资源等方面采取适合的校企合作方式，合作过程中企业可以获得政府的优惠政策，利用学校的师资力量、设备设施等，而学校可以从企业的设备设施、市场信息、生产管理经验、企业文化、管理制度、考核标准等方面获益。但是，对于中国来说，由于企业的互赢意识、学校实践经验、国家法律政策等方面还有欠缺，所以校企合作的实际效果仍有待提高，合作深度也不深，特别是服务性专业与企业合作方面的研究和实践不多。另外，以前文献对于校企共建实体化实训基地的研究不多，特别是服务性质的实体化实训基地的运行、学生实训效果考核等方面的细节研究、实践经验欠缺。

从检索到的文献来看，大部分学者、院校是对生产产品性质的校企合作项目进行研究，本课题中的实体化实训室属于服务业性质，与生产实际产品的实训室相比较，由于面对的是需求复杂多样的顾客，而不是按照操作规程生产固定规格的产品，所以操作更复杂，有时需要外出配送，涉及学生人身安全等问题，所以该校实训室建设、运行更为复杂。

三、校企共建共享产教融合性实体化实训基地案例分析

苏职校物流管理专业依托苏州物流职教集团和地方政策的支持，与顺丰速运、百韵超市等企业合作，共同调研当地物流企业对人才的需求、共同制订实训室建设方案、共同制定实训室管理制度和工作流程、共同制定学生实训考核标准，不但把学校的仓储配送综合实训室建成了可以对外营业的实体，而且把学生的实训融入企业的实际运行，使学生亲身经历岗位工作、感受企业文化，而且把传统的纯消耗性实训转化为生产性实训，学校与企业实现了互惠互利。

该校仓储配送综合实训室在运行过程中，合作企业派出了高级管理人员、技术人员参与，可以在经营过程中对实训的学生进行手把手的指导。所以，该实训室可以实行学徒制教学模式，参加实训的学生不但可以向企业指导老师学习专业知识、关键操作技能，而且可以对企业文化、管理能力有更深层次的理解。

企业与学校共同制定实训室管理、人员安排等方面的制度，对学生实训制度、课程安排、企业指导教师的安排、实训室利润的分配、学生实训中人身安全等方面进行探讨并制定具体制度。该校企合作实体化实训室在设计、建设、运行过程中解决了大量问题，部分问题的解决方式对于其他院校也具有借鉴意义。

（一）校企共建共享产教融合性实体化实训基地的意义

1. 培养学生的动手主动性

按照马斯洛的需求理论，人有各种需求，而这些需求又是由愿望、欲望来激发的，所以在课堂上，首先要采用学生喜闻乐见、当前感兴趣的话题引起他们的兴趣，然后一起探求如何能使自己的愿望、欲望得到满足，最后引导到本次课程。例如，讲到出口退税这一章节时，问同学们想不想当老板，苏州外向型企业多，如果当老板，经常会遇到出口业务，或者客户有出口业务，办理这些业务怎样赚钱。这样引导的结果，就把学生的兴趣转到怎么做一个成功的企业家的角度，然后问他们怎么降低成本、增加利润，最后，话题慢慢转到出口退税的意义、流程、要点等方面。在这些过程的基础上，在实训室把真实工作流程展示给同学们，通过任务驱动、工作流程带动等形式，引导学生把理论知识和工作流程相结合，达到融会贯通、提升学生主动学习的觉悟。

2. 培养学生自主学习能力和积极性

教师讲课过程中，应该抓住课本的精髓，为学生铺路架桥，启发他们主动思考，继而以问题引导等方式引导学生独立思考，把课堂的重心放在如何启发、引导、示范、研究和指点学生的自学上，把教学的重心由教转到学，在教学过程中可以采用剖析教例的形式集中解决重点问题，教师在示范剖析的基础上引导学生自己剖析，培养学生发现关键问题、分析问题、探索问题的创新意识与创新能力。首先，教师示范剖析，意在引导学生掌握分析方法、抓住重点，然后总结剖析教例的意义、要求与步骤。学生对这些基本要求掌握以后，就由学生自己解决问题，这些问题是和他们有关的，或者他们是有些基础的，然后就是要求学生解决问题。例如，出口退税这一章节在完成基础理论、基本操作能力的初步掌握后，就要培养学生解决问题的能力，教师找些小例子，这些例子不能过于复杂，应该适于一个初学者理解，学生对这些小例子熟悉以后，基本理论和基本操作能力基本上就可以掌握，这个时候就应该引导他们提高解决问题的能力，找一些企业工作中真实发生的案例，要求学生分组完成这些业务的操作，找出解决问题的关键点或不足之处。这时候，学生已经有了解决问题的基础，不会"老虎吃天，无处下口"，一些学生有了跃跃欲试、一展身手的欲望，他们会积极参与这些问题的解决，其他同学在他们的带动下也会参与问题的解决。最终，整个班级的学习氛围就建立起来了。在这个阶段，学生已经具有解决实际问题的愿望，但还没有解决实际问题的能力，实际工作中的业务和书本有比较大的差距，专业工作术语、岗位设置、具体流程还需要在工作中熟悉。建立具备工作实景的实训室，是提高这些能力的较好方式，学生在实训室感受工作氛围、经受工作流程、体验小组协作,这个过程,就是他们自我提高、领悟,找出自己的不足,不断提升能力的过程。例如,书本对于配送具有详细的解释,但是真正怎么做?单据是什么样子的,书本中提供的样例是不是和实际操作一样?在实训室中,学生在各自岗位上去观察、思考、讨论,就为实际工作提供了很好的基础。

3. 培养学生的创新能力

学生掌握基础理论、解决问题的基本方法之后,具备了对知识点的理解和运用能力,这还只是学习知识的基本程度,为了达到"教是为了不教",还应该提高学生把掌握到的知识拓展、解决实际问题、发现更多相关问题的能力。例如,出口退税这一章节可能有很多案例,但是这些案例的来源会有所不同,难易也有差异,已经掌握基本解决问题能力的学生应该掌握解决实际问题的能力,这一阶段可以让学生以一个业务员或者从高层管理者的角度,解决企业真实问题,让他们认识到实际工作当中不能只会知道,要提前准备,具备预见问题、解决突发问题的能力。在这个阶段,学生遇到的案例应该逐步增加复杂性和难度,和其他章节、相关课程结合起来。例如,出口退税工作会涉及单证、相关证明文件,怎样正确、及时地准备好这些单证、文件,怎样和相关部门协调顺利完成出口退税工作,可能会遇到哪些问题,遇到这些问题如何解决,这些问题在书本上都是没有明确说明的,平时的案例也不可能面面俱到,这就要求学生开动脑筋、激发拓展思维能力和创新能力;经常还会出现小组、学生之间的意见分歧,这样会进一步激发他们分析问题的能力,提高他们思维的拓展范围。还是用《配送实务》为例,书中,老师提供的案例都是固定内容的,但实际操作中的具体服务对象是多种多样的,顾客会对业务人员的服务提出一些要求、工作中会有突发情况、操作的对象会有特殊情况,这些问题的解决,只靠书本、案例是无法完成的。在实训室中,利用实体经营的条件,不断遇到新客户、新问题、新的操作对象,这样,学生的实际操作技能不断提高,与毕业后从事的工作岗位就实现了无缝对接。

(二)实施效果

通过以上努力,学生的学习积极性得到提高,课堂学习氛围、主动性也得到改善,考试不及格的少了,助理物流师考证通过率达到100%,近年来,技能大赛成绩在全省领先。最重要的是,学生对相关课程的兴趣增加了,学会了主动发现问题、解决问题的能力,就业率、企业满意率都很高。

另外,在实施过程中,校企合作密切程度增加,企业参与人才培养的积极性、主动性得到提升,校内专业教师与企业专家的互补互利合作积极性也得到提高。

(三) 结论

通过这段时间的实践和探索,我们对"教是为了不教"有了更深刻的理解,教的方法、目的不能局限于书本知识的掌握,应该是启发学生主动发现问题、解决问题的兴趣和能力。总的看来,我们可以把"教是为了不教"的思想归纳为"从教转变到不教",如图4-12所示:

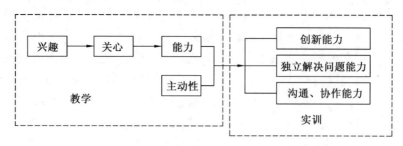

图4-12 "教是为了不教"的实现途径

为了达到"教是为了不教"的目的,首先要提高学生的学生兴趣,引导学生关心学习内容,培养他们学习的主动性、解决问题的能力,这个阶段的学生已经对学习的兴趣性大大增强,愿意解决问题,具有解决问题的愿望,他们会通过小组讨论、查阅资料等途径解决问题,下一个阶段就是老师引导他们解决更深层次的问题、激发他们的创新能力,直至去亲自动手解决实际问题。当然,在从"教"到"不教"的转变过程中,老师也要发挥集体智慧,学生学习兴趣的激发不是一蹴而就的,需要不断强化、激励,案例的收集、问题的发现和解决都需要集体智慧来共同解决,片面强调某一个老师的力量也是不科学的。

对于现代职业教育,把传统理论和现代职业教育理念、教学手段相结合,才能推陈出新,达到更好的教育效果。特别在当前,对于职业能力的提高有了更高层次的要求,工作技能不但包括理论、动手能力,而且对信息化手段运用、交流等能力具有越来越高的要求,实体化实训条件可以有效地提高学生的这些能力。与传统仿真实训的本质区别是,仿真是把案例、书本搬到实训室,而实体操作的是真实业务。

第五节 "教学做合一"观下的混合教学模式研究

新时代下的中国处于产业转型升级、智能制造深化期,信息技术、人工智能在生产、生活、管理中的运用越来越普遍。当前的职业教育,不能再灌输教材、简单模仿,而是要引导学生会动手、能思考,会独立解决问题、能创造。岗位对职业院校毕业生提出了新要求,学生的职业观、人生观受经济、社会等大环境的影响也不同于过去。在这样的背景下,教师必须解放自己的思维,调整教的内容、灵活运用教育教学方法、手段。"教学做合一"思想,倡导"做"中"教"、"做"中"学",认为教师的"教"要依据学生的"学",一些学者据此总结出了职业教育的"以做定学、以学定教"的原则,为当前我国职业教育人才培养模式改革、提供了具体可操作的工具。

一、以做为中心的"教学做合一"思想

"教育"一词,从诞生之日起,就与"做""教""学"三字分不开。三千多年前,我国甲骨文的"教""育"两字,意为"上施""下效""以事教人、以教育人",做中施教、做中育人。①

经过几千年的发展,各种教育思潮涌现,但是,大部分研究者的主张中都包含"教学做合一"的思想。

建构主义理论认为,学习是学习者在与真实情境的交互作用中进行的,在这个过程中,他们对已有知识进行重新认识,并建构新知识。可以看出,这种理论主张在做的过程中,重新认识原有知识,并逐渐形成新的知识。

我国著名教育家叶圣陶提出的"直观论"认为,学生学习时应"跟事物直接接触",也是一种"做中学"的观点。1925年,著名教育家、思想家陶行知在吸收国内外相关教育思想的基础上,根据自己多年的实践、研究结果提出了"教学做合一"思想,核心内容包括三部分:一是怎样做便怎样学,即学生学习时,要遵循事物本身的发展规律;二是怎样学便怎么样教,即教师教学生时,要根据学生的情况、遵循学生的学习规律;三是在做上教,在做上学,即教师和学生要把握事物的规律,按照事物本身的规律进行教和学,条件许可时,可以边做边教、边做边学,而且教师自己也要动手做,通过做提高自己的教学、技能操作水平,然后才能给学生必要的指导。"教学做合一"不但要求老师先研究教的内容、学生学的方法,而且老师和学生都必须"做",老师从做中了解怎样做、怎样教,学生在做中掌握怎样学、学什么,"做"成为"教"和"学"的出发点和归宿,两者都围绕着"做"展开。

叶圣陶认为,"学校应该为学生设置种种环境",陶行知也认为,最重要

---

① 叶澜:教育概论[M].北京:人民教育出版社,2006:3-4.

的是"做"。对于职业教育来说，主要面向生产、管理一线培养技能人才，学生首先要掌握的也是如何"做"。应该给学生创造实训、实习条件，让学生亲自动手，这是提高教学质量的很好途径。但是，在实际教学工作中，让学生在生产、经营环境中学习常常是难以实现的，一方面，设备设施不能满足需要，另一方面，目前，在我国没有足够的岗位，也不可能让学生在企业的工作过程中学习。况且，对于有些科目来说，讲述的是和自然、社会现象有关的规律，大多以抽象的文字展现出来，让学生亲身去做不太可能。同时，我们国家普遍应用的是大班教学，学生的学习能力、知识掌握程度等有所差别，按照学生的学习情况有针对性地开展教学难度较大。因此，近年来，微课、仿真实训室、线上教学等受到关注，其中，集传统方法和现代信息技术、线上线下、课内课外于一体的混合教学模式可以做到监控每个学生的学习情况，可以针对一些抽象或岗位操作内容开展仿真、真实情境等线上教学，对学生的学习效果进行快速剖析，充分发挥"教学做合一"思想，提高职业教育效果。

二、"教学做合一"观下的混合教学模式

混合教学是指综合使用线上线下、课内课外等教学手段，以学生为中心、教师为主导的教学模式。整个教学过程可以分为课前活动（大部分为线上）、实体课堂、反思与总结这几个阶段。

1. 课前活动

首先，教师根据教学内容、学生情况设计微课、线上课程让学生体验工作环境（有时以任务的形式让学生去工作场地调研、体验）、了解工作原理或操作技能。

其次，根据教学内容设计特定任务，例如测试、主题讨论等。测试主要是引导学生把握住重点，根据学生完成测试的情况，也可以了解每个学生对于学习内容的掌握情况。在现代信息技术下，每个学生的测试完成情况可以迅速得到判断、整理、分析，为下一步的教学提供依据。

为了培养学生团体协作、解决问题等的能力，在这个阶段，也可以提供主题讨论让学生独立或分组完成。现代信息技术为线上讨论提供了渠道，每个学生都可以发表自己的观点，教师可以及时了解每个学生的参与情况。

表面上看来，这个阶段的学生还是在学，但实质上，学生是在"做"，而且是按照教学规律、事物本身的规律在"做"，在"做"中了解事物本身的规律、提高解决问题的能力。这种隐性能力的培养，是传统教学无法完成的。

2. 实体课堂阶段

在课前活动中，教师通常能根据学生的表现总结出一些问题，实体课堂阶段的主要内容就是解决这些问题。教师提前制定任务单，引导学生解决这些问题，在学生不能独立解决的情况下，他们可以与其他同学一起组成讨论组、项目小组，这些小组之间可以在课堂上进行辩论、点评等，在互相找出错误、纠正错误中加深对知识的理解、技能的掌握。

在课堂讨论陷入僵局、偏离主题时，教师应及时纠正，正确引导，做好主导者的角色。

在这个阶段中，学生也始终在"做"，与团队进行协作，找出解决问题的途径，改善自己的思维能力。

3. 反思、总结阶段（线上、线下）

一般人认为，教学结束后，进行反思的是教师。但是，现代教育观认为，教师和学生都应进行反思、总结。

学生对于前面两个阶段出现的错误进行纠正，总结课程主要知识点和提高自己学习效率的途径，在线上发表反思结论。叶圣陶认为，养成好习惯，要从"早"做起，从"小"做起。学生的反思，使自己解决问题的能力得到升华，不断反思的结果，就使学生养成了反思的习惯。

教师也需要对教学效果进行总结、反思，以期改善教学设计、教学方法等；同时，教师应对学生的反思进行评价，可以采用软件制作反思评价表对学生的反思进行指导。

"教学做合一"观下的混合教学模式把学生作为教学的中心，教师的教学设计、教学内容根据岗位操作要求、学生的具体情况进行安排，借用现代信息技术，了解每个学生的学习时间、学习效果，学生通过微课、调研、仿真模拟等体验操作方法、岗位要求，通过线上交流、课堂讨论激发自己的思维、改善学习效果。基于"教学做合一"的混合教学模式不但借助于现代信息技术，使学生置身于岗位操作环境中，而且使教学过程更加个性化，教师更容易掌握每一个学生的学习特点、掌握程度，这是传统课堂教学无法比拟的，在实施过程中，又巧妙地运用了传统教学中的启发、诱导、讨论、反思等教学方法。

"教学做合一"观下的混合教学模式也是"教学相长"的过程，教师进一步掌握了学生的学习规律，提高了自己的教学能力。学生不但提高了技能、掌握了理论知识，而且形成了团队协作、自主学习等隐性能力。

三、基于"教学做合一"思想的混合教学案例

"国际贸易实务"这门课程是中高职商务英语专业的专业必修课，对于部分同学来说，国际贸易术语、交易磋商过程这些内容烦琐难记，但是，如果采用基于"教学做合一"的混合教学模式，则趣味十足，本文以国际贸易术语这部分内容为例表述如下：

1. 课前活动（线上"做"）

课前，在透彻理解这部分知识的前提下（教师教之前，应先学、做），教师根据学生的基础、理解能力（教师要先了解学生的情况）等制作微课（创造仿真"做"的环境）、设计讨论主题和测试题（边做边学）。

首先，教师根据国际贸易术语涉及的关键地点，设计出口商所在地、出口国装船码头、出口国边境、装货船舶、进口国卸货码头、进口国边境、进口商仓库等关键地点的视频资料，按照各种贸易术语下的交货地、风险转移地等分别制作视频资料，如果视频资料不足，也可以采用PPT制作动画。这样，就可以给学生创造"做"的环境。如果条件许可，还可以制作卡车、仓库、办公室等具体的事件发生地、涉及的工具、人物等图片或视频资料。给学生逼真的"做"的环境，可以更好地调动他们的积极性、减轻理解难度。

其次，为了提示学生注意关键点，帮助他们理解，测试题、讨论是必不可少的，测试题围绕着各种贸易术语下交货地点、风险转移地点展开，讨论题则可以根据易错点、难点来制作，引导学生在"做中学"。

在课程进行过程中，有部分学生比较主动，把学习过程中的疑惑之处在线上向老师提出，老师可以把这些问题进行归纳、加工，作为测试题、主题讨论向全班提出。这也是教师"学"的一个重要方面，通过"教"与"学"，了解学生的学习特点和弱点，提高自己整理教学内容、拓展教学方法和渠道的能力，有助于促进教师自己的专业发展。

再次，根据学生参与讨论情况、测试题完成效果，教师可以了解每个学生的主动性、知识点掌握程度，为下一阶段教学活动做准备。

通过这一阶段的活动，不但可以引导学生自己摸索国际贸易术语的有效学习方法，培养自主学习的习惯，也提高了他们以团体协作、质疑讨论的形式思考、解决问题的能力，达到了做中学、学中做的效果。

2. 实体课堂活动

在掌握学生课前活动效果的基础上，教师提炼大部分学生没有掌握的知识点、测试中经常出现的错误，设计讨论题，或以加深理解、掌握更复杂的操作

技能为目的提出实际问题的解决办法。

在课堂教学的起始阶段，可以先让学生代表采用PPT、实物模型等讲解自己对于各种贸易术语的理解，然后让其他学生进行补充，以"做中学"使学生加深理解。

接下来，教师展示讨论题，让学生分组讨论或根据自己已经掌握的知识解决问题。此时，学生能进一步理解难点、易错点，提高岗位操作技能。

在这一阶段，学生的学习已经从基础知识的掌握跨越到熟练技能、举一反三的程度，在工作中可以熟练运用、得心应手。

3. 反思与总结（线上或线下）

首先，教师反思、总结教学中的不足之处及成功经验，进一步改善今后的教学。对于职业院校的学生，学习积极性、学习方法等方面都是教学过程中需要关注的重点，在"教"的过程中，教师会不断提高在这方面的认识，把握更多的教学技巧，这也是教师"教中学"的一个重要方面。

在教学过程中，通过线上讨论、测试和课堂讨论，教师可以很容易地发现掌握程度不好的学生，在今后的学习中适当予以关注，并在具体的教学方法、手段方面予以改进，争取调动起这些学生的积极性。

其次，教师也引导学生自己进行反思、总结。很多职业院校的学生不擅长进行反思、总结，这是他们的一大弱点。要求学生根据前面两个阶段的学习，总结自己的得失，分析错误产生的原因，根据反思评价表，对他们的反思情况进行考核，培养他们反思、总结的习惯。

现代职业人才，不但要有精湛的技能，而且要具备团体协作、知识迁移等素质，具备一定的职业素质，"教学做合一"观下的混合教学，可以很好地达到这些目的。

四、实施中的注意事项或建议

基于"教学做合一"的混合教学融合了"教学做合一"思想及现代教育技术的优点，可以明显提高教学效果，但是，在教学过程中也要视情况灵活运用、把握要点。

1. 量力而行，逐渐积累

首先，在线上活动中，需要配备智能手机或平板电脑等，这要视学生的实际情况对学生做出要求，不能强制学生购买这些设备。

其次，线上活动设计需要教师付出很多时间、精力，特别是微课的制作，需要花费大量资金、时间，教师应对学校能提供的支持、自身时间、教学内容等进行统筹考虑,选择必要、重点的部分制作微课。

再次,在教学过程中,教师应注意积累教学资源、教学方法等,不断完善课程设计,避免急躁心理,盲目追求结果。

最后,学生对于知识的掌握、教学方法的适应也是逐步积累的,教师教学过程中,应经常表扬学生的小进步,对学生的学习积极性进行正面强化。

对于课外活动的设计,应注意短小精悍,学生的课外时间有限,而现代生活丰富多彩,培养新时代的高素质人才,也需要学生多了解书本外的世界。因此,教师设计的课外活动,不能花费学生太多课外时间,尽量做到碎片化、递进式。

2. 避免浮躁,把握精神实质

"教学做合一"思想是陶行知先生在长期实践过程中逐步形成的,我们在运用过程中也要不断感悟。例如,"做"要求教师、学生都要做,才能把握"教"与"学"的规律、重点、技巧,在"做"中不断提高"教"与"学"的效果。如果教师不钻研、不了解,盲目设计一些问题、微课等,不仅浪费资源,还达不到好的效果。

3. 灵活运用多种教学方法、手段

现代信息技术只是为提高教学效果提供了一种新的手段、工具,在具体运用中,还需要灵活结合多种教学方法。"教学做合一"思想在强调"做"的同时,还重视把握、运用教与学的规律,许多职业院校的学生存在思维惰性的缺点,需要教师引入有趣的案例、学生的流行词语等唤起学生的共鸣,在设计任务、讨论主题时,巧妙地运用启发、诱导的方法,引领学生融入专业知识的学习。

4. 注重反思,养成习惯

教师的反思只是一个方面,培养学生的反思习惯也非常重要。职业院校的学生一般理论学习积极性不高,"教学做合一"以"做"为中心,通过启发诱导、讨论、情境教学等提高学生的自主学习能力和自主意识,培养他们深入思考、不断探究的兴趣。但是,另外一个重要的功能,就是培养他们反思、总结、精益求精的工匠精神,不反思,就不能认识到自己的不足,难以达到质的飞跃。在课程评价中,应把学生的反思能力及效果作为一个重要方面,从根本上提高学生的素质。

5. 注意倾听,激发动机

在现代信息技术的帮助下,教师可以根据学生参与讨论、回答问题、提出疑问等活动了解学生,教师在师生互动过程中,应注意倾听技巧的发挥,从学生的角度进行倾听，捕捉学生的心声、掌握学生的心理活动，从而恰当地激发学生"做""学"的动机。

当前，我国职业教育处于质量发展、个性成长、知识变革的时期，我们不但要致力于人才培养质量的提升，而且要让学生人人出彩、可持续发展，在人生成长和职业生涯中实现个人价值。在我国教育的长期发展中，积累、流传下来很多优秀的教育教学思想、方法，在现代职业教育中，我们要巧妙运用、发挥其长处，并与现代技术、手段相结合，促进学生自我反思、自主学习，培养学生关键能力中的隐性能力、精益求精的工匠精神和高尚的职业道德。

第六节　"新常态"下中国高职院校产学研一体化的构建

当前，职业教育界普遍认识到了产学研合作的重要性，开展产学研合作是增加教育资源、提高教育质量、改善就业形势的重要途径之一，同时，高职院校在产学研合作方面也存在着许多障碍。在经济"新常态"下，我国职业教育必须从扩大规模为主转变到以发展内涵、提高质量为主，高职教育如何适应"新常态"，创新产学研合作形式、提高产学研合作效果成为急于解决的重要问题之一。

为了指导中国的职业教育更好地服务于"新常态"下的中国经济，教育部在 2015 年 7 月印发了《关于深化职业教育教学改革全面提高人才培养质量的若干意见》（教职成〔2015〕6 号），该《意见》的"指导思想"指出，职业教育要"适应经济发展新常态和技术技能人才成长成才需要，完善产教融合、协同育人机制"，"新常态"下的中国经济，要靠大批德才兼备的高质量职业人才队伍来支撑，坚持产教融合、校企合作，以企业需要为指引，充分利用政府、行业、企业、学校、社会等资源，调动和吸引各方面参与职业教育的积极性，才能更好地培养时代急需的现代化职业人才。但是，无论是《意见》，还是我国其他有关规范、促进职业教育发展的法律法规、条例、文件，都没有对具体如何开展高职教育产学研合作提出具体的办法，高职教育的产学研合作还需要我们在实践中不断完善、补充和创新。

一、中国高职院校产学研合作存在的障碍

一段时期以来，虽然我国很多高职学校都在努力开创产学研合作的新局面、积极探索各种途径。但是，由于其自身先天不足、外部环境的制约，高职

教育在产学研合作方面面临着几个难以突破的障碍。

(一) 针对产学研合作的深入研究不足

一方面,我国高职教育由于其层次原因,研究基础薄弱,缺乏可以进行科学、系统、专门化的研究机构和研究人员;另一方面,针对高职教育产学研合作的实践总结研究过少,无法形成系统的研究成果。高职教育产学研合作研究的不足,使得我国高职教育产学研合作的实践缺乏系统、科学的理论指导,也难以从实践中总结出系统、科学的理论成果。

(二) 营利性企业参与积极性不足

由于企业的营利性质,如果产学研合作不能给企业带来明显的经济利益,则无法激发其参与产学研合作的热情。一般来说,由于高职学生对技能的掌握程度不高,而且难以保障在企业的工作时间,对企业来说,从产学研合作中得到的利益难以保障。另外,高职学校的研发能力一般不高,企业与其进行产品研发等方面合作的可能利益也不高,加之产学研合作中无法真正体现企业的主体地位,使其利益诉求更加无法满足,即使政府给予税收等方面的优惠政策,也无法建立产学研合作的动力机制。

(三) 产学研合作方面的法规、政策缺失

德国的"双元制"、美国的"合作教育"和日本的"官产学"证明了校企合作的巨大作用,同时也证明了健全的职业教育法律保障体系对于产学研合作的重要性。例如,德国政府从 20 世纪 50 年代开始就注重制定对职业教育进行宏观指导和规范的法律法规,至今已经颁布十余项,同时,德国各部门、行业、地方根据实际需要和具体情况,也出台了大量具体的实施条例、实施办法,为该国职业教育提供了完备的、实际操作强的法律法规保障。

对于我国来说,专门针对职业教育的法律只有《职业教育法》等几部,近几年,虽然以国务院的名义发布了一些政策指导性质的意见、通知等,但是依然没有能直接、有效地支持、保障产学研合作的法律法规或者实施条例、实施办法。一方面,高职教育产学研合作中产学研双方的权益得不到保障,出现纠纷时难以解决;另一方面,产学研合作没有可依据的有效指导和具有一定可实施性的措施或解决办法。另外,《职业教育法》中对企业行业的责任、义务规定较多,而没有充分显示对其权益保障,这种明显偏颇的规定无疑进一步限制了企业参与产学研合作的积极性。

(四) 产学研合作中政府作用的缺失

许多国家虽然对于其经济是以宏观调控为主,但是,对于职业教育却承担了明确的责任。从"双元制"得到巨大利益的德国,政府把监督检查行业企

业和学校对职业教育法的执行与落实情况作为自己的重要职责之一；日本政府倡导"官产学联合"，把职业教育的产学研一体化作为基本国策；在美国，从联邦到州、地方政府，都在对职业教育的保障作用方面发挥很大作用，美国政府通过委派、组建专门机构对产学研合作进行专门的管理，解决合作过程中产生的纠纷。因此，这些国家的政府在职业教育产学研合作过程中，不但具有宏观调控、监督的作用，而且自始至终发挥着保障作用和方向指引作用。而我国在为产学研合作提供法律法规保障方面还存在不足，更大的问题是，在产学研合作过程中，政府不能帮助产学研解决合作中的问题，没有充分发挥指引作用。

二、产学研一体化是高职产学研合作的发展趋势

由于高职学校产学研合作存在着难以跨越的障碍，特别是对县域高职学校来说，由于其自身力量小，更难以改变现存的局限性，既然用传统方式无法改变这种现状，我们就要创新产学研合作模式，寻求能够减少这几方面影响的产学研合作新模式，从近年来我国少数高职学校的实践和一些学者的理论研究成果来看，高职学校和企业组建产学研一体化是他们进行产学研合作的较优模式。

（一）产学研一体化是经济"新常态"下的创新性人才培养

产学研一体化是以职业学校、企业、政府为发起者，以具有一定规模和典型性的现代企业为主体，职业学校和企业、科研机构按照各自的优势，提供场地、设备、技术人员、管理人员、研究人员等资源，共同组建的集现代职业人才培养、技术革新、产品研发、职业教育改革研究等方面功能于一体的协作组织。这种组织突破了传统产学研合作观念中的主体观念，不再强调职业学校的主体地位，而是在尊重企业的主体地位的同时，强调高职学校在人才培养中的引领作用，高职学校把企业、行业、社会的需求，转化到课程体系建设、教材开发、实训项目开发等教育过程中，在保证企业经济利益的同时，提高了职业人才培养的质量。

（二）产学研一体化具有独特的优越性

1. 产学研一体化在产学研合作主体观念方面的突破

在我国高职教育产学研合作发展过程中，曾经出现过多种模式，目前，应用较多的为产学研共建校内外实训基地、订单班、命名班、虚拟学院等形式，从本质上说，大多实行的是"双主体""多元参与"，即具有学校和企业两个主体，包含政府、学校、企业、社会等多方面的参与。"双主体"形式的产学

研合作兼顾学校和企业的利益，既考虑到企业的营利性，又可以实现学校培养优秀人才的目标，在一定程度上实现了双赢。企业和学校的共同努力，使政府对于产学研合作更加重视，在促进政府参与产学研合作方面起到很大作用。更重要的是，虽然在产学研合作中企业的营利性没变，但是这种产学研合作形式承认了企业的主体地位、尊重企业的建议，在很大程度上保证了企业的积极参与。

在尊重企业主体地位的同时，高职学校在人才培养过程中，按照社会、行业、企业的需求，构建课程体系、开展教材和实训项目的开发，把职业标准和国际标准相结合，确保人才培养符合我国经济发展趋势，具备参与国际竞争的能力，在人才培养过程中，起到了引领作用；同时，利用企业资源，可以培养大批技术精湛、理论知识雄厚、具有国际竞争能力的师资力量。

2. 产学研一体化突破了高职学校资源的局限性

高职学校在我国属于层次较低的教育机构，先天的特性决定了其在各种资源的获得方面具有很大的局限性，例如师资在科研方面的力量较弱，规模较小，社会影响力不足等，这就在很大程度上限制了其在国内外的竞争能力和人才培养上的整体素质。产学研一体化突破了学校、企业内部的限制，把一个或者几个企业、职业院校的资源进行集中使用，充分共享优势资源，在弥补企业、高职学校不足的同时，共同进行人才培养模式开发、教材开发、新技术和新产品的开发等，达到单个企业或职业院校无法达到的目标，对于满足企业的经济利益和职业院校的育人目标都有巨大的推动作用。

3. 产学研一体化真正实现了双赢

传统的产学研合作大多是以产学研双赢为目的和口号组建起来的，但事实证明，传统的产学研合作并不能真正满足双方的利益预期，在合作过程中，企业往往强调自身的经济利益，他们看重的是学校提供的成本低廉的实习生，政府给予的政策优惠，学校提供的设备、场所以及其他可得利益。在实践中，学校在满足企业这些利益需求的过程中，往往会损害自身的利益，学生在实习过程中变成低廉的一线操作工，学校提供的设备、场所在被企业使用过程中并不能为人才培养取得应有的效果，甚至在学校要求对学生进行实训、实习的管理中，企业为了自身的利益还发生不配合的情况。当然，对于学校来说，为了完成教学计划、人才培养方案目标，往往也无法和企业进行某些方面的配合。因此，在传统的产学研合作模式下，并不能实现产学研双赢。

产学研一体化重视企业的主体地位，所以在实践中，充分尊重企业的营利性质，学生实习、新产品的研发、科研开发，都以满足企业的经济利益为基础。但在具体操作中，学校掌握着学生实训内容的安排、新产品研发的主动性、科研开发的引领性，例如，学生实训、实习的学时安排是以人才培养方案为基准，实训内容是在充分调研行业、市场的基础上与企业合作设计的，这样，就在满足企业营利的基础上，保证了人才培养的科学性。

4. 产学研一体化有希望获得更多的政策支持

高职学校的社会影响力较弱，对政府政策扶持、资源所求等呼吁力度较弱。而产学研一体化是由一个或多个企业与职业院校联合组建的组织，其社会影响力远远大于一个高职学校，政府对其重视程度也会提高。因此，对于高职学校来说，不但是在形式上扩大了规模，而且大大提高了对政府、社会的影响能力，得到的政策倾斜、资源配置也会明显优化。在产学研一体化发展到一定程度时，可以突破区域限制，得到更高层次政府部门的关注。这种发展趋势很可能形成"滚雪球"的效应，使其能够获得的资源发生质的变化。对于县域高职学校来说，这种效应尤其可贵，对于其突破区域的限制，实现跨越式发展具有巨大的作用。

总之，经济"新常态"下，我国经济发展阶段发生了质的变化，对人才的需求也相应地发生了巨大的变化，高职教育特别是县域高职学校为了适应"新常态"，必须在人才培养观念和模式方面做出大量的探索，而产学研一体化无论在资源的补充、研究能力的增强等方面都能起到巨大的作用，以产学研一体化的形式与企业、其他职业院校、科研机构进行联合、融合式发展，是我国高职院校的较好选择。

第七节　中国高职院校产学研一体化的运行机制与优化建议

20世纪90年代以后，很多国家进入后工业化时代，经济由更新迅速、研发投入高的新技术驱动的趋势越来越明显，市场竞争加剧，顾客的需求向个性化、复杂化转变，产品、技术研发的资源需求增加，企业为了满足技术创新的需求亟待与外界合作。

同时，世界产业的迅速发展、升级对于人才培养也提出了新的要求，掌握简单技术的工人已经不能满足企业需求。市场和需求拉动的产学研一体化逐渐受到重视。

一、产学研一体化的概念

产学研的概念产生于20世纪的美国,80年代以后受到各国大学的重视,根据各国实际情况产生了多种模式。90年代以后,产学研合作引起国内的重视,在国外经验的移植、中国产学研合作模式、机制及问题解决等方面,我国做了大量研究。近年来,随着中国对技术创新的重视,产学研的深入研究、实践模式受到普遍重视。

习近平总书记在全国科技创新大会上指出,要"强化科学精神和创造性思维培养,加强科教融合、校企联合等模式",创新型人才的培养不但是社会的责任,更是学校的义务。《国家职业教育改革实施方案》要求:"以促进就业和适应产业发展需求为导向,鼓励和支持社会各界特别是企业积极支持职业教育,着力培养高素质劳动者和技术技能人才。"

中国职业教育校企合作不断深入,在新时代社会主义建设要求下,产教融合将进一步深化。在这种背景下,中国职业教育产学研一体化在各地、各校产生了各具特色的形式。

二、高职院校产学研一体化运行模式

产学研一体化的模式从其形成机制的角度来划分,可以分为政府主导型、政府引导型、市场主导型三类。

(一)政府主导型

中央或地方政府为了解决国计民生或完成重大项目,以招标、指令等形式组建高校、企业、科研机构的结合体,同时,为了减小项目的风险,进行项目的绩效评价及验收,政府主导选取有能力有资格的企业、高校或科研机构作为参与主体。

这种模式在产学研一体化尚不成熟的情况下应用较多,政府不但是主要的投资方,而且是最大的风险承担者和工作开展的组织者。

这种模式的缺点是显而易见的。首先,只适用于一些政府承担的重要项目,政府投入资源过多。其次,高校、企业、研究机构没有合作基础,相互协调、合作能力较差。再次,参与主体之间的利益分配也容易产生纠纷,往往造成相互推卸责任的现象。

(二)政府引导型

政府投入一部分资金,对项目投入资源的分配、参与主体的相互关系提出指导性意见,推动产学研参与主体的合作。这种模式下的参与主体联系较紧密，政府起到决策、协调、监督、信息服务等职能，高校、企业、科研机构投入部分资金、技术人员、设备等，根据投入的多少及政府的意见决定利益和责任的划分。

这种方式更适用于中小企业的参与，有利于提高社会的创新意识和产业竞争能力。

（三）市场主导型

产学研合作的加深，使高校、企业行业、科研机构之间的合作频次、紧密程度得到提高，在市场力量的引导下自发进行合作得到普及，主体之间甚至形成了新的组织形式。

在产学研一体化的前提下，参与主体的目标、功能发生根本性变化。企业得到外部力量的支持，目标市场、产品定位发生变化；科研机构不但取得更多的学术成果，经济效益也得到提高，随之而来的是观念的变化和进一步深入市场的期望；高校科研成果增加，人才培养适应市场能力提高，服务社会和产业发展的动机增强。企业、科研机构、高校牵头的案例增加，科研机构、高校研究成果转化的比率提高。但是，由于企业更加贴近市场，以企业牵头是产学研一体化的主要形式。

三、高职院校产学研一体化的运行机制

现以苏州工业园区为例分析高职院校产学研一体化运行机制。

（一）高职院校产学研一体化典型案例概况

苏州工业园区是具有国际知名度的中国和新加坡两国政府合作项目，从1994年开始建设，外向型特征明显。近年来，从电子行业为主逐渐向高新材料、生物制药等产业发展。

苏州工业园区独墅湖科教创新区是高校聚集的区域，苏州工业园区职业技术学院、苏州高博软件技术职业学院、苏州工业园区服务外包职业学院和武汉大学苏州研究院、四川大学苏州研究院、中国科学院电子学研究所苏州研究院等高职院校、科研机构均位于此地。

科研机构、高职院校刚进入此地时，对当地企业不熟悉，市场信息掌握也不充分，双方合作效率较低。近年来，政府牵头引导意识增强，产学研一体化程度增强。

（二）高职院校产学研一体化运行机制

产学研一体化初期，政府起主导和促进作用。苏州市政府出台了《苏州市科技成果转化项目备案及补助》《关于促进园区科技成果转化的实施细则》

等鼓励政策,并在资金等方面予以支持。例如,2015年,苏州工业园区在鼓励领军人才、新建研发机构等方面投入6亿元,此外,用于支持科技平台、知识产权支出5 100万元。目前,已经形成了比较完善的激励政策:在企业端,有研发投入、机构奖励、补贴及高校合作资金风险分担等政策;在高校、科研机构端,有科研人员、科技转化人员、大学科技园的补贴或奖励。

2010年,苏州工业园区政府部门、高校管理部门、中小企业服务机构发起了产学研服务联盟,通过领军产业沙龙品牌在新兴领域开展新技术、新产品等主题活动,给高校发布科研成果、企业发布及时需求构建了沟通平台和信息沟通渠道。

经过多年的发展,苏州工业园区产学研一体化模式已经多样化,比较典型的是项目引导、高校引导、高校-政府共同引导等形式。为了促进中小企业的参与,园区政府设立了创投引导基金、风险补偿资金池等融资渠道,联合多家国有银行、商业银行推出科技金融产品,解决中小企业资金不足的问题。

但是,在产学研一体化不断发展的同时,也显现出一些问题。首先,产学研一体化短期逐利现象明显,企业、个人逐利,机会主义阻碍了产学研一体化的进一步发展,造成成果转化困难,甚至出现隐瞒信息等失德情况。其次,科技中介参与不足,高校、企业、科研机构之间的信息沟通渠道过窄,合作渠道受限。再次,科技平台资源库也有待完善,高校设备设施经常闲置,而企业、科研机构又找不到实验室。很多成果没有列入资源库,也造成成果转化率低的结果。另外,高校、企业、科研机构沟通平台仍欠缺,仅依靠政府引导无法满足需求。

从上文分析可以发现,高职院校产学研一体化的发展需要政府推动、信用体系完善、主体互赢、责任利益划分明确、市场需求这几个条件,在外界环境、参与主体地位、市场主导程度等不同的情况下,产学研一体化也处于不同模式。

同时,我国高职院校产学研一体化的一个突出缺点是对政府的依赖性较强,企业、高职院校缺乏自发性,导致产学研合作处于短期性、低层次阶段。

四、高职院校产学研一体化优化建议

(一)拓宽主体沟通渠道

首先,加强平台建设,构建高校、科研院所、企业等主体之间在信息沟通、科研项目合作、成果发布等方面的信息沟通平台,鼓励科技中介的参与。其次,构建企业、科研院所、学校共同参与的专家库,在发挥智囊作用的同时,为科技成果、合作项目的评价、绩效评估提供便利。再次,应在资金及其他资源的扶持方面制定激励政策,按照专家、机构、高校在技术创新、社会贡献等方面的情况给予职称、土地、资金等方面的优惠政策。

(二)加强信用体系建设

完善信用体系,充实企业、院校、个人等方面的信用信息及科技成果信息,为产学研一体化参与主体解决信息获取瓶颈。首先,应设立专门机构收集、整理相关信息,保证信息的真实、准确、及时。其次,应加强与其他相关机构的联系,保证信息搜集的充分。再次,制定相关信息采集规章制度,在保证信息收集的同时,避免商业秘密、个人隐私受到伤害。最后,应与其他相关机构建立常态化的合作机制,保证数据的完善、综合分析的准确。

(三)设立专门科技成果评价机构

产学研一体化的一个主要障碍是科技成果的评价及转化。资金投入使用效率、科技成果预期效益等通常存在标准不一、评价主体难以取得一致、评价指标多样等难题,为了解决这些困难,政府应发挥主导和政策引导作用。首先,通过专家库开发针对不同项目的评价体系,制定科学、可操作性的标准。其次,构建意见采集平台,根据产学研一体化参与主体的意见不断完善评价体系,满足各方需求。再次,可以进一步完善行业、企业、高校、科研机构等参与的联盟、集团建设,通过资金、场所、媒体支持等为他们提供发展条件。

(四)给予高职教师更多的政策支持

高职院校的教师要承担教学、科研等常规工作,还经常需要参与各种评比,参与产学研一体化事务的时间难以保障。另外,产学研一体化项目存在一定的风险,成果转化也可能遇到多种阻碍。因此,高职教师参与产学研一体化在绩效评价方面也存在困难。为了鼓励高职教师参与的积极性,应从参与积极性、时间与精力付出、对项目的贡献大小等方面综合考虑对教师进行评价,并在职称晋升、奖金及津贴发放等方面对这些贡献予以承认。

产学研一体化在我国出现时间不长,但是,在政府、市场的引导和各方主体的需求拉动下发展迅速,高职院校虽然在科研力量方面弱于普通高校,但随着我国在资金、政策等方面的扶持力度增强,高职院校在高新技术、人才培养改革等方面的研发能力不断提高,与企业、科研机构的联系程度不断深化。苏州市作为经济较发达地区,近年来,重视职业教育、加大扶持高新技术和技术人才的力度,产学研一体化取得迅速发展,出现了多种模式,有利于区域经济、科技竞争力的不断提高。

第八节　中国职业院校产学研一体化发展现状及优化建议

党的十九大报告指出，中国特色社会主义进入新时代，并提出"建设知识型、技能型、创新型劳动者大军"的要求。教育的职能是随着时代的发展变化的。当前，职业教育必须"服务建设现代化经济体系和实现更高质量更充分就业需要，对接科技发展趋势和市场需求""着力培养高素质劳动者和技术技能人才"。职业教育的培养目标不再只是培养一线劳动者，随着人工智能、物联网、大数据等新技术的发展、应用，职业教育毕业生必须熟悉高技能、掌握新知识、具有创新能力。在培养过程中，应在充分了解社会、产业、行业发展及岗位要求的基础上，按照岗位设置、操作标准等企业标准制定课程标准、人才评价体系，有针对性地培养人才。只依靠学校有限的资源设计培养方案、制定评价标准，难以避免人才培养与实际需要的脱节，《国家职业教育改革实施方案》（下简称《方案》）要求"鼓励和支持社会各界特别是企业积极支持职业教育""职业教育基本完成由政府举办为主向政府统筹管理、社会多元办学的格局转变"。

新时代的职业教育，必须深化产教融合、校企合作，许多职业院校也摸索出了特色化的产教融合路径，产学研一体化是其中效果较好的。所谓的职业院校产学研一体化是指企业、职业院校、科研机构等在风险分担、收益共享、资源优化、面向市场的基础上开展项目攻关、科研、成果转化等。由于合作紧密程度、牵头主体的不同，其称呼略有不同，例如产学研合作、产学研联合等。

一、职业院校产学研一体化对人才培养的优化作用

（一）密切专业和行业的对接

企业在招聘员工时，一般希望员工能直接上岗，而在传统培养模式下，专业依据学科划分、教学以理论为主，学生缺乏动手操作的能力，对岗位操作要求知之甚少，需要经过半年或一年的培训才能独立操作。近年来，迫于用人单位、政策、同行竞争的压力，许多学校实施了校企合作、企业全程参与人才培养的措施，但其深度远远不够。

《方案》对职业教育改革的要求是："以促进就业和适应产业发展需求为导向""高等职业学校要培养服务区域发展的高素质技术技能人才，重点服务企业特别是中小微企业的技术研发和产品升级"。一方面，指出职业教育的职

能不只为就业服务，而且要能为产业发展提供人才和技术支持；另一方面，进一步强调了与企业、行业、研究机构合作的必要性，并指明了基本合作领域。

职业教育是为社会提供技能人才，毕业生应满足熟悉岗位操作技能、了解流程、掌握标准等基本要求，制订人才培养方案、教学标准、实训项目、评价标准前应对行业、岗位有透彻的了解，学校老师以教学、科研为主要工作，企业、行业专家应在人才培养中具有一定的发言权。

（二）提高学生的综合素质

职业教育的培养目标是高素质劳动者和技术技能人才，传统人才培养模式无法提供真实的工作环境、岗位体验条件，学生在岗位协作能力、职业道德、职业思维等方面存在欠缺，毕业生不能很快适应岗位要求。

思想道德、职业素养教育也应知行合一，学校提供的主要是理论教育，在岗位操作中、面对服务对象，才能真正体验工匠精神、团队协作、爱岗敬业的重要性和深刻含义。产学研一体化为学生提供了岗位体验、工学结合的机会，可以实现行知合一，结合岗位考核标准提高综合素质。

（三）激发师生的创新意识

产学研一体化使人才培养、研发、生产形成统一的协作系统，在运行中发挥各方优势，促进人才培养模式创新和师生创新能力的提升。在人才培养环节，企业参与人才培养方案修订、课程标准制定，有利于课程、教材、考核改革；在研发环节，师生直接参与企业产品、技术创新或知识创新；在生产环节，企业、科研机构、学校的知识、技术、产品创新成果的转化率、应用效率得到提高。

在传统观念下，高等院校才有能力做科研，职业院校的主要任务是培养技能。但事实上，许多发明专利是一线操作工人取得的。例如，中国石油油田勘探中传统的桥塞坐封工具是使用火药推动桥塞嵌入地层，存在安全隐患。中国石油天然气集团有限公司与一些大专院校的科研人员共同研发多年也未能解决问题，该公司的一位一线工人却用不到两年的时间研制出新型电动液压桥塞坐封工具，攻克了这个困难。

职业院校师生深入生产服务一线，可以亲身体验工作环境，了解设备设施的真实工作情况，直接面对客户，能根据实际工作中遇到的困难确定研究项目，在解决技术难题中激发创新精神、创新能力。

（四）深化产教融合

中国职业教育发展重点已经由规模扩张转化到内涵提升和质量提高。为了鼓励企业、社会参与职业教育，中国政府制定了多项政策，在土地、税收优惠、资金等方面予以支持。

在政府通过直接或间接财政资助、法律等手段鼓励深化产教融合的情况下，以企业或职业院校牵头，进行人才培养创新、应用技术研究开发和工艺创新，有利于国家创新体系的健全。

在政府、企业、职业院校、科研机构组成的创新体系中，各方主体有自己的利益追求，产学研一体化为各方主体树立了共同的目标：解决人才培养、技术攻关等领域内的某一问题，在合作的过程中，利益分配、资源投入比例达成一致，并且逐渐增强了信任，有利于长期合作关系的形成和政府相关政策的进一步完善。

（五）促进学校的治理结构改革

《方案》对于人才在企业、职业院校之间的流动及企业与职业院校之间的人力资源、研究成果共享方面给予了政策保障，"企业经营管理和技术人员与学校领导、骨干教师相互兼职兼薪"，打破学校与企业之间的体制差异壁垒，使企业专家进校参与人才培养、职业院校教师深入企业参与生产服务、研发、技术攻关等有了依据，推动了产学研一体化的形成。

"鼓励发展股份制、混合所有制等职业院校和各类职业培训机构。"从政策上允许企业持有职业院校股份，企业和学校共办职业培训机构，给予企业更多的发言权，进一步保障其经济利益，从根本上促进了企业参与职业教育的积极性。

中国企业参与职业教育办学的一大障碍是不能获得足够的利益，社会责任、订单式人才等方面获得的利益不够抵消参与职业院校耗费的人力、设备设施、资金等成本。产学研一体化使企业在校企合作中真正获得主体地位，在人才培养、利益分配上有一定的决策权，获得高质量人才的同时，得到更多的资金、技术等资源。职业院校也在师资、实习场所、教学改革、人才培养模式创新等方面获得企业、科研机构的支持。

二、高职院校产学研一体化的模式划分

标准不同，产学研一体化模式的划分方法也有差别，根据目前理论研究和实践案例来看，可以从学校层次、合作重点、目的、内容、牵头单位等角度划分。此处以苏州市为例，从中观及高职院校合作目的的角度划分为以下几种：

（一）资源优化型

在人才需求拉动、政策推动等作用下，职业院校需要解决学生岗位体验、顶岗实习、工学结合等人才培养过程中实训场所、岗位操作设备设施、人才培

养标准修订等问题。企业也需要解决培训、技术创新、流程再造中的技术人员不足问题。产学研一体化可以实现优势互补、资源整合的效果。

（二）项目拉动型

企业、职业院校、科研机构为了完成一些项目而进行组合，项目可能是多样的，例如政府、高校招标或企业技术攻关等，相互合作过程中主体之间加强了相互了解，促进了持续合作。

（三）共建人才培养组织

国外"双元制"等校企合作培养技能人才模式得到肯定，近年来，中国也在促进企业参与技能人才培养，企业提供生产场所、设备设施、操作技术指导人员，职业院校提供理论教学、实训室所需的师资、设备、资金等，双方共同制定人才培养方案、课程标准、评价标准等。企业直接面对市场，对市场需求更加熟悉，一些高职院校为了设置新专业，与企业共同设立二级学院，课程标准、评价指标与岗位标准、岗位绩效考核直接对接，学生毕业后可以很快适应岗位要求，也掌握了扎实的理论，在职场中更加具有竞争力。

（四）合作成立技能鉴定组织

近年来，信息技术、人工智能、轨道交通等新兴产业发展迅速，企业所需技能人才急剧增加，一些企业抓住机会，利用自己的技术优势开展技能培训、鉴定，为了弥补理论培训、场所、师资、资金等方面的不足，企业引入职业院校参与。双方合作过程中，技术研发、人才培养能力也不断提高，产生了继续合作的需求。

（五）订单式人才培养

为了快速解决人才缺口，企事业单位委托职业院校按照一定标准培养特定的人才，合作方共同提供资金、师资、场所、设备、技术等，共同制定人才培养标准、课程、实训项目等。学生毕业后不但能很快适应岗位要求，而且得到学校颁发的文凭。具体实施时，可以采用多种方式。例如，专门为企业订单招生、从在校生中挑选一部分重新组建新的班级、从在校生中挑选一部分在原专业的基础上学习一些新的课程或参加额外的培训等。在培养过程中，双方不但要解决师资、资金的问题，而且要研究如何提高人才质量、满足企业需要等。

（六）组建专家委员会

职业院校在人才培养中为了获得常规性的企业专家指导，聘请企业专家加入专业指导委员会、专业建设委员会，对人才培养方案、实训教学、课程标准等进行审议，提出修改意见，研究人才培养质量、专业发展促进办法等。

（七）理事会（董事会）模式

聘请企业技术、管理专家加入学校理事会或董事会，参与学校专业设置、发展战略等人才培养方面的重大决策，以企业、产业岗位当前及未来人才需求为基础，在人才培养过程中的培养目标、课程标准、实训项目开发、实训基地建设等方面提出建议。

三、当前职业院校产学研一体化存在的不足

当前，在政策推动、需求拉动下，大部分职业院校正在进一步深化校企合作，企业专家进校、教师进企业成为常态，但是，其深度和内涵仍需持续改进，绩效评价体系应予以完善。

（一）主体间的合作深度不够

职业院校与综合性大学比较，科研力量比较薄弱，对企业产学研合作的吸引力较小，通常只是浅层次的合作。例如，苏州市大部分职业院校开展了校企合作，企业专家参与人才培养方案修订、实训实习项目开发、实训实习指导、教学和毕业生质量评价等。但是，很多企业专家只是走马观花式地参与，没有长时间地对理论教学、实训、实习进行深入研究，甚至没有理解人才培养方案、课程标准的作用、意义。学校教师对企业也缺乏了解，只是参观一下生产服务现场，很少能在岗位亲身体验，对行业发展也缺乏深入研究，更谈不上参与企业技术开发、工艺更新等研究工作。

当前，也有一些职业院校与企业开展了人员互相兼职的案例，但由于身份没有完全转变，参与人员没有深入融入合作方。

（二）激励机制不完善

《方案》对于产教融合、校企合作做了很多要求，但是，没有具体到教师、企业专家的激励机制，在实际操作过程中，教师、企业专家的个人权益不能得到有效保障。例如，教师职称评审有关规定中，虽然规定了必须有企业实践经历，但对于在企业工作中的业绩表现并没有具体规定，教师参与企业研发、工艺改进等并取得一定成果不是评定职称的必要条件，即使取得成果对于职称评定的作用也有限。

大多数职业院校教师理论知识丰富，虽然知道部分操作技能，但在具体岗位的实践操作经验很少，对行业的了解通常是间接获得的，对岗位不熟悉、不能掌握市场需求，没有能力参与产品研发、工艺改进，但也没有花费大量时间在企业熟悉、研究的动力。

对于企业专家来说，通常是以专家费、课时费的形式从学校得到报酬，在

人才培养方案制订、课程标准审核、开展讲座等工作中,只是临时参与,即使被学校聘任为专家,也不能从学校得到长期固定的报酬。

(三) 绩效评价指标体系不完善

绩效评价是衡量一个项目达到预期目标或取得利益多少的程度,在产学研一体化运行过程中,不同的主体具有各自的利益诉求,有时各个主体之间的利益会产生冲突,科学、有效的指标体系不但是判断项目运行效果的依据,而且可以用来平衡主体之间的利益。

在制定指标体系时,可以参照主体参与一体化的动机来进行分析。职业院校参与的动机包括:吸引企业、行业参与职业教育,弥补技术技能的不足,为师生提供实习、岗位体验条件,改善师生的科研条件,促进校内科研成果的转化,为毕业生提供更多的就业机会。企业参与的动机包括:获得资金支持,获得技术支持,提高内部 R&D 资金的使用效率,提高员工招聘效率,提高研发成果转化效率。研究机构参与的动机包括:提高研发效率和效益,获得特殊设备设施支持,获得人力等智力支持,弥补研究经费不足,提高研发水平,提高科研成果的转化率。

不同的主体可以制定不同的绩效评价指标体系,对于职业院校来说,既要考虑到自身利益、目标达成程度,也要顾及产学研一体化的持续发展。

(四) 缺少有效的平台

为了推进职业教育发展,一些地方政府已经设立校企及区域院校合作平台,例如职教集团等。苏州工业园区根据当地情况,由政府部门、学校管理部门、中小企业服务机构牵头设立了产学研服务联盟,以领军产业沙龙品牌为平台,在新兴领域开展新技术、新产品等主题活动,给学校发布科研成果、企业发布需求构建了沟通平台和信息沟通渠道。为了促进中小企业的参与,园区政府设立了创投引导基金、风险补偿资金池等融资渠道,联合多家国有银行、商业银行推出科技金融产品,解决中小企业资金不足的问题。

四、职业院校视角的产学研一体化优化建议

无论从参与主体的积极性还是从环境建设的角度来看,中国职业教育产学研一体化都存在发展障碍,为了促进其持续发展,不断提高职业院校教育教学质量,应采取多种促进手段。

(一) 充分发挥政府的宏观引导作用

一系列国家级职业教育质量提升文件、方案的出台,为深化产教融合、校企合作提供了政策依据,但在具体实施方面,还需要地方政府根据当地实际情

况制定有效的实施办法。

苏州市经济较发达，国际、国内领先企业众多，职业教育领先发展有雄厚的基础。当地政府应从组织机构、资金等角度促进职业院校产学研的特色发展。

1. 鼓励民间组织参与

苏州市行业协会、研究性学会众多，促进了行业、学校区域性合作发展，地方政府应进一步调动这些民间组织的作用，采取设立专项资金、项目招标等形式，委托协会、学会对这些项目进行管理，促进区域性合作的开展、提高研发资金的使用效率。

2. 细化参与人员激励措施

从职称评定、绩效考核的角度激励职业院校教师参与产学研一体化，把参与企业、科研院所技术攻关、工艺革新、科研成果转化、发明专利申请等与技能大赛、教学比赛等同等对待，在对外技术咨询、科研合作中获得的奖励、报酬等按教师发挥作用大小予以奖励。

3. 完善信息化服务平台

设立职业院校产学研一体化信息化服务平台，为企业、职业院校、科研院所提供合作项目、意向、信用查询等服务，介绍成功经验，为合作项目申报、资助提供便利的渠道。对于在合作中违反职业道德、商业信用的行为予以披露。

（二）完善绩效评价指标体系

以提高教育教学质量、教师教育教学水平、社会服务能力为基准，根据学校发展重点和合作项目的性质，设计科学、可操作性强的产学研一体化运行绩效评价指标体系，从定量、定性两个角度进行评价。

1. 分层设立指标

首先，按照职业院校参与目的设立一级指标：实训实习条件改变情况、理论教学资源增加数量、人力资源支持程度、资金投入、人才培养优化、直接产出。

其次，按照合作项目性质细化二级指标：实训实习条件改变情况下设立可用设备设施增加数量、实训项目改进或新增数量、可用实训实习场所增加数量等；理论教学资源增加数量包括视频、文字资源增加数量，案例教学资源增加数量，原有教材改进程度等；人力资源支持程度包括企业专家增加数量，讲座或实训实习指导人次，教师接受培训人次等；人才培养优化包括人才培养方案、课程标准等优化情况，毕业生评价体系优化情况等；直接产出包括发明专利拥有数量、技术成果转化报酬、项目预期实现利税数量等。

2. 各项指标赋值

各项指标赋值具有很大的灵活性，根据具体项目，采用专家赋权或参考同类项目给各项指标赋权。例如，对于技术革新项目，可以从全国或省市类似项目的平均绩效对增加的利税、报酬等进行赋值。在计算项目绩效分数时，可通过德尔菲法（或专家赋权）对各项指标赋以权重。

职业院校产学研一体化是促进产教融合、校企合作深入发展的有效途径，对于职业院校来说，在师资力量提高、教育教学质量提升、治理结构优化、专业建设等方面都有很好的作用。加强政府引导、鼓励各方主体积极参与有利于产学研一体化的健康持续发展。

第九节　中国高职教育质量第三方评估发展趋势分析

高职教育质量"第三方评估"是指学校、教育行政管理部门以外的专业机构、行业企业等机构或个人，对教学条件、过程、效果等进行检查、评价或指导，科学、公正地反馈教育教学中的问题，并提出改进意见。第三方评估一般是从用人单位、专业评估机构、某一领域资深专家等角度进行评价、反馈的，所以具有公正性、专业性、客观性等优点，有助于学校认识到自身不足，改善教学质量、改革人才培养模式及教学方式、更新教学内容等。

我国高职教育经过多年的发展，已经逐步成熟，教学质量不断提高，为经济、社会的发展培养了大量人才。但是，随着社会发展方式的变化、科技的更新换代、经济结构的调整，人才培养方向与社会需求、教学内容与岗位要求等方面的矛盾日益凸显。为了更好地满足社会经济发展对人才的需求，提高职业教育质量，《国务院关于加快发展现代职业教育的决定》（国发〔2014〕19号）、《教育部关于印发职业院校管理水平提升行动计划（2015—2018年）的通知》等文件都对完善学校治理结构、吸引企业行业参与提出了要求。第三方评估是完善职业院校治理结构、提高适应社会发展变化能力的重要一环，已经受到越来越多的重视。

一、我国高职教育质量第三方评估的发展与现状

在我国理论研究、政策文件、实践案例中，第三方"评价"或"评估"两种表达方式都可以看到，"评价"和"评估"这两个词本来有所区别，但是，从这些文件、案例、文献来看，"第三方评估""第三方评价"并没有本

质区别，不管是"第三方评价"还是"第三方评估"，都是第三方依据一定的标准、评价指标（标准、评价指标的制定主体可能有所不同，但是都应注重有效性、可信性）对特定对象进行能力、效果判断。

（一）我国高职教育质量第三方评估的发展

我国高职院校第三方评估的起源，可以追溯到1993年，中共中央、国务院印发的《中国教育改革和发展纲要》要求，职业技术学校"要采取领导、专家和社会用人部门相结合的办法，通过多种形式进行质量评估和检查"。对于学校的管理形式，从直接行政管理转变为运用立法、拨款等手段进行宏观管理；在教育决策方面，接纳社会各界专家参加的审议、评估机构所提出的咨询建议。在政策指引、鼓励下，此后，政府主导的高等教育评估机构不断出现，例如，1997年江苏教育评估院成立，2000年上海高等教育评估事务所改为上海市教育评估院。

另外，我国民间机构发布的院校排行榜也日益引起重视。1993年，广东管理科学研究院在《广东科技报》发布了我国第一个现代大学排名，近年来，又出现了中国网大中国大学排行榜、武汉大学发布的"大学竞争力评价报告"等。这些大学排行，也可以看作是对学校的第三方评估，在一定程度上可以为学校自评提供借鉴，也能引导公众对学校的看法。

（二）我国高职教育质量第三方评估的模式

为了进一步改善我国学校治理结构、推进社会参与学校教育，《教育部关于深入推进教育管办评分离 促进政府职能转变的若干意见》（教政法〔2015〕5号）指出："要主动委托第三方开展全面、深入、客观的评估"，《教育部关于深化职业教育教学改革全面提高人才培养质量的若干意见》（教职成〔2015〕6号）要求："加强行业指导、评价和服务。"高职教育第三方评估在我国受到越来越多的关注，一些院校在探索过程中也形成了具有特色的模式。

1. 院校内部机构主导的第三方评估

由于就业、招生、各种项目申报及评比等压力，一些高职院校注意到了提高人才培养质量的重要性，除了自我进行内部教育教学质量监控外，也开展了由校内机构聘请教育、企业领域的专家进行的第三方评估。聘请的专家一般在企业、行业有一定知名度，或者具有一定职称，在教育领域有多年教学、管理经验，并取得一定成果。学校按照评估的具体目的确定评估标准、手段、内容，常见的有听课、参与实训教学等形式，评估人员根据自己的印象或标准给出结论。一般对以下几点进行评估：

一是人才培养方案。人才培养方案是人才培养的起点和基准，它直接决定了人才培养的质量和方向，必须由富有教学、管理经验，及在职业教育方面有较深研究的人员参与制定，由于职业教育毕业生大部分直接就业，企业、行业等用人单位对于人才培养的要求具有很大发言权。近年来，职业院校重理论、轻实践的不足已经得到重视。企业、行业专家的参与有助于实训、实习等环节的改进。

二是课程标准。课程标准直接影响到任课教师课程教学内容、教学目标的设计，决定了学生在课程学习过程中知识、技能、素质的提高水平。我国经济、产业结构的变化，引起人才需求的变化，掌握单一技术的毕业生已经不能适应工作岗位的要求。职业素养、学习能力、团队协作能力等对于学生的职业前景具有决定性影响，课程教学已经不是单纯的教材内容的转移，而是提高学生的职业能力、社会适应能力，因此，课程标准的制定，不能按照教材，而应依照人才需求。

三是教学过程。一方面包括教学内容；另一方面是教学方法、手段。无论是理论还是实训，教学内容都要跟上社会、经济、科技、德育、素质教育等方面的要求，内容陈旧、不能适应岗位、职业等变化是职业教育常见的现象，很多校外专家掌握前沿信息，对于行业、经济、社会发展变化有透彻的了解，他们的反馈信息，有助于改善教学内容，提高教学效果。不但理论教学需要运用合适的方法、手段，实训教学更要注意给学生创造良好的环境，在现代化信息技术基础上发展起来的仿真、模拟等教学手段，可以让学生在校内置身于真实的岗位操作环境中，对于提高学生的积极性、职业能力具有很好的效果。但是，这些实训设备设施是否能达到职业能力培养要求，需要企业行业专家进行评估。

四是其他相关内容。一些院校在发展中注意到教育质量的提高，需要系统性地、全面地改进学校各方面工作，在日常管理、实训条件等方面引进第三方评估。随着质量提升意识的升华，第三方评估还有更加深入的趋势。

2. 校外专业机构为主的第三方评估

高职院校教育质量第三方评估专业机构主要有两种：一是政府、教育行政管理部门主管的官方专业机构，例如各地政府教育督导室、教育评估院；二是民间机构，例如麦可思等。官方专业机构一般是根据政府、教育行政管理部门的需要，进行定期或不定期的评估，评估人员主要包括政府、教育部门管理人员、院校教师或行政管理人员等，评估流程、内容、方法、手段等都由政府或教育行政主管部门制定。民间评估机构一般是企业性质，受职业院校或政府、教育主管部门等委托开展教育质量评估，一般都有自己的评估流程、方法等，参与评估的人员也由这些机构自己决定。

二、国外高职教育质量第三方评估的发展

从国外一些发达国家来看，外部力量对推动职业教育发展起到很大作用。一方面，职业教育需要政府财政支持，公众（纳税人）需要知道财政投入的效果如何；另一方面，职业教育需要企业的支持，企业、其他用人单位也需要掌握职业教育人才培养的过程及效果。因此，职业教育质量也受到社会的关注，第三方参与人才培养过程、质量评估也就可以得到理解了。国外很多国家，特别是一些发达国家，形成了具有特色的第三方评估模式。

（一）美国以政府与非营利性组织并重的第三方评估

美国高职教育出现较早，而且得到政府、社会重视，发展迅速。1862年，《莫雷尔法》颁布，联邦政府以拨给土地的形式支持各州高等职业教育的发展，以农艺、机械方面教育为主的"赠地学院"纷纷成立。1901年，美国第一所社区学院成立。2009年，奥巴马签署了《2009美国复苏与再投资法案》，社区学院再次得到资金支持。

发展初期，美国的职业教育督导与评价主体为政府部门。1963年，美国成立了联邦职业教育咨询委员会（NACVF），1968年以后，各州相继成立了州立职业教育顾问委员会。美国联邦与州政府在政治、经济、教育等方面都具有分权，因此，NACVF只对给州职业教育拨款的使用情况进行审查，具体涉及州职教管理规划及执行情况，州顾问委员会则负责本州内职教管理规划及实施情况的监督。1976年，美国又出台了《1976年职业教育修正案》，对职业教育评价机构的人员构成进行了改革，要求职业教育毕业生雇主参与各州职业顾问委员会，以改变缺乏对劳动市场人才需求变化的敏感的弊端，在参与人员方面体现了第三方评价。为了保证评价的科学性、规范性，该法案在评价中的标准、数据、统计等方面也做了具体规定。

美国职业教育评价机构除了官方之外，还有一些民间教育认证机构实施着第三方评价的职能。这些认证组织一般是非营利的，可以申请免税。美国南部的院校认证协会（SACS）是由职业界代表组成的私有、非营利性质的群众团体，针对美国南部的职业教育制定了认证程序、标准，并接受社会监督。1977年，联邦政府整合高等教育认证委员会等三个独立的认证机构，组成了新的高等教育认证委员会（CHEA），负责沟通、监督这些第三方机构，并对公众负责。CHEA定期对职业教育评价机构进行评审，把可靠的推荐给公众。美国国税局也对这些组织的经营行为进行抽查。政府监督提升了这些认证机构的效率

和质量，而且认证机构开展评价时，必须遵守《1976 年职业教育修正案》的相关规定。美国的这些制度，使美国既可以发挥第三方评价的优势，又保证了第三方评价机构的公平、高效。

（二）英国独立于教育部门的专业性第三方评估

英国的职业教育质量保证署（QAA）独立于教育部门，保证了第三方评价的公正、真实。该机构于 1997 年由高校拨款机构（英格兰职业教育基金委员会）、职业院校校长委员会合作成立。QAA 的董事会组成人员少部分来自高校及其拨款机构，大部分来自工业、商业、金融业等职业教育毕业生的需求方以及学生代表。

QAA 的注册督学是通过招标的方式从全国招聘的，他们制定了共同评价框架（CIF），把评价内容分为四个方面：领导与管理的有效性、总体效能、教学与评价的质量、学员成果，比较全面地对高职教育第三方评价的内容做了规范，并且把评价结果编制成《质量保证手册》向公众公布，同时相关信息也在网上发布。这些信息不但会影响公众对职业院校的评价，而且对经费的分配、公共政策的制定也有影响。

除了 QAA 以外，行业、企业、专业团体也对职业院校专业课程予以认证，从课程的层面保证职业教育教学质量和教学内容符合雇主的需求。一些主要媒体，例如《泰晤士报》等还定期发布本国高职高专排行榜。英国也非常重视职业资格证书（GNVG）制度，企业聘用员工时，持有国家职业资格证书是主要参考依据之一。组织认证考试的学校要接受职业资格证书授予机构委派的外部核查员的检查。

企业、行业的参与，是第三方评价得到实施的主要前提之一，法律是英国保证企业、行业参与职业教育的重要手段之一。早在 1964 年，英国就颁布了《产业训练法》，1973 年、1988 年、1997 年，又分别颁布了《就业与培训法》《教育改革法》《97 教育法案》，按照这些法案的规定，企业参与职业教育不但是一种权利，也是一种义务或责任。企业、行业是职业教育毕业生的主要雇主，他们不但需要参与人才培养质量标准的制定，而且要直接参与评价后职业院校教学质量的改进。因此，英国职业教育基本上实现了全过程的第三方评价，在雇主的工作场所，学生以学徒身份在工作岗位练习实际操作，第三方采用岗位操作、项目测试、技术研发等多种方式评价学生的实践能力，评价证明材料不但包括书面文本（现场表现记录）、产品、资格证书，而且包括第三方旁证资料，例如工作场所主管和同事的评价、外部供应商或服务客户的评价等。评价机构对这些材料、实物进行综合分析，保证评价结果的可靠、全面、真实、有效。

（三）德国以企业为主要主体的第三方评估

德国职业教育企业参与度高是众所周知的，从其高职教育的发展历程可以看出缘由。20世纪60年代，德国受过高等教育的人数远远低于美国，工业化发展、个人发展的需要都对增加高等教育招生数量提出要求，1968年，德国实施了《联邦各州高等专科学校发展协议》，把高等专科学校的地位采用法律的形式确立下来。1974年，资本主义国家爆发了经济危机，很多高等专科学校毕业生就业困难，同时，一些企业对高级技术和服务人才的需求却得不到满足，巴登-符腾堡州的几家公司和州管理与经济学院联合创办了职业学院，1989年，州《职业学院法》承认了三年制职业学院的地位。企业为职业学院提供资金、实习场所、学生的部分生活费，以及教育质量考核与监控，职业学院的学生评价是通过学院和企业共同完成的。

德国职业院校在评价自己时，一般要由督导机构组织外部评价，评价人员包括本校教师、企业专家、学生家长等，主要从培养过程、绩效两方面进行评价。具体评价内容分为两部分，一是学校管理、学习资源、教学安排、学校发展等宏观层次，二是行业、企业、社会组织等参与的人才培养质量评价。

除了职业院校自己组织的外部评价外，行业委员会也定期对职业院校教育教学质量进行评价。德国的《联邦职业教育法》规定，行业协会负责组织针对学生的国家考核，行业协会中专门设立考试评价委员会，负责考试的组织实施，其成员由雇主、工会、职业学校代表构成。在培训及考试方面，每种职业都有《职业培训章程》，学生通过全国统一标准的考试才能获得结业证书，考试评价标准主要根据岗位技能操作水平来确定，重视考查学生职业能力及素养适应经济社会及行业企业发展的程度，考核内容既涉及培训过程也注重结果，既重视培训教育资源、学习条件等硬件设施，也注重学校文化等软环境。由于考试严格、规范，结业证书得到欧盟多数国家认可。

三、我国高职院校教育质量第三方评估的不足

（一）相关法律不健全

很多发达国家通过法律保证第三方参与高职院校教育质量评估的权利和义务。所有企业在法律的强制力下，必须参与高职人才培养，避免了一些企业逃避责任的同时，在员工招聘时又"搭便车"，享受其他企业参与人才培养的成果。同时，法律保障了企业参与高职人才培养的权利，企业可以提出人才培养建议，按照自己的人才需求影响高职人才培养方向。

由于我国缺乏这方面的法律，部分企业基于社会责任、人才需求等有参与人才培养的意愿，但是难以避免其他企业"搭便车"、人才流失等，从而打击了这些企业的参与积极性。这就造成目前校企合作"一头热"的局面。

（二）评估人员专业性不强

教育质量评估是系统性工作，涉及学校管理、课程、人才培养方案、德育等，评估体系必须科学、可信、可靠，从发达国家来看，他们在长期实践过程中，形成了自己的评估体系，评估人员经过严格筛选。我国在人员筛选、评估体系等方面尚有不足之处，特别是缺乏企业、行业、社会组织参与第三方评估的人员。

（三）企业、行业、社会组织参与积极性不高

由于相关法律、政策、宏观环境没有形成积极参与高职院校教育质量第三方评估的宏观条件，企业、行业等参与积极性不高，既缺乏强制力，也缺乏内部动力。少量民间专业机构多是营利组织，在评估过程中常常受到经济利益的影响。

四、我国高职院校教育质量第三方评估的发展建议

从国内外比较分析中可以发现，我国高职教育质量第三方评估主要缺陷之一是企业、行业、社会组织参与积极性不高，从根本上来看，这是由我国目前高职院校治理结构的缺陷造成的。我国大部分高职院校管理主体单一，企业、行业、社会组织对于人才培养缺乏发言权，而且企业毕竟是以营利方式生存的，因此，校企合作、第三方评价参与积极性低。基于国外相关领域发展过程及我国教育治理现代化的发展趋势，我国高职教育质量第三方评估应在以下方面进行完善：

（一）加强政策引导

党的十九大以后，我国高校人事制度改革步幅加大，高校行政机构性质弱化，企业、行业、社会组织参与高校人才培养的宏观环境将逐渐优化。目前，我国部分地区已经制定企业参与职业人才培养的优惠政策，在税收、财政补贴方面鼓励企业参与校企合作。未来我国企业、行业、社会参与高职人才培养的政策引导应进一步加强，《国家职业教育改革实施方案》已经提出给予参与校企合作、产教融合的企业财政资金、税收优惠、土地等方面的支持，职业院校在落实政策过程中也应抓住机遇。另外，我国职业教育教学指导委员会的功能也应进一步完善，吸引更多的行业企业参与职业教育。

（二）促进治理体系现代化

过去，我国职业院校比较重视内部管理，缺乏从完善治理结构的角度提高企业、行业、社会组织参与职业人才培养的意识。在政府、高职院校单方办高职教育的背景下，企业、行业对于职业教育的发言权、决策权很弱，要求他们单方面为职业教育做出资金、人力投入存在困难。随着部分职业院校混合制试点的成功，企业、行业、民营机构开始入股职业教育、参与其治理。特别是十八届三中全会提出"推进国家治理体系和治理能力现代化"的要求后，公众提高了对教育治理结构、治理能力现代化的关注度。鼓励企业、行业、社会组织参与高职院校治理，有利于促进第三方参与高职人才培养，提高人才培养质量。高职人才共育共赢已经得到公认，治理结构的完善将促进这一理念在实际工作中成为现实。

（三）进一步规范化、科学化

发达国家不但有高职教育质量第三方评估相关法律、专业机构，而且经过长期实践，形成了成员筛选、评估流程、评估体系、信息公布等制度。在这些多方监督、规范流程的制约下，第三方评估的结果比较公正，社会公信力比较强，对于高职教育的发展、相关信息的披露都有重要意义，同时，也促进了第三方评估自身的发展。虽然我国在这些方面发展较慢，但是，在政策引导、社会需求、就业压力等多方推动下，高职教育质量第三方评估已引起更多的关注，评估人员、流程、体系、结果公布等方面将更加规范化、标准化，评估结果的社会公信力将进一步增强。

第十节 基于非物质文化遗产传承的产学研一体化实践[①]

一、项目背景

十九大报告提出，要"深入挖掘中华优秀传统文化蕴含的思想观念、人文精神、道德规范，结合时代要求继承创新"，非物质文化遗产是传统文化表现形式及与其相关的实物和场所。非物质文化遗产（以下简称"非遗"）的传承是人类文明、价值观的延续，不但可以增强民族凝聚力，而且可以丰富人们

---

① 该节为经验总结性质，为了避免纠纷，隐去学校名称，以"苏旅职校"称呼该校，涉及的人名也以别名代称。

的生活，陶冶人们的情操，提高国民的综合素质。

苏州市具有 2 500 多年的文化积淀，目前，列入非遗名录项目的有世界级 6 个、国家级 32 个、省级 124 个、市级 159 个，非遗项目代表性传承人中有国家级 50 个、省级 95 个、市级 334 个。漫长的历史文化，给苏州留下了大量宝贵遗产，但是，随着科技的发展、外来文化的传入，苏州市一些优秀的非遗工艺、技艺等面临着失传的危险。

苏旅职校是经江苏省教育厅批准成立的五年一贯制大专院校，在长期的校企合作、社会服务、人才培养模式改革探索与实践中，构建了以非遗传承人、大师或名师工作室、工作站为核心，以校内研发机构（文化旅游研究院、非物质文化遗产宣传基地）为纽带，以学校系部、当地知名企业为参与主体的现代学徒制人才培养模式，在人才培养、企业技术革新、非遗继承等方面都取得一定成绩，近三年获得市级以上教学成果奖 3 个（其中市级特等奖 2 个，国家级二等奖 1 个）、专利 2 个、相关市级以上课题批准立项 7 个，也为部分毕业生创业奠定了基础。

二、项目内容

苏旅职校一贯把为经济、社会发展服务输送高素质技能人才为办学目标，在人才培养过程中注重校企合作、产教融合，是苏州市多个职教集团的参与或理事单位。2015 年，学校风景园林系分别与苏州檀香扇厂、苏州园林发展有限公司、苏州扇业专家、核雕非物质文化遗产传承人等合作开始了苏扇、核雕、缂丝、香山帮传统建筑营造技艺等项目的非遗传承与现代学徒制人才培养模式试点工作。至 2016 年，以非遗传承人、大师、企业技术专家和校内专业教师为核心的现代学徒制非物质文化遗产产学研一体化布局已建成体系：

（一）体系化的导师团队

苏扇、核雕、缂丝、香山帮传统建筑营造技艺非遗传承人、大师、企业技术专家全面参与学生技能提高，帮助教师解决技能难题，参与人才培养方案、课程标准等制定，构建起了体系化的非遗指导团队。

1. 组成校内非遗教学团队

非遗传承人、大师、企业技术专家进校开设讲座、授课、针对技术难点进行技术指导，与本校专业教师共同构建成非遗导师团队，搭建起包含授课、专门指导、技艺传授等功能的校内非遗传承平台。

2. 参与人才培养资源建设

非遗传承人、大师、企业技术专家加入专业指导委员会，参与人才培养方案的修订、相关课程标准的制定、校本教材的编写、教育教学资源库的建立。

3. 帮助校内教师技艺提升

非遗传承人、大师、企业技术专家参与校内教师的技艺指导，对青年教师传授技艺、帮助解决技术难题。

4. 提升学生素质

在顶岗实习、毕业设计环节，非遗传承人、大师、企业技术专家指导学生提高技能、培养工匠精神、开发产品。

（二）产学研的密切融合

在非遗导师团队进入校园传授技艺的同时，学校教师也深入企业生产一线，参与非遗相关产品的生产，与大师、工人一起对生产、表现技艺进行技术改进，与企业合作开发新产品等。

1. 构建校外实训平台

非遗大师、企业为校内师生提供生产实践机会，吸收学生进入工作室、企业实习，帮助学校完善了实训基地，提供了优质实训资源。

2. 校内师生参与企业生产

利用节假日和顶岗实习、工学交替的机会，校内师生进入企业，参与产品的生产、设计加工等。

3. 结合地区特色，开发相关产品

利用苏州旅游业发达的优点，与旅游等产业、政府部门合作，开发、生产、推广非遗相关产品，在促进旅游业发展的同时，推广、宣传了非遗技艺、产品。

4. 利用现代信息手段，宣传、推广非遗项目

校内师生在非遗传承人、大师、相关企业的帮助下，收集非遗相关图片、视频、文字资料，建立了非遗数字化资源库，不但满足了校内教学、技艺展示等需要，而且建立了信息化的非遗项目宣传平台。

（三）推动了职业学校治理结构的现代化

1. 企业的人才培养参与度提升

学校、企业的合作程度加深，传统的校企合作以接收毕业生、实习生等为主，而产学研一体化下的学校深入到企业生产、技术研发一线，企业深入到学校课堂、教材编写、人才培养方案的制定等方面。

2. 学校二级管理部门的校企合作责权更加明确

产学研一体化下的校企合作责任、权利主体具体到了学校二级管理部门的

系部、研究所，既有利于责任、权利的划分，也有利于促进学校二级管理部门的积极性。

3. 企业、二级管理机构的权利扩大

在产学研一体化发展过程中，系部、企业、科研机构的主动性不断提升，在责任增加的同时，权利得到扩大，改变了职业院校传统的单一性治理结构。

三、取得成就

（一）推动了非遗项目的传承

1. 大批青少年熟知了非遗项目

项目开展以来，对校内 600 多名学生进行了苏扇、光福核雕、缂丝、香山帮传统建筑营造技艺等项目的专门培训、教学、技艺指导等，部分学生毕业后以相关技艺为基础进行了创业。

2. 构建起非遗项目宣传平台

校内教师与非遗传承人、大师等共同建立了非遗项目数字资源库、博物馆，为非遗项目的宣传、推广提供了现代信息化平台。

（二）推动了职业院校人才培养改革

1. 言传身教培育社会主义核心价值观

非遗传承人、大师、企业技术专家进校，不但传授了相关技艺，而且通过手传身教，向学生展示了精益求精的工匠精神、丰富绚丽的传统文化，有助于推动学生综合素质的提高和践行社会主义核心价值观。

2. 取得多项教学成果奖

非遗传承人、大师、企业技术专家参与人才培养方案、课程标准的制定，以及校本教材的编写、师资的培养，推动了学校人才培养模式的改革，近三年，学校取得市级以上相关教学成果奖 4 项，其中"大师工作室引领下的传统非物质文化遗产传人培养的实践研究""现代学徒制模式下的传统非物质遗产传人培养实践研究——以苏扇、核雕、苏帮菜、苏派盆景为例"获得市级特等奖，"大师工作室引领下的非物质文化遗产传承人培养实践与创新"获得国家级二等奖。

（三）促进了企业技术革新

学校教师深入企业一线，在积累了大量教学资源、提升自身操作水平的同时，为企业技术革新献言献策，发挥自身理论优势进行相关研究，成功申请专利 2 项。

设计制作的产品被用于"世界反法西斯战争胜利 70 周年"国庆阅兵国宴

的礼宾用品、"16+1"中国与中东欧领导人会议屏风、世乒赛纪念品等。

四、特色亮点与经验总结

1. 产学研一体化以学校治理结构现代化为出发点

在传统的校企合作过程中，企业、社会虽然参与了学校人才培养，但是发言权小，学生毕业后对参与企业没有忠诚感，企业从校企合作获得经济利益、人才的期望无法满足，限制了校企合作的进一步开展。产学研一体化中，企业获得了更大的权利，在人才培养中不但进入课堂，而且有望成为学校的管理主体之一，企业参与校企合作的积极性得到提高。

2. 非遗进校园以社会广泛参与为基础

传统的技艺传授，是以身传言教为基本形式，在科技、经济发达的今天，青少年难以接受这种形式，公众对非遗项目了解也少。非遗传承人、大师、相关企业进校开设课程、讲座等有助于学生对非遗项目的深度认知，学校的深度参与，也给非遗项目的传承提供了基础。

第五章　基于产学研一体化的产业发展研究

第一节　产学研一体化的源动力：科技创新

近年来，为了提高经济发展速度和质量，我国采用多种手段大力促进产业结构转型升级，在理论、实践方面取得了一些成果。但是，在当前世界经济发展速度变缓、国际竞争形势愈加严峻的大环境下，我国面临的经济下行压力有加大趋势，只依靠产业结构升级不能从根本上解决经济发展速度和质量的问题。党的十八大报告中提出："更多依靠科技进步、劳动者素质提高、管理创新驱动"，实现"科技进步对经济增长的贡献率大幅上升，进入创新型国家行列"。2016年3月5日，李克强总理在第十二届全国人民代表大会的政府工作报告中进一步指出："到2020年，先进制造业、现代服务业、战略性新兴产业比重大幅提升，全员劳动生产率从人均8.7万元提高到12万元以上。科技进步对经济增长的贡献率达到60%，迈进创新型国家和人才强国行列"，我国的经济发展将"实现新旧动能转换，推动发展转向更多依靠人力人才资源和科技创新，既是一个伴随阵痛的调整过程，也是一个充满希望的升级过程"。因此，探索我国经济发展新动能、以技术创新驱动我国经济质量的提升将是我国今后一段时期内重视的问题，也将是我国研究领域的热点。

从已有文献来看，国内外一些学者已经对技术创新与经济增长、产业结构调整之间的关系做了一些研究。吕铁、刘伟、张辉等学者通过研究发现，技术创新对目前我国极为重视的产业结构转型升级有一定的影响。索罗的新古典的经济增长模型认为，技术进步对于经济增长具有很重要的影响。现代经济增长结构主义也认为，产业结构调整可以促进经济增长，其影响机制为：一些产业部门生产效率的提高，引起资本和劳动等生产要素向这些部门流动，从而引起这些部门的经济增长加速。在现代经济增长结构主义理论的基础上，段利民进一步研究后发现，产业经济增长不是资本和劳动加大投入的必然结果，部门间的技术转换水平及结构也是其经济增长的重要影响因素，即技术创新可以促进产业内劳动生产率的提高、加快经济增长速度。

从现有的研究结果来看，技术创新对于经济可持续增长、产业升级等方面具有非常重要的影响。

一、技术创新可以更有效地提升经济发展质量

"新常态"下的中国，在保持一定的经济发展速度的同时，也必须解决能源浪费、环境污染等问题，解决这些问题的一个重要途径，是提高我国经济发展的质量和可持续性。在过去的一段时期，很多学者认为产业结构转型升级是解决这些问题的最好办法，但中国经济实际发展情况说明，科技创新才是推进中国经济持续稳定健康发展的最终动力。

（一）分析模型构建

假设能源生产率（Energy Productivity）$EP_{i,t} = \frac{G_{i,t}}{E_{i,t}}$，其中，$G_{i,t}$ 为 i 产业或部门在 t 时期的国内生产总值，$E_{i,t}$ 为其在 t 时期的能源消费量，能源生产率 $EP_{i,t}$ 可以反映 i 产业或部门在 t 时期消耗单位能源所创造的国内生产总值。为了分析产业结构、能源消费之间的关系，假设 t 时期由于产业结构变化造成的在产业间流动的能源占总能源消费的比重为 $S_{i,t} = \frac{E_{i,t}}{E_t}$，在该式中加入 t 时期的国内生产总值 G_t、i 产业或部门在 t 时期的国内生产总值 $G_{i,t}$ 这两个变量，可以得到 $S_{i,t} = \frac{E_{i,t}}{E_t} \frac{G_t}{G_{i,t}} \frac{G_{i,t}}{G_t}$，为了使该式中含有能源生产率变量，先把分母中的 E_t、$G_{i,t}$ 的位置调整，得到 $S_{i,t} = \frac{E_{i,t}}{G_{i,t}} \frac{G_t}{E_t} \frac{G_{i,t}}{G_t}$，然后，以 $k_{i,t} = \frac{G_{i,t}}{G_t}$ 表示 t 时期的产业结构情况，并且由于 $EP_{i,t} = \frac{G_{i,t}}{E_{i,t}}$，因此，得到

$$S_{i,t} = \frac{EP_t}{EP_{i,t}} k_{i,t} \qquad (1)$$

式1表明，产业间能源消费的变化和产业结构、i 产业或部门的能源生产率、总能源生产率这三者都有关系。依据所罗门·法布里肯特的研究结论，各部门生产率增长和要素流动共同形成总的生产率的增长，据此我们可以认为：一个时期总的能源生产率的增长来源于这个时期各部门能源生产率的增长和能源要素流动引起的增长这两方面，此推论的数学公式推导过程如下：

$$EP_{t+1} - EP_t = \frac{G_{t+1}}{E_{t+1}} - \frac{G_t}{E_t} = \sum_{i=1}^{n} \frac{G_{i,t+1}}{E_{t+1}} - \sum_{i=1}^{n} \frac{G_{i,t}}{E_t} = \sum_{i=1}^{n} \frac{G_{i,t+1}}{E_{i,t+1}} \frac{E_{i,t+1}}{E_{t+1}} - \sum_{i=1}^{n} \frac{G_{i,t}}{E_{i,t}} \frac{E_{i,t}}{E_{i,t}}$$

$$= \sum_{i=1}^{n} \frac{G_{i,t+1}}{E_{t+1}} \frac{E_{i,t+1}}{E_{i,t+1}} - \sum_{i=1}^{n} \frac{G_{i,t}}{E_t} \frac{E_{i,t}}{E_{i,t}} = \sum_{i=1}^{n} EP_{i,t+1} S_{i,t+1} - \sum_{i=1}^{n} EP_{i,t} S_{i,t}$$

$$= \sum_{i=1}^{n} (EP_{i,t+1} - EP_{i,t}) S_{i,t} + \sum_{i=1}^{n} EP_{i,t} (S_{i,t+1} - S_{i,t}) +$$

$$\sum_{i=1}^{n} (EP_{i,t+1} - EP_{i,t})(S_{i,t+1} - S_{i,t}) \tag{2}$$

式 2 右边由 3 个部分构成，第 1 项为产业结构不变时各部门内部生产率增长效应（within-growth effect，下文简称 WGE），是由各部门自身生产率的增长造成的总生产率的增长；第 2 项代表能源静态流动效应（static shift effect，下文简称 SSE），是在各部门能源生产率不变的情况下由于产业结构变化造成能源要素在各部门间的流动从而对总的能源生产率变化的影响，此项可能是正值也有可能是负值，视能源要素是流向能源生产率较高的部门还是较低的部门而定；第 3 项表示能源要素引起的动态流动效应（dynamic shift effect，下文简称 DSE），衡量各部门生产率和产业结构变动同时发生时对总能源生产率的影响，其值可正可负，为负值时称为结构负利（structural burden）。

（二）实例分析

根据 2005—2018 年《江苏统计年鉴》（中国统计出版社），得到三产能源消费及地区生产总值有关数据，代入上述模型中有关计算公式，得到 2006—2017 年间江苏省产业结构与能源生产率之间的关系，如表 5-1 所示。

表 5-1　2006—2017 年江苏省的能源生产率情况

时期	总能源生产率增长值	效应名称		各效应小计	第一产业	第二产业	第三产业
2006	0.025	内部增长效应（WGE）		0.025	0.001	0.012	0.012
		结构效应	SSE	0.000	-0.002	0.002	0.000
			DSE	0.000	0.000	0.000	0.000
2007	0.022	内部增长效应（WGE）		0.014	0.001	0.006	0.007
		结构效应	SSE	0.008	0.000	0.003	0.005
			DSE	0.000	0.000	0.000	0.000
2008	0.033	内部增长效应（WGE）		0.019	0.001	0.019	-0.001
		结构效应	SSE	0.014	0.000	-0.003	0.017
			DSE	0.000	0.000	0.000	0.000

续表

时期	总能源生产率增长值	效应名称		各效应小计	第一产业	第二产业	第三产业
2009	0.044	内部增长效应（WGE）		0.028	-0.001	0.015	0.014
		结构效应	SSE	0.021	0.001	-0.002	0.022
			DSE	-0.005	0.000	-0.003	-0.002
2010	0.025	内部增长效应（WGE）		0.009	-0.001	0.012	-0.002
		结构效应	SSE	0.016	0.005	0.000	0.011
			DSE	0.000	0.000	0.000	0.000
2011	0.033	内部增长效应（WGE）		0.013	-0.002	0.010	0.005
		结构效应	SSE	0.020	0.005	-0.005	0.020
			DSE	0.000	0.000	0.000	0.000
2012	0.037	内部增长效应（WGE）		0.017	-0.002	0.019	0.000
		结构效应	SSE	0.020	0.005	-0.005	0.020
			DSE	0.000	0.000	0.000	0.000
2013	0.037	内部增长效应（WGE）		0.037	0.004	0.026	0.007
		结构效应	SSE	0.142	0.003	0.054	0.085
			DSE	0.009	0.000	0.006	0.003
2014	0.006	内部增长效应（WGE）		0.025	-0.001	0.019	0.007
		结构效应	SSE	-0.018	0.000	-0.023	0.005
			DSE	-0.001	0.000	-0.001	0.000
2015	0.056	内部增长效应（WGE）		0.040	-0.003	0.028	0.015
		结构效应	SSE	0.017	0.007	-0.012	0.022
			SE	-0.001	-0.001	-0.001	0.001
2016	0.058	内部增长效应（WGE）		0.036	-0.001	0.018	0.019
		结构效应	SSE	0.021	0.002	-0.004	0.023
			DSE	0.001	0.000	0.000	0.001
2017	0.058	内部增长效应（WGE）		0.037	0.000	0.026	0.011
		结构效应	SSE	0.020	-0.002	0.002	0.020
			DSE	0.001	0.000	0.000	0.001

从表 5-1 可以看出，2005—2018 年，江苏省能源生产率增长主要来源于产业内部增长效应（WGE 的值），结构效应引起的积极作用所占比重很小（SSE、DSE 的值），这一特征对于第二产业尤为明显，例如，2017 年，江苏省第二产业的能源生产率增长值中内部增长效应（WGE）为 0.026，结构效应（SSE、DSE 的值）分别为 0.002、0.000，差异非常明显。这说明江苏省能源生产率的提高，主要来源于产业新技术的应用等因素造成的能源生产率的变化，而不是来源于产业结构的变化。这个分析结果提醒我们，我国在进行产业结构转型升级的同时，更应该重视产业内部生产率的提高，而技术创新及新技术的应用对于生产率的提高起到了非常重要的作用。

另外，从产业结构偏离度也可以判断三次产业的技术应用情况，产业结构偏离度是指各产业的增加值比重和就业比重之比与 1 的差，用公式表示为：结构偏离度 = GDP 的产业构成百分比/就业的产业构成百分比 − 1，其值越大，说明劳动生产率越高。2005—2017 年江苏省产业结构偏离度具体数值如表 5-2 所示。

表 5-2 江苏省 2005—2017 年产业结构偏离度

年份	第一产业	第二产业	第三产业
2005	−0.7	0.5	0.8
2006	−0.8	0.5	0.7
2007	−0.7	0.4	0.6
2008	−0.7	0.4	0.6
2009	−0.7	0.3	0.5
2010	−0.7	0.3	0.5
2011	−0.7	0.2	0.4
2012	−0.7	0.2	0.4
2013	−0.7	0.1	0.3
2014	−0.7	0.1	0.3
2015	−0.7	0.1	0.2
2016	−0.7	0.0	0.1
2017	−0.7	0.0	0.1

第一产业产业结构偏离度为负值，说明第一产业劳动生产率较低，而且从业人口过剩，第二产业、第三产业的产业结构偏离度逐渐变小，说明就业趋于

饱和，劳动生产率有下降趋势，而且第三产业的值大于第二产业，说明从第一产业流出的人口转移到第三产业的可能较高。

因此，"新常态"下的中国，在面临环境污染、生产效率亟待提高等问题时，应该鼓励技术创新、技术成果的转化，提高产业生产率，不但能实现产业结构转型升级的目标，同时，对于保护环境、节约能源、提高生产率具有非常重要的作用。

二、以技术创新促进全要素生产率的增长

技术创新对于经济增长的一个重要作用是对生产要素进行改造和重新组合，技术创新不但能提高传统资源、要素的使用效率，而且有助于拓展资源、要素的外延。我国从20世纪80年代开始设立国家级高新技术开发区，这些开发区在技术创新、成果转化、人才培养等方面取得了大量成果。对这些开发区的发展模式进行深度研究，可以为当前我国经济的发展提供借鉴。由于采用传统方法研究经济发展的驱动因素，例如索罗残余法，不能有效地考察创新的驱动效益，因此，此处采用随机前沿分析法，通过分析我国高新技术开发区的发展驱动因素，探索技术进步率、生产技术效率对经济增长的作用。

（一）模型构建

生产者没有达到最优生产函数的原因，可能是受到一些随机扰动因素或者技术方面的影响，因此，地区 $m(m=1,2,3\cdots,M)$ 在第 t 期 $(t=1,2,3\cdots,T)$ 投入要素 X_{mt} 的产出可表示为：

$$Y_{mt} = F(X_{mt}, t) \exp(v_{mt} - \mu_{mt}) \tag{3}$$

其中，$F(X_{mt}, t)$ 表示地区 $m(m=1,2,3\cdots,M)$ 在第 t 期 $(t=1,2,3\cdots,T)$ 时投入要素 X_{mt} 的最大产出；

v_{mt} 表示与研究对象无关的随机误差；

μ_{mt} 表示产出实际水平与最优水平之间的偏离程度。

为了研究全要素生产率增长率和技术创新、要素投入等变量之间的关系，本文根据库姆巴卡全要素生产率增长率分解公式，把全要素生产率增长率 $T\dot{F}P_{mt}$ 表示为：

$$T\dot{F}P_{mt} = T\dot{E}_{mt} + T\dot{P}_{mt} + (E-1)\sum \frac{E_n}{E}\dot{\chi}_n \tag{4}$$

其中，$T\dot{E}_{mt}$ 为技术效率（生产效率）变化率、$T\dot{P}_{mt}$ 为技术进步率，$\dot{\chi}_n$ 为第 n 种投入要素的增长率，$E_n(n=1,2,3)$ 分别代表资本、劳动、土地作为投入要素时

的产出弹性，$E = \sum_{n=1}^{3} E_n$ 为规模弹性。

式 4 中的数据获取途径如下：

首先，以个别生产者产出的期望与随机前沿期望的比值表示该生产者的技术效率，即

$$TE_{mt} = \frac{Y_{mt}}{Y_{mt}^{\alpha}} = \frac{E[F(X_{mt}, t)e^{v_{mt}-\mu_{mt}}]}{E[F(X_{mt}, t)e^{v_{mt}-\mu_{mt}} | \mu_{mt}=0]} = \exp(-\mu_{mt})$$

$$T\dot{E}_{mt} = T\dot{E}_{mt} = \frac{\partial u_m}{\partial t} = \mu_m \eta \exp[-\eta(t-T)] = \mu_{mt}\eta = -\ln(TE_{mt})\eta \quad (5)$$

$$T\dot{P}_{mt} = \frac{\partial \ln y_{mt}}{\partial t} = \alpha_t + \alpha_{tt}t + \alpha_{lt}\ln x_{mk} + \alpha_{kt}\ln x_{mkt} \quad (6)$$

则，劳动的规模弹性为：

$$E_l = \frac{dy/y}{dx_l/x_l} = \frac{\partial \ln y_{mt}}{\partial \ln x_{mlt}} = \alpha_l + \alpha_{ll}\ln x_{mlt} + \alpha_{lk}\ln x_{mkt} + \alpha_{lt}t, \quad (7)$$

资本的规模弹性为：

$$E_k = \frac{dy/y}{dx_k/x_k} = \frac{\partial \ln y_{mt}}{\partial \ln x_{mkt}} = \alpha_k + \alpha_{kk}\ln x_{mkt} + \alpha_{lk}\ln x_{mlt} + \alpha_{kt}t \quad (8)$$

土地的规模弹性为：

$$E_\beta = \frac{dy/y}{dx_\beta/x_\beta} = \frac{\partial \ln y_{mt}}{\partial \ln x_{m\beta t}} = \alpha_\beta + \alpha_{\beta\beta}\ln x_{m\beta t} + \alpha_{l\beta}\ln x_{m\beta t} + \alpha_{\beta t}t \quad (9)$$

其中，x_{mlk}、x_{mkt}、$x_{m\beta k}$ 分别表示 m 地区在 t 时期的劳动力、资本、土地投入。

（二）实证分析

本文抽取信息比较齐全的 46 个国家级高新开发区作为研究对象，对其 2004—2014 年间（由于数据的局限性，不对其他年份进行分析）生产要素对经济发展的驱动作用情况进行分析，数据的主要来源是《中国统计年鉴》（中国统计出版社），同时参照国家科技部火炬高技术产业开发中心的火炬计划统计数据对部分数据进行了补充或修正。在计算过程中，按照数学模型需要，对原始数据进行了前期加工：产出的数值采用地区生产总值，并以 2004 年为基期进行调整，来消除价格变动引起的影响；资本投入的数值是以 2004 年为基期，并按固定资产投资数值进行价格指数平减后获得；土地投入的实际数值通常是不规则变化的，在一段时期没有变化，某一年份获得政府批准后又突然大幅度增加，本文用平滑处理的办法来处理这种情况，即以扩张年份的土地数据为基点，用各时期的平均土地增长率而不是年度实际增长率来表示各年的土地

投入规模变化。

1. 劳动与资本、土地的产出弹性变化趋势相反

根据式 3、7、8、9，可得到资本、劳动及土地的产出弹性如表 5-3 所示。

表 5-3 高新技术开发区各投入要素的产出弹性

年份	劳动产出弹性	资本产出弹性	土地产出弹性
2004	0.157	0.547	0.147
2005	0.201	0.532	0.139
2006	0.214	0.539	0.132
2007	0.221	0.537	0.128
2008	0.229	0.534	0.122
2009	0.235	0.527	0.119
2010	0.247	0.524	0.112
2011	0.268	0.519	0.098
2012	0.274	0.498	0.087
2013	0.292	0.516	0.076
2014	0.301	0.508	0.072

从表 5-3 中的数据可以发现，2004—2014 年，资本和土地的产出弹性呈下降趋势，说明土地和资本的投入已经出现了明显规模不经济，同时，劳动的产出弹性逐年上升，说明对于技术含量较高的企业来说，对劳动质量的要求日益提高，单位劳动的产出随着技术含量的增加而增加。

2. 全要素生产率增长率的变化特征

在对随机前沿函数模型进行估计的基础上，根据式 4、5、6 计算，可以得到全要素生产率并进行分解，得出的结果如表 5-4 所示。

表 5-4 高新技术开发区全要素生产率的变化

年份	GDP增长率	TFP增长率	技术进步率	技术效率变化率	劳动规模效率变化率	资本规模效率变化率	土地规模效率变化率
2004	27.79	5.32	6.58	2.14	-0.21	-2.54	-0.65
2005	20.15	5.41	6.47	1.97	-0.18	-2.48	-0.37
2006	20.08	6.08	6.21	1.85	-0.16	-1.32	-0.50
2007	19.93	5.45	5.96	1.81	-0.14	-1.57	-0.61

续表

年份	GDP增长率	TFP增长率	技术进步率	技术效率变化率	劳动规模效率变化率	资本规模效率变化率	土地规模效率变化率
2008	19.51	4.47	5.47	1.76	-0.17	-1.89	-0.70
2009	18.72	4.38	4.98	1.72	-0.18	-1.62	-0.52
2010	16.84	4.62	4.76	1.65	-0.15	-1.57	-0.07
2011	15.21	3.87	3.85	1.62	-0.19	-1.48	0.07
2012	15.87	3.02	4.51	1.58	-0.42	-1.72	-0.93
2013	16.01	2.92	4.98	1.73	-0.12	-2.01	-1.66
2014	16.14	2.87	4.26	1.64	-0.16	-1.98	-1.07
均值	18.75	4.40	5.28	1.77	-0.19	-1.83	-0.64

表5-4显示，2004—2014年，样本区域的全要素生产率以4.40%的平均增速稳定增长，对其分解后可以看出，全要素生产率的增长主要是由技术进步和技术效率带来的，从总体上来说，技术进步率的增长速度超过了全要素生产率的增长率，在影响全要素增长率方面占了主导地位。技术进步、技术效率拉动了全要素生产率的增长，相反地，资本、劳动、土地三要素增加投入后的规模效益增长率却下降了。结合这些区域的实际情况来看，由于过于依赖招商引资、规模扩张这样的发展模式，这些区域已经出现投入规模不经济问题，靠继续增加投入要素的方式驱动经济增长已经不切实际，而技术进步、技术创新将是推动经济持续稳定增长的新动能。

三、结论与建议

从以上分析可以看出，技术创新及其有效转化是解决我国当前经济发展面临困难的重要方法和途径。产业结构的转型升级，与产业内部技术创新驱动并不矛盾，而产业的发展也可以大大促进我国产业结构的转型升级。在当前国际经济发展放缓、发展中国家的国际竞争能力不断增强的宏观环境下，由于我国第二产业在国民经济中所占比例依然较高，第二产业依然是推动我国经济总量增长、提高国际竞争力、满足国内需求、提高国民生活水平和就业水平的主要力量来源之一，因此，我国必须在提高第三产业比重的同时，以促进技术创新、加快成果转化的形式提高第二产业的生产效率。

当前，我国在技术创新、成果转化等方面存在大量问题需要解决：一是对成果的保护，需要从政策、政府管理机制、资金等方面加强对知识产权、专利等成果的保护；二是降低成果转化门槛，在中小企业的创立方面给予更多支持的同时，降低或取消注册资金方面的限制；三是强化政府的引导、宏观调控作用，可以以政策优惠等方式鼓励社会向技术研发、成果应用方面加大投资。具体来说，我国可以从以下几个方面促进技术创新：

（一）观念创新

长期以来，很多人把第三产业在国民经济中所占比例作为我国经济结构转型升级的尺度，但是，他们只看到了表面的数量变化，而忽视了产业结构、经济发展的质量，致使我国消费者对于高质量产品或服务的需求无法满足。近年来，虽然我国已经注意到了"供给侧改革"的需要，但是，对于经济增长的动能转换问题依然需要进一步探索。我国不应该再以加大资金、土地等生产要素投入的方式促进产业转型升级、经济增长，而应以技术创新促进我国经济发展的速度和质量，加快推动三产中的高科技产业、技术升级，以市场为主导力量，配合以政策，促进我国三产的技术创新及产品、服务的先进性，以提高其高科技含量。从促进第三产业发展的角度来看，我国应加快推动知识密集型服务业的发展，不但使最终消费者能享受到高质量、高效率的服务，而且为第一、二产业的升级提供技术保障，不但要促进第三产业高速发展，而且要带动其他产业向高速、高质跨越。

（二）提高我国技术创新服务能力和政策支持力度

首先，当前我国还没有完善的技术创新成果评价体系，无法准确地衡量技术创新的价值。必须建立以市场为导向的技术创新成果评价机制，鼓励前景好、效益高的技术创新成果得到更多的回报和更多的社会关注度。其次，要建立开放型的技术转移交易服务体系。目前我国很多技术创新成果无法转化为产品或产生效益的主要原因，是成果持有者没有能力把成果转化为产品，而许多企业又苦于技术升级无从着手，我国应从国家和区域层面搭建技术创新成果持有者和期望购买者的联系平台，提供完善的第三方服务。再次，为了使技术创新成果尽快发挥更大的作用，我国应在国家层面建立区域间技术创新成果交流和共享平台，加快技术创新成果的扩散速度和效率，特别是国家对中西部地区经济发展的扶持重点，应从以前资金的投入转向技术、人才的支持。最后，在技术创新成果研究时期和转化初期，需要大量的资金支持，我国应提供科技研发者融资平台，通过政策支持，例如企业减税、抵税、银行低息贷款、债券融资等方式，吸引社会资金支持技术创新，引导社会闲散资金支持技术创新和成果转化，提高经济运行效益和资金转化效率。

(三) 从制度和政策层面促进我国技术创新成果的转化

首先,从政策上鼓励技术创新成果的转化,利用减税、资金扶持、奖励、补贴、贴息、简化审批手续等手段,帮助技术创新个人或企业尽快把成果转化为产品,在提高我国高科技产品供给能力的同时,提高技术创新产生实际效益的效率。其次,从国家到区域层面设立对技术促进经济发展效果的检测制度,实时了解我国技术创新体系对经济的影响,及时调整政策的支持重点,并为进一步的行动提供依据。再次,建立技术创新成果转化过程中的保护制度。一方面,对于企事业单位及其他社会组织的员工,在其取得技术创新成果时,应依据产生经济、社会效益的大小给予一定比例的奖励,甚至给予一定的企业股份。另一方面,在技术创新成果转化过程中,应从法律、政策等方面保护持有者的利益,打击盗用、仿制等侵权行为,从而鼓励更多的技术创新成果产生并投入应用。截至目前,我国还没有健全的这方面的法律、制度,急需补充或完善。最后,必须加大与技术创新成果转化相关的配套基础设施的建设。高科技成果应用于实际,必须有完备的基础性配套设施,例如新能源或无人驾驶汽车推广使用的前提是要有足够的智能电网、新能源汽车充电基站、综合交通运输枢纽等,没有适当的配套设施,这些产品就无法投入使用,技术创新成果的转化就无从谈起。

(四) 促进创新型人才的培养

从教育体制方面来说,虽然很长时间以来,我国教育界一直在谈改革人才培养模式,但是,从根本上说,我国照本宣科式培养听话的好孩子的教育模式始终没有实质性的改变。教育内容老化、教学方式呆板,重视的是学生遵守纪律、努力读书,虽然强调从社会需求的角度培养好学生,但实质上当前的教育模式、教学方式从根本上抹杀了青少年的创新精神、创新意识,最终降低了我国的创新能力。创新人才的培养,需要从根本上改变教育模式和评价体系,把学生从书本、老师的说教中解脱出来,让他们从社会实践中得到灵感,从而培养出具有创新能力的人才。

第二节 产学研一体化优化"e+"生鲜农产品冷链的机理

随着电子商务技术在中国的普及应用、完善,以电子商务、互联网技术为支撑的生鲜农产品冷链受到越来越多的重视。目前,顺丰、淘宝、京东等知名网络购物平台都已经推出了生鲜农产品网购业务。随着国家政策支持力度的增强、消费者需求的增加,越来越多的电子商务平台进入这一领域,普通居民也可以吃到他乡的新鲜农产品。据统计,2018年,苏州市已经有9个"淘宝镇"和90个"淘宝村",农产品电子商务销售额达33.4亿元。2018年10月12日,中国国际电子商务中心发布的《中国农村电子商务发展报告(2017—2018)》显示,全国农村网络零售额达到12 448.8亿元。但是,据统计,中国农产品电子商务平台虽然已达4 000家,超过3 000家以上都在亏本运营。

生鲜农产品冷链的发展对于提高农民收入、拉动我国经济发展、提高城镇居民的生活水平都有重要意义。其在理论研究方面也受到重视,众多学者从交易渠道、优化措施、政策支持、产销对接、冷链参与主体利益均衡等方面做了研究。但是,中国生鲜农产品冷链的发展仍面临很多制约因素。

一、中国"e+"生鲜农产品冷链与发达国家的差距

(一) 中国"e+"生鲜农产品冷链现状

2012年,生鲜农产品成为新的线上销售热点。2014年,中央1号文件提出"加强农产品电子商务平台建设"的要求,并出台了多项优惠政策,各地以"产地直供+电子商务+冷链物流+智能取货"为核心的农产品平台纷纷出现。目前,中国电子商务企业中的31.64%上线了生鲜农产品,能提供冷链物流服务的达到17.13%,但仍存在着冷链设备设施(冷藏车、冷库、保温箱等)不足、统一标准未制定等问题。

在生产环节,没有科学的预测、预冷与冷藏设施不足;在运输环节,冷藏车辆不足、没有完善的标准体系;在搬运装卸、打包等过程中难以保证地位条件;在配送环节,缺少保温设备、统一的标准。这些缺陷造成中国生鲜农产品冷链损耗率高、配送准时率低、消费者满意度低。

从国际比较的角度来看,我国冷藏能力约3 320万吨,仅占美国的50%,人均冷库容量更低,仅占美国的1/9、日本的1/4;冷藏货车占货车总量的0.3%,远低于英国的2.6%、德国的3.0%。2019年,中央1号文件提出"加强农产品物流骨干网络和冷链物流体系建设""深入推进'互联网+农业'"的要求。[①]

(二) 发达国家生鲜农产品冷链现状

以美国为代表的发达国家消费能力强、技术先进、设备设施完善,形成了

---

① 袁学国,邹平,朱军,吴迪. 我国冷链物流业发展态势、问题与对策[J]. 中国农业科技导报,2015,17(01):7—14.

个性化服务的多种模式。

1. 区域性线上线下相结合的服务

由电商企业整合当地生产、消费资源，建立了网上销售、信息发布、采购平台，消费者可以通过平台发布需求信息，农场等生产方按照顾客提出的要求进行生产、发货。农场提供体验式购物，当地居民、儿童可以在农场体验农产品种植、采摘，提高了消费者对生鲜农产品安全的信任程度，当地居民在本地就可以满足对农产品的需求，减少了交易、运输、储存等成本。

2. 以"食物社区"为基础的线上服务

农产品电商企业整合消费者群体，以限定团购最低人数的方式引导当地消费群体通过发起人、创建人组成"食物社区"，在电商平台建立网页，每周社区成员在网页统一发布需求信息，当地农场把社区的订货每周一次送到固定的取货点，由社区成员自己取货。

这种冷链模式主要在四个环节降低了成本：一是下订单环节，社区成员统一在平台下订单，减少了订单处理成本；二是消费者需求信息收集环节，社区成员把需求发布在网页，生产方可以随时看到；三是配送环节，生产方统一把订货送到取货点，减少了运费、人力成本；四是降低了损耗，由于是当地生产、当地消费，中间环节少、运输路途短、不需要临时寻找客户，生产和消费直接衔接起来。

3. 便捷的线上零售服务

电商企业为没有时间采购农产品的上班族开辟了便捷的线上采购服务，前一天消费者根据需要在平台下订单，电商企业把需求信息汇总后传送给当地农场主，第二天农场主把货物放置在消费者便于取货的固定地点，但送货成本由消费者承担，固定取货点一般是教堂等便于消费者取货、诚信度高的场所。

这种模式虽然便捷，但是由于订单订货量小，配送费用高，因此商品的价格较高。

4. 先进的冷链体系

一些大型电商平台自建了技术先进的冷链系统，通过云技术采集农场、消费者、仓储、配送等信息，对配送中心、车辆、路线规划等进行科学的管理。

许多发达国家已经实现了冷链的智慧化，全球定位系统（Global Positioning System，以下简称"GPS"）、地球信息系统（Geographic Information System，以下简称"GIS"）、射频识别（Radio Frequency Identification，以下简称"RFID"）技术在车辆跟踪、农产品温度湿度监控、仓储管理等环节实现了智能化。对于农产品，采用RFID技术实现了全程可视化追溯；在仓储环节，采用 RFID、传感器技术监测储存环境的温度、湿度、气体浓度，自动管理出入库、储位信息；在运输环节，采用 GPS、GIS、RFID、传感器技术对车辆进行配载、路线规划、安全监测，监测运输过程中货物的位置、状态、所处环境的温湿度、气体浓度等；在配送环节，采用 GPS、GIS、RFID 技术规划配送路线、调度车辆。这些技术提高了冷链管理、信息传递效率，降低了人为失误，使货物全程、全时都处于监控中，可以对可能出现的异常情况进行预警。虽然在设备设施方面投入大，但是由于提高了冷链运行效率，减少了损耗，提高了消费者满意度，在销售价格持平的情况下保证了利润率。

从上文比较可以看出，我国新鲜农产品冷链在技术应用、经营理念等方面都与发达国家存在差距。

二、中国"e+"生鲜农产品冷链发展瓶颈

（一）人才短缺

冷链物流专业性强、操作复杂，在软硬件方面都需要大量资金、技术投入，生鲜农产品的预冷、低温环境分拣加工难以普及。运输、仓储、装卸搬运环节信息化程度低、难以有效衔接。冷链物流急需大量专业人才，但为了增加经济收入，大多数农村青年选择进城打工，部分考上大学的毕业以后也留在城市工作，掌握现代农产品加工、储存知识、懂电子商务的农民过少。

我国传统农业技术推广机构服务领域主要是农产品种植、农机维修等，即使有些地区专门设立了农产品电子商务机构，但仍存在农民电子商务指导、服务专业人才不足的现状，很多农民不了解为何、如何从事电子商务。

国外发达国家已经将物联网、大数据等正在趋于成熟的技术应用于生鲜农产品供应链的优化，取得了大量的理论研究成果和经济效益。国内在这方面的实践刚始于起步，农产品溯源、蔬菜智能控温、控湿，但由于技术复杂，维护难度高，只在一些有实力的企业应用，还没有普及到农户。

（二）运营能力不足

生鲜农产品冷链需要采收、包装、运输、结算、配送、信息服务等环节的密切配合，任何一个环节出现失误都会影响整个交易的经济效益，经营难度大。

但是，从基础设施、技术等方面来看，我国还没有能力普及冷链各个环节的标准，例如在生产环节，大多数农户不但没有足够的冷藏设备，而且也缺乏技术。物联网追溯已经在许多国家普及，但在我国还无法普及应用，这也增加了运营的复杂程度，消费者如果收到腐败变质的农产品，很难确切知道是在哪

个环节造成的。

同时,由于环节多,造成监管困难,阻碍了规模化发展,使得销售价格偏高。

(三) 难以品牌化、规模化

生产方专业化程度低,储存、加工等技术落后,经营时间受季节限制。同时,由于生产方以季节性经营为主,追求短期利益,忽视产品的品牌化,造成营销、规模等限制,阻碍了进一步发展。

冷链物流投入大、技术要求高,成本回收期较长,很多企业只能从事一部分业务,难以形成体系,制约了冷链物流的规模化、专业化、品牌化发展。

近年来,出现了一些专门从事农产品生产的企业,也创立了自己的品牌,但大多数规模小、影响范围小,更重要的是,难以带动当地农民增收。

(四) 公益性欠缺

优化生鲜农产品供应链,一方面可以落实精准扶贫、振兴乡镇、保护农村生态环境的国家战略,另一方面,可以满足城镇居民改善饮食、促进身体健康的需求,具有一定的公益性。但是,从当前实际运行来看,经济利益是生鲜农产品供应链的主要运营目标,这也是导致一部分农产品电商平台因亏损而退出的原因之一。

(五) 基础设施欠缺

冷链物流运输、仓储设备要求高、投入大,例如建造一座1 000吨果蔬保鲜库需总投资700万元,在投资利润率达到36%的较理想状态下,投资回收期为3年,这对于一般的中小企业来说难以承担。

根据中国物流与采购联合会冷链委公布的数据,中国、美国、日本、法国、德国、英国人均冷链车辆保有量分别为0.3、0.8—1.0、2.0、1.0、2.0、3.0,相对来看,我国与其他几个国家之间的差距明显。

在安徽省,大多数生鲜农产品仍沿用简陋厅棚作为保鲜方法,与冷藏保鲜标准差距很大。即使在批发市场、交易中心等重要流通场所,也缺乏冷链物流设施,仅够用于价值较高的水产品、肉类。根据《安徽省冷链物流行业报告》,安徽省冷藏车运量仅占汽车货运总量的0.35%。大部分蔬菜、水果的采摘、储存、装卸、运输、销售环节采用常温运输,损失率高达28%,即使部分采用冷藏车运输,也因为在装卸搬运环节没有低温措施,并不能达到全程冷链的标准。过高的损失率、无法长期储存,造成生鲜农产品必须低价抛售,影响了农民的生产积极性。

即使在经济较发达的江苏省,冷链基础设施同样不足,只有苏南的运输和储存环节较完善，配送、装卸搬运环节也没有达到冷链标准。

三、产学研一体化优化"e+"生鲜农产品冷链的机理

产学研一体化是指相关产业、高校（包括职业院校）、科研机构面向市场和企业需求，基于风险共担、资源整合、利益共享的原则，发挥各自优势，共同培养专业人才、解决企业或高校难题的组织形式。

理论研究和实践都证明，在技术攻关、人才培养、问题解决、项目完成等过程中，产学研一体化都能达到非常好的效果。

（一）产学研一体化可以快速解决人才短缺的难题

目前，我国很多职业院校开设了物流管理、物流工程等专业，但其中专门培养冷链人才的很少，专业教师、课程缺乏，毕业的学生对冷链物流中的制冷、冷藏等技术知之甚少。

高校与产业、企业密切合作，掌握人才需求，及时调整人才培养方向，在课程内容、实训项目设置方面按照岗位要求进行优化。

产业、企业深入高校，基于人才需求与高校共同修订人才培养方案、课程标准、人才评价标准，共同开发实训项目，优化实训资源。

产业、高校、科研机构协同，可以快速、科学地开发课程、实训项目，根据市场需求调整人才培养方向、实现人才培养创新。

在实训、顶岗实习等阶段，学生可以在生产现场一边实际操作，一边完成实训学习，把理论和岗位操作相结合，研究流程优化、技术创新，既达到工学结合、知行合一的现代职业教育要求，又解决了人才短缺的问题。

另外，很多职业院校的学生来自农村，条件许可的情况下返乡实习、实训，可以提前进入创业体验，为农村培养农业职业经理人、技术骨干创造条件。

（二）产学研一体化形成技术研发转化的良性循环

首先，生鲜农产品的生产方大多数是农民，没有也不可能在产品的初加工环节购买冷链物流设备，需要研究如何低成本地实现低温初加工及短期仓储。科研机构、高校有这方面的人才、技术优势，而且对于高校来说，研究过程中可以结合项目、教学等进行，降低了研发成本。

其次，产学研一体化可以有目的地开展科技攻关、课题研究，高校、科研机构直接以解决实际问题的角度申报科研项目、争取政府研发投入，研究结果可以直接解决实际生产中的问题，减少了资金压力，提高了科研成果的转化率，有利于形成科研成果转化、提高企业经营效益的良性循环。

再次，产学研一体化为科研选题、资源整合、效果验证提供了平台，高

校、科研机构以产业需求申报、设立项目，研究过程中得到企业、产业在场所、材料、数据等方面的支持，研究成果可以直接在生产、服务中得到验证，实现了科研选题、问题解决、效果论证的一条龙化，提高了科研的效率和效益，达到共同受益的目的，有利于进一步促进产业、高校、科研机构的密切合作，实现技术开发、生产问题解决、产业发展、专业优化过程中的良性循环。

（三）产学研一体化有利于产业升级

首先，生鲜农产品"e+"供应链是一个复杂、技术要求高的系统，高校拥有信息技术、电子商务、国际贸易、物流管理、物流工程、交通运输、食品加工、市场营销等多种专业，在复合型、高技能人才培养方面有师资、实训等优势，可以针对生鲜农产品供应链中的人才、技术需求和薄弱环节提供人才、培训、技术攻关等方面的有效支持。

其次，生鲜农产品"e+"冷链的有效运行，需要信息技术的支持，高校、科研机构可以在系统开发、软件维护、平台优化等方面提供人力、技术帮助，而且高校可以提供大量实习生、在校生深入生产一线帮助进行日常操作、维护，进入农民家庭进行信息化技术培训，低成本地实现产业升级。

近年来，虽然互联网、电子商务已经得到普及，但物联网、智慧农业等新技术在农村应用较少，高校、科研机构可以根据农民实际需要，帮助开发有针对性的智慧种植、养殖项目，学生帮助农民解决日常运行中的技术问题。

四、产学研一体化优化"e+"生鲜农产品冷链的促进机制

（一）完善信用体系

产业、高校、科研机构合作过程中难免遇到费用分担、成果共享等问题，在道德伦理约束无效的情况下，需要政府建立信用体系对这些主体的行为进行监督。

（二）加强政策导向

政府应在科研项目选题、研究资金支持、基础设施投资、税收优惠等方面进行宏观引导，鼓励高校、科研机构深入农村和产业生产一线开展研究、成果转化，引导社会资金投向生鲜农产品领域，在促进经济增长的同时，落实振兴乡村政策，满足人民对美好生活的追求。

（三）完善高校人才评价制度

目前，高校职称评审、奖金分配过多地向发表论文、著作、技能或教学大赛倾斜，缺乏鼓励高校教师深入生产一线和农村解决实际问题的机制，造成教学、科研与实际脱节，国家有关部门应在职称评审中进行这方面的调整。

(四) 完善农业扶持政策

近年来，我国在公路修建、房屋改造等方面对农村进行了大量投资，实行了农业种植补贴政策，但缺乏新技术应用的激励机制，应把一部分资金支持转变为技术支持，免费对农民进行培训的同时，引导农民在农产品生产、加工中引进新技术。

(五) 支持全国性或区域性冷链平台建设

由政府牵头，引导高校、行业企业、科研机构、农户构建全国性生鲜农产品冷链平台，引导农民生产，更有效地整合冷链物流企业的冷库、冷藏车等资源，提高冷链设备设施使用效率。同时，牵头组织高校、物流行业、科研机构等制定冷链物流统一标准，促进冷链物流的标准化，减少行业内部、行业之间的协作障碍。

优化交易平台的便利性、各环节的响应速度，减少取货、运输、配送中的失误和时间间隔，降低损耗率。

产学研一体化充分发挥产业、高校、科研机构的优势，有利于优化社会资源的有效使用，对于解决"e+"生鲜农产品冷链当前的问题、优化供应链流程具有很强的针对性。

第三节　基于产学研一体化的湖南省茶产业融合发展探析

党的十九大报告指出，我国经济、社会发展进入中国特色社会主义新时代，在新的发展阶段下，要解决的主要矛盾是人民日益增长的美好生活需要与不平衡不充分发展之间的矛盾。我国是农业大国，但是农业生产比较落后，农民收入较低，农村地区基础设施落后，解决新时代下的矛盾，必须先解决农业、农民、农村面临的问题。信息技术、人工智能等新技术为我们探索、解决农村、农业、农民发展问题提供了多种渠道。利用新技术，改变传统发展理念，促进农业与二、三产业的融合，是振兴农业的有效途径。

中国农业虽然整体规模较大，但以小型农户经营为主，新技术推广应用难以实施。中国政府对于农业产业升级、融合发展非常重视，2019年2月发布的《中共中央国务院关于坚持农业农村优先发展做好"三农"工作的若干意见》提出"调整优化农业结构""加快突破农业关键核心技术""加快发展乡村特色产业""发展乡村新型服务业""实施数字乡村战略"等要求，也为农业指明了融合、升级的路径，但如何实施需不断探索。

20世纪末，一些国外学者研究发现，农业与二、三产业的融合有助于其转型升级。库莱克、弗莱舍等研究者指出，农业与旅游业融合，有助于生态农业发展，促进农业经济多样化，增加产品和服务的附加值。国内学者认为，产业融合是农业转型发展的必然，梁伟军、曾维维等认为，农业与服务业、高新技术产业的融合是产业结构优化调整的发展方向，能够促进多功能农业发展，吸引资本流入，丰富产业结构，带动技术进步，形成农业产业新业态。王栓军、张义博等认为，农业与二、三产业的融合，将发挥农业产业创新、将产业链、价值链引入农业，可实现产业链升级，节约社会整体成本，拉动经济增长。肖建中、胡亦琴运用建模实证测度、分析后发现，产业融合对农业发展具有促进作用。但是，截至目前，针对如何促进农业与二、三产业融合，实现产业升级的实证研究过少。

一些研究表明，教育、科研、生产主体在功能、资源上的协同和集成化，可以促进人才培养、科技创新、成果转化，创造新的需求和价值。新的知识、技术从大学和科研机构转移到产业转化为生产力，同时，后者也获得人才培养、资金、成果转化、市场需求信息等方面的益处。但是，知识和技术的转移过程通常会遇到阻碍，需要产学研合作方、政府等在观念、组织安排、利益分配、政策、环境等方面做出合理安排。

湖南省的地理位置、气候适宜于茶树生长，古丈毛尖、湖南黑茶等名茶已在国际享誉多年，不但产生直接经济利益，而且带动产茶区域相关产业的发展。随着我国经济的发展，保健理念的增强，茶的保健功能得到重视。近年来，通过发挥资源优势、依托国家茶树改良中心等研发机构，很多地区形成了"种植—加工—品牌营销—文化—旅游"产业融合发展的趋势。但是，随着经济全球化的日益增强，茶叶产品在国际竞争中的弱势也日益显现。很多茶叶产品品牌知名度不高、加工水平没有规范的标准、精深加工产品缺乏特色等问题带来的负面影响也日益明显。

一、湖南省茶产业发展面临的瓶颈

（一）整体质量与安全问题

绿色和平组织发布的《2012年茶叶农药调查报告》指出，中国很多品牌茶叶样本有严重的农药残留，超过半数有国家明令禁止使用的高毒农药，2015年，农业农村部提出《到2020年农药使用量零增长行动方案》，但是，按照绿色和平组织发布的《2016年茶叶农药调查报告》，只有生态茶样本未检出农药残留，常规茶样本中的60%检出中国禁止在茶树上使用的多种农药残留，

65%的样本农药残留超出欧盟标准,与2012年发布的报告比较,没有明显改善。茶叶含有农药残留、饮料的竞争等因素限制了茶叶的消费数量及价格提升。大多数消费者没有检验茶叶农药残留的条件,即使优质茶叶也有被压价购买的可能,传导到产业链上游,茶农有减少优质茶种植、初加工的可能,进一步减少市场优质茶叶的供应,降低茶叶的整体质量。目前,湖南省茶鲜叶的加工主要有农户、企业、合作社三个渠道,加工工艺不一,造成市场上茶产品的安全性、质量水平难以统一监管。

同时,茶鲜叶具有很强的季节性,清明前的气温低、发芽少,芽叶内容物丰富,营养价值高,如果采摘、加工不及时,不但会降低茶叶品质,而且会影响后续鲜叶的生长。鲜叶交易、加工市场信息透明度直接影响茶叶市场。

(二)技能人才短缺

传统茶产业属于劳动密集型,茶树的种植与采茶、炒茶等操作环节生产环境差、劳动强度高,而且需要很熟练的操作技术,很多青年人不愿从事这方面的工作。我国经济的快速发展,提供了大量条件更加优越、工资水平高的岗位,改革开放初期的劳动力价格优势逐渐丧失,茶产业出现人才断层的现象,特别是一些关键技艺面临无人继承的风险。

虽然我国重视茶学人才的培养,形成了世界上独一无二的从专科、本科到硕士、博士的完整的专业人才培养体系,但是,与庞大的人才队伍相对应的是基层、一线操作技能人才的短缺,科研成果与生产实际脱节、转化率低,种植、生产加工技术发展缓慢。近年来,一些地区开始采用机械灌溉、炒茶的方式,但仍无法保证茶叶质量,而且消费者认为,人工炒茶优于机器。

(三)科技创新能力低

目前,湖南省已经建立了茶叶研究所,多个高等院校设有茶叶专业,茶树新品种培育、病虫害防治等领域取得多项国际先进水平的成果。但在茶叶生产技术方面与国际水平仍有很大差距:首先是良种普及率低,由于技术指导、成本、资金等方面的原因,抗虫害、营养成分含量高等优良品种难以普遍种植;其次是茶园建设、管理标准化水平低,茶园单产、茶叶加工品质低,大多数农户投入资金、人力少,缺乏新技术应用,管理粗放;再次是产品深加工水平低,缺乏高档次产品,由于茶鲜叶保存期短,农户加工设备、技术难以达到优质标准,深加工企业收购、加工能力有限,造成茶鲜叶整体深加工水平较低;最后是附加值低,与其他产业仅在表层结合,没有达到深度融合,难以实现1+1>2的效应,近年来,一些学者对茶产业与旅游业的融合进行大量研究,但是,从实际运行情况来看,由于管理水平、利益冲突等原因,直接利润、生

(四) 生产规模小

近年来，湖南省重视茶产业的扶持，出现了一些龙头企业、国家级农业产业化企业，但是，其规模仍难以参与国际竞争，大多只能出口初级产品，深加工、高档产品出口较少。

在农村，茶园仍以农户种植为主，茶园面积小、管理水平低、先进技术难以推广，资金、技术、人力等方面限制与当地其他产业的融合度低，进一步削减了规模化、高档化的推进力度。规模化不只需要资金、基础设施等方面的支持，更需要更新观念，加大人力、智力投入，加强管理水平，一些企业虽然也尝试产业融合发展的路径，但由于这些因素的限制，没有取得令人满意的成果。在以农户为主要原材料（茶鲜叶及初加工产品）供应来源的前提下，深加工企业收购茶鲜叶及初加工产品的渠道不畅，供需信息不能及时、有效地发布，茶产业规模、整体质量难以提升，先进工艺研发、成果推广应用没有足够的资金支持，茶产业升级发展困难。

二、基于产学研一体化的湖南省茶产业融合发展对策

（一）发挥资源优势构建产学研一体化格局

信息、技术、人才、成果转化是湖南省茶产业发展的几个主要瓶颈，茶产业、科研机构、高校（包括职业院校，下同）的密切合作，有利于促进专业人才的培养、技术研发、成果转化、资本流入。

湖南城市学院对产学研一体化有丰富的实践经验，已经与多个国内外高校、企业合作开展产品研发、人才培养。在教学中，利用产学研平台构建情景式教学模式，以学生为中心，把校内外、教学与研究相结合。把学生的实习分为两个阶段，一个阶段集中进行，另一个阶段根据学生自己的情况进入实习基地、企业。学生的毕业设计必须与企业的生产相结合，由学校教师和企业导师共同指导，设计成果必须通过生产实际的检验。通过管理制度和考核内容引导教师参与企业科研项目，创建研发中心，提高教学与科研的结合紧密度，提高教师深入掌握产业发展趋势、参与生产实践的积极性。

茶产品的品质，不但与茶树的鲜叶有关，也受加工工艺、工序的影响，湖南省常德市是全球茶叶生长"黄金带"，在气候、地理位置、土壤等综合作用下，茶叶营养丰富、持嫩性强。当地企业以市场为导向，依托高校技术力量，组建产学研合作组织，开展产品研发、成果转化、技术服务，开发出"灵芽""古洞春"等品牌优质茶叶，带动当地建成国家级出口绿茶优势区域县、三绿

工程茶叶示范县,茶叶产业成为当地支柱产业。湖南省应进一步普及、推广、升级茶产业的产学研一体化,加强农户、企业与高校、科研机构密切联系,把茶园、加工企业纳入高校实习、研究基地,鼓励农户参加高校的信息技术、茶叶种植生产加工、物联网等培训,提高茶产业的技术含量、工艺水平,推动优质产品开发,改善供应链,增加整体利润。

(二)以产学研一体化促进产业融合

茶树种植区域一般自然环境优美,适合于发展旅游业,大片茶树净化了当地的空气,配合含茶健康食品,可以发展饮食、养老、休闲娱乐、农业体验、信息服务等相关产业。因此,以茶叶种植为基础,发展相关产业,可以增加利润,并推动当地基础设施的改善。

(三)与信息产业的融合

我国电子商务技术发展、普及应用迅速,利用网络、智能手机随时随地购物、娱乐、传递信息已成时尚。为了维持销售市场、满足消费者电子购物的需求,越来越多的制造企业开辟了网上销售渠道。但是,一些人认为,网络销售茶叶存在一些弊端,例如消费者不能亲身体验、退换困难、削弱实体店的份额、减少茶叶种植销售环节附加值等。但是,把信息技术与茶叶产业融合,可以聚集网络与实体店的优势,提高销售数量和利润。

消费者去实体店购买茶叶时,要花费出行、机会成本(与出行距离 d、单位距离的成本 t 成正比,可以用 dt 表示),假设茶叶的公认价值为 P_C、实体店销售价格为 P_s,则消费者由实体店购买茶叶获得的效用为:

$$\mu_S = P_C - P_s - dt \tag{1}$$

为了研究方便,可以假设消费者分布在距离销售门店为 1 的直线上,分布密度相同,此时,消费者出行距离可以替代其数量。

同时,消费者经由网络、智能手机等电子渠道购买茶叶时,不能亲身体验,少了外出游逛的乐趣,所以其对于茶叶的接受价值为 αP_C($1 \geq \alpha \geq 0$),销售价格为 P_e。由于网络、智能手机购物花费的时间相对较少,为了研究的方便,在此忽略机会成本。则消费者这时购买茶叶得到的效用为:

$$\mu_e = \alpha P_C - P_e \tag{2}$$

当采用两种渠道的效用相等时:

$$P_C - P_s - dt = \alpha P_C - P_e, \tag{3}$$

此时:

$$\bar{d} = \frac{(1-\alpha)P_C + P_e - P_s}{t} \tag{4}$$

$\bar{d}$ 为达到均衡时的出行距离。

此时，选择传统渠道去实体店购买茶叶的消费者与网上购买的数量相等，但是，由于出行、机会成本的存在，$d > \bar{d}$ 的消费者倾向于选择电子渠道，$d < \bar{d}$ 的消费者倾向于选择实体店，购买总需求可分为两部分：

$$d_s = \frac{(1-\alpha)P_C + P_e - P_s}{t}; \quad d_e = \frac{(1-\alpha)P_C + P_e - P_s}{t}$$

这两者是互相竞争的关系，但是通过信息产业与茶叶种植产业的融合，可以实现两者的互相补充、协作。

当只通过传统门店方式销售时，只有效用 $\mu_S = P_C - P_s - dt > 0$ 时的消费者购买，此时需求量为：

$$Q_s = d = \frac{P_C - P_s}{t} \tag{5}$$

在确定销售价格时，出厂价（P_m）、零售价（P_s）是根据生产商、门店自己的利润最大化制定的，即

$$\max_{P_m} G_m = P_m \cdot \left(\frac{P_C}{P_s} t\right);$$

$$\text{s.t.} \max_{P_m} G_s = (P_s - P_m) \cdot \left(\frac{P_C - P_s}{t}\right) \tag{6}$$

因为是生产商先定出厂价，所以可以采用逆向归纳法得到：

$$P_s^* = \frac{3P_C}{4}, \quad P_m = \frac{P_C}{2}, \quad G_m^* = \frac{P_C^2}{16t}, \quad G_s^* = \frac{P_C^2}{8t}$$

当把信息技术和茶叶种植融合后，电子渠道与传统门店二种方式综合运用，整体利润最大化表示形式为：

$$\max_{P_m^W} G_W = P_S^W \cdot d_S + P_e^W d_e;$$

$$\text{s.t.} \ \alpha P_C - P_e^W \geq 0 \tag{7}$$

用逆向归纳法解得最优价格、利润分别为：

$$P_S^{W*} = \frac{\alpha + 1}{2} P_C, \quad P_e^{W*} = \alpha P_C; \quad G^* = \frac{(1-\alpha)^2 P_C^2 + 4t\alpha P_C}{4t} \tag{8}$$

电子渠道与传统门店结合方式（融合模式）与单独传统门店销售方式利润的差为：

$$G^* - G_s^* - G_m^* = \frac{[4(1-\alpha)^2 - 3]P_C^2}{16t} + \alpha P_C$$

通过上文分析可以得出结论：消费者出行单位距离成本越大，融合方式下的整体利润与传统门店销售方式下的差额越大；消费者对电子渠道接受程度越

大，融合方式下的整体利润越大。

在推广茶叶电子商务销售模式过程中，首先要让农户接受电子商务模式、掌握相关技术。采用产学研一体化的模式有助于解决这个问题：一是高校在茶园建立实训实习基地，师生现场传授电子商务技术，帮助农户解决相关问题，提高师生的动手操作能力和科研水平；二是高校与农户合作建立、维护茶叶电子商务平台，为农户销售茶叶的同时，为师生提供实训实习、科研机会；三是帮助农户改变传统观念，接受网上展示产品、生产流程等信息化营销手段。

（四）与旅游产业融合

农业旅游是农业发展到较高阶段且国民收入达到一定水平后出现的一种新型产业形态，是两者相互渗透和交叉后形成的，以农业活动、景观及参与体验为吸引物，满足消费者增长知识、愉悦身心、休闲等需求，它把原有资源重新进行整合，实现了产业升级和增值。

湖南茶叶种植地区风景优美、气温适宜、空气清新，在我国人民旅游休闲意识逐渐提高的背景下，种茶地区适宜于结合茶叶种植、茶文化等发展采茶体验、观光类旅游产业。上文证明，当购买茶叶的出行机会成本降低的情况下，消费者会提高外出购买茶叶的积极性，在增加茶叶种植、销售单位利润的同时，增加门店销售茶叶的数量，在与旅游结合后，减少了外出成本，提高了旅游的附加值。

但是，茶产业与旅游产业的融合，需要解决资金、管理、旅游路线设计等专业性问题，高校以合建实训实习基地、研发机构的形式，与农户、地方政府进行合作，可以帮助农户解决一些技术难题、开展职业培训，降低所需投入资金的同时，提高一体化合作方的整体成本。

（五）与其他相关产业融合

根据有关文献，我国在以后一段时间内，老龄人口数量会不断增加，到2050年，我国老龄人口将达到3.5亿左右，与老龄人口迅速增加相对应的是老年人休闲等场所需求的增加，喝茶、散步等适合老年人养生，福建茶叶所含成分有保健、营养作用，茶叶种植有利于美化环境、净化空气，结合茶产业发展养老、休闲、文化等产业，可以充分发挥当地自然资源、产业优势，提高整体效益、促进当地产业升级。基于产业融合的供应链优化，使消费者旅游、休闲、购物等需求在供应链内协同完成，既可以降低消费者的成本，又能在茶叶种植地区为消费者提供一站式服务，提高了茶叶种植附加值，延长了消费者购物、休闲的停留时间，在提高消费者满意度的同时，增加了供应链整体利润。

随着我国人均可支配水平的提高、带薪休假制度的普及，乡村旅游的发展机会增加，很多人对于蔬菜、水果种植、采摘等体验活动的热情很高，茶叶种植、加工、品尝体验活动有更大的商业发展机遇，茶叶与旅游、休闲、保健、养老等产业的有机融合有利于增加收益、拓展市场。

但是，茶产业与其他产业的融合，需要解决很多问题，对于资金、技术缺乏的农户来说，难度更大，高校利用人力资源优势，搭建合作平台，促进相关产业的融合是解决这些难题的可行路径。

（六）以产学研一体化促进茶产业与相关产业融合的机理

湖南省茶树种植者大多数是农户，农户的种植、日常管理、初加工水平对于湖南省茶产业具有很大影响。但是，农户种植规模小，应用新技术、与其他产业融合发展的能力弱。高校与农户、企业的合作，为高校师生提供了实训实习、新技术开发、工艺革新场所，也为农户和企业解决了技术培训、研发中的人力、资金等问题。

具体来说，对于高校，可以增加实训实习基地、科研场所，以振兴乡村、增加农民收入、发展生态农业、科技兴农等为主题，申报项目、提高学校的知名度和师生的科研能力。对于农民和企业，可以解决生产、销售、良种培育及普及中技术、资金不足的问题，增加茶产业的经济产出，提高当地经济发展水平。

三、基于产学研一体化的茶叶供应链升级

传统供应链的整合与优化主要是企业之间的协调，通过提高协同效率提高供应链的精益化、敏捷性来提高整体利润，降低成本，增强客户需求响应能力。但是，由于消费者处于供应链之外，供应链对于消费者需求信息的处理能力存在不足，因此，传统供应链是从其内部来进行优化的。

电子商务环境下，消费者成为供应链的起点和终端，提高供应链整体利润的途径包括提高消费者相应速度、减少物流过程中的成本、提高节点企业与消费者之间的协同性。

（一）提高上游的智慧化管理水平

发达国家普遍使用物联网、大数据等现代技术优化农产品供应链。针对我国很多品牌茶叶样本农药残留超标的现状，湖南省应制定茶叶种植、养护标准，采用物联网技术监控种植户农药、化肥使用量。物联网的感知层可以随时报告种植环境中的湿度、温度、各种气体及化学物质的浓度，监控部门收到传感器上传的信息后，可以及时向有关种植户提出整改意见。

同时，种植户也可以根据传感器提供的信息，及时调整灌溉、施肥、除虫

等工作，减少化学制品的使用量，维持茶树的生长环境。

另外，通过大数据收集各种害虫生长特性、化学药品敏感程度，尽量使用生态除虫方法灭虫。

（二）提高供应链的智慧化水平

首先，从茶叶收购环节开始加强分级管理。精加工及销售方应加强茶叶收购时的管理，根据茶叶来源单独包装、储存，采取样本进行农药残留、主要成分检验，根据各方面指标进行分级，并在外包装粘贴包含原材料来源、级别等信息的二维码，方便后续环节中的管理。

其次，在销售包装上粘贴包含原材料产地、茶叶主要营养成本等信息的二维码。在传统产业链模式下，由于鲜茶的易腐性，经常发生茶叶收购者压价的现象，茶农出于利益最大化的动机，倾向于自己加工、出售，但由于加工能力、工艺等方面的限制，产品质量不稳定，主要成分无法准确测量。统一规定在销售时加贴二维码后，可以提高茶农的质量意识，推动精加工企业实行精细化管理，从供应链的上、中游提高产品质量。

（三）提高供应链的信息化水平

1. 供应链节点企业信息共享

在产业融合的基础上，构建以满足消费者需求为最终目的的多行业协同的、以现代信息技术为支撑的供应链，节点企业的业务定位、产品创新、信息获得与反馈都以消费者需求为导向，实现节点企业的信息共享，降低供应链内部成本、提升客户响应速度、增加对茶树种植及采摘环节的技术扶持。

2. 建立产品溯源体系

茶叶含有农药残留、饮料的竞争等因素限制了茶叶的消费数量及价格提升。大多数消费者没有检验茶叶农药残留的条件，即使优质茶叶也有被压价购买的可能，传导到产业链上游，茶农有减少优质茶种植、初加工的可能，进一步减少市场优质茶叶的供应，降低茶叶的整体质量。

建立完善的物联网、大数据系统。在茶园安装物联网系统，采集茶树生长环境、施肥、灭虫、采摘、加工、流通等信息。采摘后封入带有权威机构（政府管理部门或社会信任度较高的协会、合作社等）统一发放的二维码的容器，每一个后续流通环节的信息都录入数据库。消费者购买茶产品时扫描二维码就可以追溯茶产品的种植、加工、流通、存储等信息，增强消费者对茶产品质量、卫生程度、安全性的认可度，提高茶产品的整体信誉度。

3. 健全信息化的质量、安全监督体系

目前，湖南省茶鲜叶的加工主要有农户、企业、合作社三个渠道，加工工艺不一，造成市场上茶产品的安全性、质量水平难以统一监管。政府管理部门应建立基于物联网、大数据的监督体系，从茶树的种植环节就纳入统一监管，并打通消费者了解茶产品原材料、流通环节、种植等重要信息的通道，提高湖南省茶产品的安全、质量可信度。

4. 提高茶鲜叶交易环节的信息透明度

茶鲜叶具有很强的季节性，清明前的气温低、发芽少，芽叶内容物丰富，营养价值高，如果采摘、加工不及时，不但会降低茶叶品质，而且会影响后续鲜叶的生长。鲜叶交易、加工市场信息透明度直接影响茶叶市场。

假设在某地茶鲜叶市场中有 A、B 两个加工者，在鲜叶市场信息透明的情况下，茶农以合理价格 P_α 出售鲜叶时，假设可变成本为 C_v，分摊的固定成本为 F_v，销售数量为 Q，则毛利润为：

$$R_\alpha = (P_\alpha - C_v)Q - F_v \tag{9}$$

但是，如果寻找鲜叶购买者的信息不通畅，就会增加鲜叶腐烂损失 $C(T)$、寻找买方的交易成本 $C'(T)$，甚至最终只好以 $P'_\alpha(P'_\alpha < P_\alpha)$ 成交，这时，茶农的毛利润为：

$$R'_\alpha = (P'_\alpha - C_v)Q - F_v - C(T) - C'(T) \tag{10}$$

很显然，$R_\alpha > R'_\alpha$，且

$$R_\alpha - R'_\alpha = (P_\alpha - P'_\alpha)Q - C(T) - C'(T)$$

Q 值越大，两者的差值越大，当 $R_\alpha - R'_\alpha$ 的差值达到一定程度时，茶农可能会选择购买加工设备自己进行加工，但是，由于工艺、销售渠道、加工能力等方面的限制，加工的产品可能存在质量、销售等问题。因此，在茶鲜叶买卖双方信息不通畅的情况下，会引起茶叶质量、销售数量的下降，甚至部分茶农放弃种植。

因此，政府有关部门应建立茶鲜叶供求信息公开制度，根据市场供需、经济发展、对外贸易、劳动力工资水平等情况做出销售价格预测，引导茶树种植、加工环节的健康运行。

（四）产学研一体化实现茶叶供应链升级的机理

1. 利益共享

高校以人才培养、科研成果为核心工作，但良好的实训实习环境、了解市场需求、人才培养与岗位对接是一个难点，科研成果难以转化。通过产学研一体化平台，实习、实训可以在生产现场进行，甚至贫困生可以获得工资，教师的科研可以与产业发展、市场需求紧密结合，降低了科研成果转化的难度。职业院校还可以得到企业专家的指导，改善人才培养方案、教材、课程标准的质

量。另外，还可以得到企业、地方政府的资金资助，改善办学条件。

科研院所可以通过产学研一体化平台获得市场对新技术、新工艺的需求，提高科研成果转化率，得到更多的资金支持。与生产方的直接合作，可以使科研与生产需求更加密切对接，例如优良品种培育、低毒农药的研制、鲜叶采摘机械的改进等可以在茶园一边实验一边改进，提高了研究效率和成果转化率。

农户和企业可以得到智力支持，特别是农户缺乏引进新技术、改进管理方式的能力，高校学生参与生产、管理，可以以很小的成本提高收益。现代供应链需要掌握的知识和技能越来越多，短期培训很难让农民掌握物联网、大数据技术，高校的加入可以使农户得到长期、低成本甚至免费的技术支持、职业培训。

供应链的智慧化、信息化升级，需要参与主体拥有一定的技术、资金，高校、科研院所的参与可以降低整体成本，提供及时的人力、技术支持。

2. 降低风险

参与各方紧密合作才能保证供应链的高效运行。茶产业供应链的上游有大量设备差、技术不足的农户，他们难以管理，对市场变动、天灾时常消极对待。中游的加工企业对上下游信息获取渠道的能力有限，遇到原材料供应、产品销售市场突然变动等情况比较被动。下游销售方对原材料、加工过程难以知道细节，对销售定价、产品供应数量的确定困难。高校、科研机构的加入可以提高智慧化水平，加强信息平台的管理，及时、准确地向参与各方传递信息，帮助解决日常出现的技术问题，引进物联网、大数据技术，提高供应链的智慧化程度，加工、销售企业可以随时查询原材料、初级产品的来源、生长和管理中的过程，降低了供应链的整体风险。

高校、科研院所与产业的紧密合作，也使人才培养与岗位需求紧密对接、科研项目与市场对接，降低了需求未知的风险。对于职业院校来说，实训实习基地可以安排在农户茶园、企业加工厂，降低资本投入的同时，技能培养与生产同步，也降低了在校学习的技能被生产岗位淘汰的风险。

湖南省在地理位置、资源、历史文化等方面都具有发展茶产业的优势，在振兴乡村、精准扶贫、产业升级的新时代，应加大技术扶持力度，引导职业院校、普通高校及科研机构对茶产业的人力、技术投入，通过现代信息技术、物联网、大数据等优化供应链，实现茶产品的可溯性，以智慧化提高茶产品的安全性、优质化。

第四节 基于产学研一体化的中国畜牧业科技服务创新研究

畜牧业对于中国极其重要,占中国农林牧渔业总产值的近1/3,与"三农"问题的解决关系密切,而且是近14亿人口"菜篮子"的重要组成部分。畜牧业的健康持续发展,可以促进农民增收、改善农村整体环境、加快农业现代化,更有利于国民改善基本生活条件、保证身体健康。畜牧业与我国社会稳定、经济持续发展关系重大。但是,从宏观数据来看,中国畜牧业的发展受到一些阻碍:首先,畜牧业产值增长缓慢,2015年,环比增长0.5%,2017年,环比增长2.1%,远低于种植业、渔业增长速度;其次,畜牧业产品产量波动大,2017年比2016年下降几乎10%;再次,近几年,肉类、奶类产品产量有下降,奶类产品产量分别为3 295.5万吨、3 173.9万吨、3 148.6万吨。在国际竞争加大、劳动成本上升、原材料价格上涨的大背景下,促进中国畜牧业的进一步发展,首先需要解决先进实用技术创新与推广应用问题,其关键是充实技能精湛、具有创新精神和工匠精神的技术人才。

一、中国畜牧技术基层服务体系现状

(一) 一线生产人员素质偏低

在中国,从事畜禽养殖的主体主要有两类:一是农户,二是企业。两种主体中的一线生产人员大多只是掌握基本养殖技能、遵循传统经验,不能满足现代畜牧业生产需要。现代畜牧业与传统养殖有本质区别,随着全球生态环境的恶化,人们对于畜牧生产过程对环境污染的投入越来越多。反刍动物排泄的粪便、产生的甲烷是一个重要的污染源,据统计,当前反刍动物生活中排出的甲烷气体已经占大气所含该气体总量的1/5。在农户分散养殖的传统模式下,畜禽排泄物可以用于农作物种植。目前,由于畜禽产品需求量的增加、人力成本的上升,畜禽养殖集约化、机械化程度越来越高,为了降低产品运输成本,许多养殖场从农村迁移到城镇附近。规模化畜禽饲养、活体加工中的大量排泄物和废弃物造成的污染日益明显,大量畜禽粪便常年堆积,向地下渗透,造成附近土壤中N、P、K、CL等成分严重超标,病原微生物、寄生虫卵大量繁殖,向周围扩散。现代畜牧业要求一线操作人员有基本的养殖知识、技能,具备环保意识、创新精神,掌握基本的生物化学知识。

（二）科技服务体系力量不足

目前，中国农业科技推广体系包括政府拨款的事业单位农业技术推广站、政府设立的科技项目，企业、协会牵头成立的组织、高校（包括职业院校，下同）主导的服务组织等，其中，政府主导、国家省市（地区）县（市）镇（乡）5级农业技术推广站（以下简称推广站）是主要形式，但是，目前已不能满足基本需求。

1. 技术供需脱节

计划经济体制下发展起来的推广站主要职能是按照上级主管部门或政府的统一安排进行科技推广，农户处于被动接受的地位。目前，由于市场的拉动，农户产生寻求新技术的动力，对推广站普及的技术不一定满意。技术推广与自主选择之间的矛盾，在原有机制下无法调和。

2. 技术推广人员水平低

现代技术更新换代迅速，基层畜牧技术的推广需要高素质高技能人才，但基层推广站技术人员大多是大中专毕业，缺乏必要的综合性、多学科知识，创新能力、技术自我改进能力不足，对于急需的新兴学科、交叉及边缘学科知识、技术缺乏了解，不论理论知识还是实践技能都不能满足需求。

3. 技术推广队伍不稳定

基层工作环境艰苦、经费不足、待遇低，许多有能力的技术人员自谋出路，一部分人员由于经费不足被削减。同时，大专以上学历的毕业生不愿到条件艰苦、待遇低的这些部门。这些因素加剧了基层推广站人员不足、技术推广服务能力差的局面。

另外，推广站属于政府拨款公益性机构，体系内技术人员工资、福利待遇大多与职称、职级挂钩，主要任务局限于上级部门安排，与新技术推广数量、效益没有挂钩，主动学习、探索、推广新技术的动力不足。

（三）创新模式尚不成熟

为了弥补传统基层畜牧技术服务体系的不足，一些地区出现了政府牵头设立项目、成立合作或协作组织、农户+企业、高校牵头建立平台等多种新型技术服务模式，但是，这些不成熟的模式在运行中存在很多缺陷。政府牵头的项目运行期间短、发挥作用区域窄且辐射作用有限，区域性畜牧协会经费不足、技术人员缺乏，合作社组织能力差、应对市场变化能力弱、技术服务能力低，高校牵头建立的平台没有引起足够重视、运行保障机制不完善。

在国际竞争加大、对食品安全及质量要求不断提高的背景下，中国畜牧技术基层服务体系应注重供给侧改革，加强对需求的快速反应能力，提高现代技术服务能力。

（四）科技成果转化能力低

畜禽养殖的集约化导致畜禽日常处于恶劣环境，发病率高、成长状态差，影响了肉产品的质量。为了解决这些问题，在发达国家，先进信息技术已经普遍应用于畜牧业。畜禽生活场所安装音频、视频自动采集、分析智能设备，以及采集环境气体浓度、光线强弱、温度、湿度的无线传感器、检测畜禽行为的RFID技术，在不直接接触的情况下，随时随地了解它们的生活环境状况、机体技能状态，提高了畜禽生存质量、降低了药物使用量、减少了发病率和死亡率。但是，这些技术在中国没有得到普遍应用。肉产品中瘦肉精、抗生素等有害物质的含量一直受到中国老百姓的关心，也与国民身体素质直接相关。培育瘦肉率高、抗病力强的品种是解决这一问题的根本办法。

满足国民对高质量畜禽产品需求的途径是养殖中先进技术的研发、推广以及优良品种的培育、普及，但是，技术推广的被动性、农户资金不足、企业成本、基层技术力量弱等限制了先进畜禽技术、优良品种的推广。

二、基于产学研一体化的畜牧技术基层服务体系创新

（一）产学研一体化的概念

从上文可以看出，目前，中国畜牧技术基层服务体系最严重的不足概括为四个方面：人员素质低、经费不足、技术陈旧、机制运行不畅。产学研一体化是产业（包括企业、从事畜牧业的农户等）、高校、科研机构、畜牧业科技服务机构以构建利益共同体的形式，在风险共担、资源整合、利益共享的基础上推进技术研发、人才培养的一种跨行业甚至跨学科的紧密合作形式。

产学研合作始于美国的"特曼式大学"，认为大学不只具有教学功能，还应注重与市场结合，发挥为实业及民众生活服务的功能。这种理念把大学从象牙塔引进经济生活，高等院校与企业、科研机构以创新为目标开展的合作受到重视。经济合作与发展组织认为，在政府引导下，通过产学研合作，可以降低企业由于研发投入不足造成的创新失败。美国是开展产学研合作最早、最普遍、最成功的国家，20世纪70年代以来，美国国家科学基金会相继开展了"大学/工业合作研究中心计划""小企业创新研究计划"等支持措施。以麻省理工学院为例，它以产学研合作的形式使128号公路高技术园区成为发明创造的摇篮，每年为美国经济增加200多亿美元的产值及15万个工作岗位。

（二）以产学研一体化创新中国畜牧业技术服务体系的机理

许多研究者运用三螺旋理论解释产学研一体化的构建与运行机制，他们认

为，在政府的政策、资金扶持引导下，企业、高校（包括职业院校）、科研机构围绕着项目开发、科技创新进行资源整合，可以减少信息传递障碍、集中优势力量取得单方无法取得的效果。产学研一体化的可行性、科学性已经在许多国家，特别是美国、英国等发达国家取得显著的成绩，也证明了产学研一体化在实践中的作用，但是，由于在畜牧业方面的研究和实践不多，我们还需要进行深入探讨。

1. 人才培养创新

产业需求是职业院校人才培养的方向，当前，我国高校普遍是以问卷调查、实地调研等方式了解企业、行业对人才的需求，持续时间短、了解程度浅、信息不全面，人才培养与市场需求时常脱节。产学研一体化下，行业、企业专家与学校保持长期、稳定的合作，甚至行业、企业专家凭借对行业发展的了解、岗位（群）对人才的需求参与学校人才培养方案、课程标准的制定，把岗位标准、知识要求、操作技能标准融合于课程教学要求，结合职业要求制定学生职业资格、技能鉴定参与要求。根据职业标准调整教学内容，根据生产、管理流程中必需的知识、技能改进教学内容，把生产、管理中要求员工达到的标准转化为学生课程考核标准。日常教学中"教学做合一""做中学、学中做"，根据生产、管理环境布置教学环境，在企业岗位练习操作技能、领悟理论知识，在校内实训基地提高动手能力。

产学研一体化下的企业、农户、推广站、高校、科研机构实现了资源共享。高校可以与养殖户、企业、推广站及政府其他部门签订技术支持协议，利用养殖户、企业的设备设施开展实训实习，在进行技术支持的同时，锻炼学生的动手能力，提高实践教学的课时和质量。教师深入生产一线，针对养殖过程中出现的问题开展研究，科研成果与生产实践、市场需求紧密衔接，提高了教师的科研水平，充实了教学资源。产学研一体化是从本质上改善高校人才培养条件，提高人才供需衔接程度。

2. 产业发展模式创新

传统畜牧业以劳动力密集型为主，饲养粗放、科技含量低。在劳动力价格、养殖密度上升的情况下，畜禽肉产品质量、食品安全、环境保护等成为限制产业持续发展的瓶颈。在产学研一体化条件下，畜牧业企业、农户与高校、科研机构签订合作协议，畜牧业企业得到高校、科研机构智力、研究条件的支持，及时、有效解决饲养、疾病防治、污染物处理的能力增强，经济效益、畜禽产品质量得到提升，国民得到高质量的肉产品，农业国际竞争力提升。农户应对养殖技术、品种改良、疾病防治难题时有更好的技术支持，整体效益提升、农民增收、农村生活环境得到进一步保障。

产学研一体化下的集约化养殖，不只是养殖密度的变化，而且是科技含量的变化。养殖场所安装湿度、温度、有害气体浓度传感器，管理者可以随时得知养殖环境的舒适程度，采取及时、有效的调控措施，降低养殖成本、疾病发生率。畜禽疾病预防得到更多的人力、设备设施支持，制定最适宜的疾病预防计划，选用最适宜的防疫措施、设备，降低疾病预防成本，提高畜禽肉产品质量。养殖场除了定期进行污染物监测外，采用科学的生化处理措施，在减少对土壤、空气、地下水污染的同时，畜禽排泄物、宰杀后抛弃物经过发酵、杀菌等科学方法处理后作为肥料等，畜牧业的经济效益得到进一步提高。

3. 科技服务运行机制的创新

在传统农业科技推广模式下，畜禽养殖户、企业以被动接受为主，技术服务人员、经费不足，生产中遇到的问题不能得到及时解决，由于信息传递障碍、科研与生产需要不能紧密衔接，科技成果难以转化。

产学研一体化下的高校、农户、企业、科研机构联系紧密，资源得到共享、信息传递及时准确、科研与生产密切衔接。

首先，服务人员数量、素质得到提升，高校学生以社会实践、实训实习等形式深入养殖户、企业生产一线，帮助开展技术革新、疾病防治、污染治理，结合理论知识推广现代养殖理念、信息化管理。了解市场需求，调整学习、研究方向，以需求为导向开展"学中做、做中学"、践行行知合一，在生产中提高技能、培养职业素养。在互利互赢中扩大技术服务人员队伍。高校、科研机构对养殖户、企业的技术服务是针对需求、与国际先进技术接轨的，在开展服务的同时，新的科研成果在实践中得到检验、进一步优化。

其次，利益分配模式得到创新。在传统体系下，推广人员工资、福利来源于财政拨款，科技服务激励机制不健全，养殖户、企业主要以市场价格购买技术服务，高校、科研机构靠财政拨款、研究成果转让或转化维持运行或得到报酬。产学研一体化模式下，传统利益分配模式被优化、资源整合后取得更高的效益。科技推广机构（主要是前文所说的推广站）的中介功能增强，依靠国家资助的农业技术服务队伍获得基层技术服务需求及畜牧业发展状况，高校、科研机构利用这些信息开展科研、人才培养，并与农户、企业取得联系，建立长期合作关系。高校、科研机构与农户、企业联系密切，学生、技术人员在生产场所协作开展环境优化、饲养技术推广、疾病防治、解决技术问题，学生在工学合一的环境下实践操作能力得到提升，教师在生产一线提高了技能、科研与市场需求联系更加紧密。在这个过程中，高校、科研机构、农户、企业是在互益中合作，而且提高了整体效益。

三、基于产学研一体化的中国畜牧业科技服务创新模式

（一）政府引导、项目拉动型

为了改良品种、提升畜牧业效益，在政府的支持下，高校、企业、科研机构等联合进行的项目开发。例如江苏省畜牧总站牵头立项，扬州大学、江苏京海禽业集团有限公司整合科技人员、实验场所、资金等资源，利用中国黄羽肉鸡，经过近20年筛选育种，打破国外肉鸡品种垄断，培育出肉质好、抗病力强、产蛋多的6个新品系，并建立了良种繁育和标准化生产体系，并在这个过程中，获得国家专利授权26项、发表SCI论文20篇，获得国家科学技术进步奖二等奖。

同时，项目组借助优质肉鸡京海黄鸡新品种建立了网络式服务、推广平台，利用网络进行技术咨询、指导、产品宣传，形成了"服务带动型"畜牧技术推广新模式。

这种模式以政府宏观政策作为引导，高校、企业、科研机构联合申请项目，以一定数量的财政支持为基础，整合参与主体的技术、资金、设备设施等资源，在完成项目的过程中，都获得单独运作无法获得的利益。

江苏省畜牧总站属于畜牧技术推广服务的事业单位，日常工作繁杂，技术力量有限，只能起到牵头、争取财政资金支持的作用，项目完成后，可以在全国进行优良品种推广，获得很大的社会效益。扬州大学虽然有专业知识丰富的教师，但优良品种培育必须涉及生产场所、资金，借助财政支持、企业合作，不但可以开展相关研究，提高教师的研究水平，而且为学生实训实习搭建了平台。企业在合作中获得了技术、研究设备设施的支持，大量参与人员掌握了优良品种培育技能，取得项目开发中的一些专利使用权，增强了核心竞争力。

（二）平台支撑、示范区带动型

在政策、政府资金支持下，一些高校联合科技服务推广机构设立了畜牧技术信息化服务平台，农民养殖户、企业可以通过平台进行技术、市场供需趋势等方面的咨询，由专家进行一对一的解答，需要现场指导时，可以在网上进行预约。

高校在进行科技服务时，直接与市场实现了对接，解决的大多是一些养殖、疾病预防中遇到的问题，提高了理论与实践的对接程度。在帮助解决问题时，宣传最新技术和环保理念，从提高畜禽产品质量、环保、降低疾病发生率等角度推广智慧、绿色养殖，把物联网、循环利用等新技术推荐给农户、企

业，并带领团队现场指导。高校专家通过平台直接提高了畜牧业的经济效益，同时，也收集了大量实践案例，为师生开拓了实训实习基地，推进了理实一体化教学。

同时，对于养殖规模较大的农户、企业设立专门的"示范试验站"，推广站、高校专家在试验站设立了工作站，定期上门进行技术服务、检查养殖场所设备设施运行情况和饲养效果，发现问题及时告知。通过试验站的示范作用，带动了先进技术在周边的推广，扩大了高校、科研机构实践、实验范围，人才培养、经济效益、科研成果转化都取得明显改善。

产学研一体化在完善国家创新体系、提高经济发展方面的作用已经取得世界公认，但在工业、信息技术、新材料等方面开展的项目较多，应用于中国畜牧业科技创新还需要不断探索。在振兴乡村、精准扶贫、绿色环保的大环境下，以产学研一体化解决中国畜牧业人才不足、技术推广问题多等现状是一条有效途径。

第五节　乡村振兴视角下的农村职业教育多元参与研究

党的十九大提出了乡村振兴战略，促进城乡教育统一均衡发展，努力让每个孩子都能享有公平而有质量的教育，争取到2035年，城乡区域发展差距和居民生活水平差距显著缩小，基本公共服务均等化基本实现。但城乡间在生均教育经费、教师水平、升学率、辍学率等方面依然存在很大差异。农村基础设施差、生活条件差、优秀教师少。在当前条件下，尽快提升农村学校教师水平、增加教育资源及设备设施等都是亟待解决的问题。对于农村职业教育来说，资金、资源、教师、设备设施、教育技术等缺乏尤其严重，虽然涉农专业可以因地制宜解决实训、教学场地等问题，但机械、电子等专业都需要大量的实训设施、技术和教师，而这是当前处在农村欠发达地区职业教育无法解决的。

为实现均衡发展、共享新时代建设成果，十九大报告中提出了共享发展的理念。一些农村职业院校以服务社会经济发展为宗旨，以促进就业为导向，转变办学思想，探索办学模式、办学机制的创新，加强了工匠精神教育，满足了教学中实训、实习需要，实现了共享理念下的共同发展。本文从解决我国当前职业院校校企合作难以可持续性发展、农业服务资源不足等实际问题出发，分析了制约校地、校企深度合作的因素，提出了可行的解决路径。旨在进一步促进职业院校与相关产业、社会需要的紧密结合程度，为新时代下的农村发展战略提供更多的急需人才，加快我国职业院校的供给侧改革。

一、推动校企合作的可持续性发展

为了解决学生的实训、实习问题，一些农村职业院校与企业开展了场地、人力资源互补性的合作，我国很多企业操作岗位脏、累，招聘正式员工时的薪酬待遇高，大多数农村职业院校学生来自农村，吃苦耐劳，比较珍惜实训实习机会，短期熟悉后能达到基本操作要求，毕业后可以胜任岗位要求。因此，企业提供实训、实习场地，学校提供人力资源的互补关系暂时建立起来，随着合作关系的稳固，学校参与企业科技攻关、产品开发的机会增加，企业与职业院校的合作意义发生变化，校企合作深入到科研、教材开发等技术含量高的区域，合作互赢的理念提升，合作稳定性增强。在学校、企业互相参与项目、收益增加到一定程度时，双方互相参股意愿增强，改变了学校治理形态，使学校人才培养发生质的变化，学校不再是人才培养的唯一主体，企业也不再是单纯的营利性机构。两者的深入合作不但解决了学校实训、实习、就业等问题，也提高了人才培养的质量，部分学生不但熟悉岗位操作，也具有了创新意识，企业获得一线操作人员的同时也得到了管理、技术等方面的科研、创新支持。

当前，校企合作存在着"一头热"的难题，企业合作培养的毕业生流失、需要的实习生有限，限制了企业与职业院校合作的热情，特别是制造业智能流水线的使用、实习工资的增加，进一步降低了企业对实习生的需求。从根本起因来看，当前，我国大多数职业院校"头疼医头、脚疼医脚"，只看到事情的表面，没有从本质上解决校企合作问题的意识。校企合作中"一头热"问题的根本，是以营利为生存方式的企业，不能从职业院校获得足够的利益。职业院校从根本上解决校企合作"一头热"的问题，可以从以下三个角度出发。

（一）增强学生的工匠精神

对于农村职业院校的学生来说，吃苦耐劳是一大优势，但是，也有一部分独生子女、家庭条件较好的学生不愿意接受脏、累的岗位。大部分学生还存在着责任心不强、学习积极性不高等缺点。为提高企业对实习生的满意度，增强实习、就业竞争力，应重视学生工匠精神教育，以案例、岗位操作规程等教育学生吃苦耐劳、精益求精的重要性。教育形式可以多样化，例如工厂参观、农业生产现场体验、案例教学等。

（二）师生深度参与企业生产

职业院校深度参与企业生产，可以提高教师的技能水平、参与企业技术革新、流程再造等的可行性，增强学生对企业的接受度。具体措施包括以下两点：一是提高教师素质，鼓励教师参与企业技术革新、项目攻关等，给教师一定的时间自主权、在职称评定方面重视教师参与企业科研；二是提高学生对企业的接受度，以企业文化、品牌意识等途径取得学生对企业的认可，鼓励学生参与企业新产品研发、流程优化等项目。

（三）提高企业人才培养发言权

从企业的角度来看，参与校企合作一是可以得到职业院校的科研、技术支持，二是可以获得高素质的毕业生。因此，在人才培养中，给予企业更多的发言权，可以提高企业对校企合作的满意度。具体措施可以从两方面考虑：一是提高企业参与人才培养的权利，以合作编写人才培养方案、教材、实训手册，合建实训室，聘请企业专家担任兼职教师等形式引企入校，提高企业在人才培养方面的发言权，促进毕业生对意向企业的忠诚度；二是探索企业入股学校或合办实体形式，增加企业在学校治理方面的主动权，促进校企合作、产教融合的可持续性发展。

二、促进校地合作

职业院校的服务对象，包括企业、事业单位、政府、个人等，与所在地政府、企业等合作，不但可以改善其发展环境，而且可以增加实习、就业机会。

（一）与当地政府的合作

首先，满足当地政府人才培养需求，提高其对学校的满意度，争取更多的政策、资金支持。响应政府科技扶贫、技术下乡等号召，帮助当地居民解决技术难题。例如，帮助当地农民青贮秸秆，减少秸秆焚烧现象；帮助农忙时期的农民解决机械维修等技术难题。与当地政府长期合作，也可以提高社会知名度，获得社会的支持。

其次，可以帮助当地政府进行专门人才培养，例如退伍军人、事业单位继续教育、下岗工人技能培训、外出务工农民文化知识和技能提高等。这些合作不但解决了政府面临的难题，而且提高了农村职业院校教室、实训室的使用率，扩大了社会影响。

再次，可以充当企业与当地政府的联系纽带，以专项活动为主题，牵引企业与政府合作。例如，以畜禽养殖项目为主题，为畜禽养殖企业提供技术人员、咨询等服务的同时，与当地政府保持联系，了解当地政府对畜禽养殖业的政策指引方向，帮助政府宣传行业发展政策等。

（二）与涉农服务机构合作

当前，农业服务机构既包括国家经费支持的专门机构，也包括农民自发或非营利性机构组织的协会、合作社等，这些组织或机构起着双重作用，一方面积极贯彻执行政府政策、进行农业或农村生产、经营活动监测；另一方面，为农民或涉农企业提供技术咨询、服务，把农民的需求或建议反馈给政府或相关部门。职业院校与这些组织的合作，可以帮助农民、当地政府解决一些农业技术难题，也可以扩大自身的社会影响，争取社会对职业教育的支持。

1. 与协会、合作社等组织合作

当前，很多地区成立了农业协会、农业合作社等民间组织，它们作为企业、社会、政府等与农民沟通的桥梁和中介，有助于传播农业技术、先进的生产理念，以及市场需求和农产品供给等信息。职业院校借助协会、合作社的社会影响力，可以了解农民对于技术咨询、服务的需求，实现精准服务；了解当地农民生活、生产情况，实现精准扶贫。同时，也可以掌握农村种植、养殖中遇到的困难，解决部分学生顶岗实习、实训难题。

2. 与政府职能部门合作

在农村，有隶属于政府的种植、畜牧养殖等专门农业生产管理、技术服务部门，例如农技站、兽医站等，这些机构人员、资源有限，管理、服务覆盖面不足。农村职业院校大量在校生、实习生拥有一定的技术，大部分院校缺乏实习、实训场地和设备设施，职业院校和政府职能部门的合作，可以弥补双方的不足，学生深入农业生产、服务一线，了解农民及涉农行业的需求、提高自身技术熟练程度、发现自身不足，有利于了解人才需求信息、确立未来就业方向。

农村职业院校与政府职能部门的合作，使学生了解到生产、服务一线的工作岗位状况，有利于培养学生踏实工作、精益求精的工匠精神，也使学生了解到我国现代化建设的成果与不足，坚定立足岗位、服务农业和社会发展的意识，有利于他们树立牢固的社会主义核心价值观。

三、小结

综上所述，农村职业院校虽然存在资金、教师、实训实习设备设施等方面的不足，但合作领域、渠道广泛，只要建立广泛的多元参与机制，与政府、地区、协会、企业等保持深入合作，推进产学研一体化，突破学校实体范围限制，把实训实习场所拓展到生产、服务一线，不但可以扩大学校社会影响力、提高学生综合素质、帮助学生就业，而且解决了企业、农村生产服务等主体急需解决的人力、资源不足问题，实现共享理念下的多赢。

第六节　新时代下乡村旅游及其人才培养的多元参与研究

党的十九大报告指出，中国特色社会主义进入新时代，社会主要矛盾是人民日益增长的美好生活需要和不平衡不充分的发展之间的矛盾。当前，我国经济发展已经取得丰硕成果，人民经济生活需求丰富，收入水平与改革开放初期相比较取得很大提高，人民的休闲娱乐、教育、健康等需求大幅增加，乡村旅游迎来发展机遇，但同时，也面临巨大的挑战。在提出乡村振兴战略的同时，党的十九大报告中也提出了共享、绿色、生态等发展理念。乡村旅游作为绿色、生态化的产业，与党中央提出的发展战略相吻合，有利于增加农民收入、改善农村基础设施、促进农业转型发展，是我国解决"三农"问题的有效途径。但是，当前也存在一些发展瓶颈。

党的十九大报告指出，"加快教育现代化，办好人民满意的教育"，当前教育要以社会需求、个人发展需要为基础，在促进就业的同时，提高个人发展能力，为实现自我价值奠定基础。十九大报告也针对职业教育提出了人才培养途径：深化产教融合、校企合作。

在中国实施乡村振兴战略的大环境下，中国的农业职业院校在新时代下面临更大的挑战和机遇。中国农业将向现代化、机械化、高技术含量方向发展，职业院校毕业生掌握先进的技术，就会受到农民、农村地区的欢迎。中国农村经济也将转型发展，传统农产品占主要市场的状况将被改变，具有保健、疾病辅助治疗等作用，有利于生态环境的农产品和种植、养殖技术将有更大的市场，职业院校应加强与农业种植、畜禽养殖业的对接，在改善自身发展环境的同时，推动科技在农业的应用。

职业教育诞生以来，就与企业、行业、社会具有密不可分的联系。职业院校设置的专业是以企业、行业等组织的岗位为基础的，毕业生的技能、知识等必须与岗位操作、管理要求对接。因此，产教融合、校企合作是职业院校生存的基础、发展的必需条件。在具体实施时，很多职业院校探索出自己的途径。

一、中国乡村旅游的现状

乡村旅游是一些农村地区凭借自然资源形成的旅游业，尤其是贫困地区，交通不便，外界干扰少，自然生态、文化景观、人文风情都可以较完整地流传下来，吸引着希望远离城市喧嚣、污染，追求心灵净土的游客。乡村旅游起始于意大利、美国这些经济较发达、乡村人口密度低的国家，在我国推出带薪休假、精准扶贫等政策后，乡村旅游以其休闲、养生、发展地区经济等多重作用引起公众的注意。

但是，实践中发现，贫困人口从参与乡村旅游获得的收益很少，实现乡村旅游扶贫必须以给予贫困人口足够多的扶持为前提。另外，在乡村旅游发展过程中，也出现了很多阻碍其继续发展的问题。

（一）高级生产要素欠缺

乡村旅游生产要素可以分为初级、高级两个层次，前者包括劳动、土地、资本三类：第一类包括脑力、体力劳动者，即直接从事乡村旅游业务的服务人员、管理人员、技术人员等；第二类包括占用的土地及其附属的自然资源（包含所处区域的气候、地理区位条件等）；第三类包含实物、金融资本。后者包括企业家才能、专业技术、信息三类：第一类是指组建、经营管理旅游企业的能力及创新能力，掌握这类能力的主要是指高级旅游人才；第二类是指在供给旅游服务时积累的知识和技巧，以及对其进行的改进；第三类是指旅游服务、经营时与其直接相关的消息、数据等。

当前，我国大部分乡村旅游项目在土地、初级服务及管理人员、自然资源等方面基本能满足游客及未来发展需求，但是高级服务及管理人员、技术、信息等方面存在欠缺，特别是在贫困地区，当地高级人才少，引进难度大，技术引进后，也无法延续。游客虽然对于当地景点、人文、生态景观等方面较满意，但是，没有高质量的服务、技术支持，游客难以长时间停留，造成乡村旅游附加值低、没有持续发展潜力。

另外，高级管理人员的欠缺，也造成乡村旅游的低效率及服务理念的落伍。劳动、资本、信息、技术等生产要素的合理配置，需要管理者富有很高的管理能力，否则，生产要素的整体效率就会降低。我国城镇服务业已经具有现代服务观念，在技术、服务理念方面已经发生根本性变化，乡村旅游的服务保持在原有状态，游客满意度较低，制约了乡村旅游的进一步发展。

（二）初级生产要素配置失衡

在发展初期，我国乡村旅游是以资源比较优势赢得市场，属于资源驱动发展模式，在经营过程中，由于企业家才能的缺少，经营者开发模式单一，只重视资源比较优势的开发，旅游产品单一化。在我国国内乡村旅游处于卖方市场时期，这种发展模式得到维持，初级生产要素过度使用，造成生产要素配置失当的后果。

1. 劳动资源配置不合理

我国乡村旅游在发展过程中，以农民、闲余劳力参与较多，大多数人也认为旅游业只是从事导游、餐饮、住宿等服务，对文化、技术要求不高，在卖方市场下，这种观点影响了很多人，也使乡村旅游处于低层次发展模式。但是，随着旅游市场竞争加剧，特别是国外旅游市场的逐步侵入，我国乡村旅游原有服务内容、质量、理念受到挑战，游客对于旅游区域内的服务满意度下降。例如，乡村旅游要传播的是古老的风土人情、贴近自然的理念，需要导游及服务人员具有很高的文化底蕴，虽然一些文化层次低的服务人员能传播一部分这种理念、文化思想，但是，由于其自身眼界、文化的受限，无法传达当地文化、风土人情的精神实质，降低了乡村旅游的精神内涵。

当然，生产要素的低层次配置，也造成了我国乡村旅游的低层次发展，不能随着市场发展发挥自身优势，发展规划难以与市场发展相一致。

2. 土地资源利用不合理

开展乡村旅游的地区一般土地资源丰富，虽然为了保护旅游景点、古建筑、生态环境等，一部分土地资源不能用作其他用途，但是，前期从乡村旅游受益后，当地居民对乡村旅游产生依赖性，其他产业受到忽视，农业种植技术、种类、机械等没有得到更新，与乡村旅游相关的第一、三产业也没有得到发展，原有农田不能得到进一步开发，甚至处于低效率运营状态。

3. 新技术应用不受重视

由于乡村旅游服务、管理人员处于较低层次，新技术认识、应用能力较低，乡村旅游综合服务能力不能得到本质提升。例如，饮食的科学性、保健性设计，旅游景点、人文景观的内涵性、文化性展现等方面不但需要规划者的文化内涵，更需要现代技术的支撑。此外，旅游产业的发展，不能脱离区域整体经济状况，乡村旅游区域必须利用资源优势，在升级旅游业的同时，促进农业、文化创意产业、旅游产品制造、特色农产品加工、保健食品制造、信息服务、养老教育等产业或行业的融合发展，新技术的引进，是这些产业或行业得到发展的前提。

二、乡村旅游及其人才培养多元参与建议

乡村旅游的升级发展，需要资金、人力、技术、政策等多方面的支持，地方政府应以区域经济转型升级的高度对待其发展，鼓励多方参与，吸引技术、人力资源。

（一）政府的宏观调控与直接参与

很多乡村旅游项目虽然是由当地政府牵头，但不是其独资经营，在具体的经营管理事务中，地方政府应发挥政策引导作用，主要切入点如下：

1. 制定人才流入优惠政策

给予高层次人才住房购买、配偶子女安排、津贴等方面的优惠政策，吸引其参与乡村旅游经营管理、开发，对于经验丰富、业绩良好或做出重大贡献的，可以给予职务职称、企业入股等方面的奖励。

2. 引导行业发展方向

鼓励乡村旅游项目技术升级、服务质量优化，结合区域基础设备设施的升级，鼓励其联合区域其他行业、企业共同改善信息服务、交通服务、新产品开发等项目，引导其与高科技产业、农业、制造业的融合发展。

3. 允许社会资金投入

对于集体、国有乡村旅游项目，允许社会资金入股，甚至在保证环保、景区生态景观不受损害的前提下，可以允许社会资金购买部分设备设施单独经营，优化乡村旅游治理结构，吸引更多的资源投入。

（二）职业院校的积极主动参与

旅游人才的培养，既需要在工作中锻炼，也需要大专院校、高校参与，根据自身需要，与这些学校合作，邀请学校教师实地了解乡村旅游现状、人才需求等，共同编写教材、实训项目，有针对性地让学生掌握乡村旅游所必需的基础知识，为学生顶岗实习、实训安排岗位，让学生做中学，培养自己需要的景区规划、管理、养护等人才。

针对工作表现优秀，但文化知识、操作技能有欠缺的员工，可以通过在职学习或带薪全日学习等方式提高文化知识或专业技能。

（三）与其他产业或行业的融合

开展乡村旅游项目的区域一般土地资源较多、工资水平较低，适宜于发展相关产业，例如特色农业、轻工业、服务业等。

1. 与特色农业的融合

自从改革开放以来，大批农民进城务工，农产品种植、畜禽养殖由于收入低、劳动条件艰苦被逐渐放弃。近年来，随着中国经济的发展、人民收入水平的提高，一些具有保健功能的农产品、畜禽肉类受到青睐，价格高涨。开展乡村旅游的区域土地资源丰富，特色农产品种植、畜禽养殖不但不会影响旅游业，而且可以与旅游业相融合，开拓农业种植、畜禽养殖体验旅游，在旅游区域销售保健食品、饮料等。

2. 与创意文化的融合

很多参与乡村旅游的游客有一定文化素养、艺术底蕴，对于文化景观、产品具有一定的欣赏能力，依据乡村旅游地的人文底蕴开发创意文化产品，开发新的旅游项目、实物产品，可以增加当地收入，发扬当地文化优势，推动当地乡村旅游的升级发展。

3. 与其他产业的融合

旅游产品的宣传、游客的服务，与信息技术已经分不开，在引进信息技术的同时，开发具有自主产权的产品，实现乡村旅游与现代信息技术的融合。

结合当地人文、地理优势，开发教育产品、艺术品等，发动妇女、儿童、老人，制作富有特色的手工艺品。

根据游客需求，提供富有特色的住宿、餐饮、娱乐等服务，利用当地优越的自然环境，开发养老、疗养项目，提高当地资源的利用率和服务能力。

4. 产业融合中技术、人才的引入

在与其他产业、行业融合发展的过程中，技术、人才是首先要解决的问题，一方面，可以与高校、职业院校开展实训、实习、教师培养项目合作；另一方面，可以支持当地员工、农民进修、参加培训，或争取政府政策支持。

中国乡村旅游已经有 30 多年的发展历史，部分乡村旅游项目已经创出品牌，但是，在新时代下，人民的需求从吃穿住玩发展到生态、保健、文化等，为了适应这些变化，中国乡村旅游应多渠道开拓新项目、加强服务升级、重视技术和人才的引进，实现自身升级发展。

第七节 基于产学研一体化的研究项目开发

一、研究背景

我国是一个人口大国，高效的农业关系到国计民生，我国也是一个农业大国，"三农"问题的解决在我国经济、社会发展中占据着重要地位。近年来，随着我国整体经济水平的提高，人们的食品消费观念发生很大变化，绿色、健康农产品的需求增加。与需求增加相对立的是我国生鲜农产品供应链的落后，研究发现，我国生鲜农产品供应链利益主体关系松散、环节多等原因导致了物流成本高、运输时效差、消费者满意度低等后果。近年来，电子商务技术不断完善，在我国的应用不断深入，很多农民都理解了电子商务的益处；智能手机的普及、各种 APP 的广泛应用，都为电子商务在农村的普及提供了条件；共享观念也渗透入越来越多的领域。在需求拉动、条件充足的情况下，我国生鲜农产品供应链的优化已经势在必行。

二、研究目的

分析影响我国生鲜农产品供应链运行效率的主要因素，探讨共享经济下以电子商务为平台，构建供给、消费虚拟社群，优化供应链的方法和途径，为我国生鲜农产品供应链的优化提供借鉴。

三、研究意义

（一）理论意义

共享经济理论在生鲜农产品供应链优化中的应用的研究目前还很少，本研究可以在这方面做出一定贡献；目前，随着经济、社会的发展，电子商务理论在生鲜农产品供应链中的应用需要进一步的探索，共享观念的普及，将促进电子商务在生鲜农产品供应链优化中的作用。

（二）现实意义

20世纪末，我国开始了针对农产品供应链的研究，目前，还需进一步深入研究。农产品供应链的组织结构、经营管理模式一直是研究重点，怎样更好地整合资金流、物流、信息流尤其受到重视。今后，以现代信息技术为手段，利用共享经济理念，集成供应链各个节点的资源，降低供应链成本，为高质量的农产品高效地进入消费领域是我国主要研究方向之一。近年来，随着我国全面小康、振兴乡村等战略的提出，优化生鲜农产品供应链成为亟待解决的问题。在今后一段时期内，这方面的研究和成果应用将受到越来越多的重视。

目前，生鲜农产品的销售、消费依然存在问题，一方面，农民生产的生鲜农产品不能及时销售，甚至被销毁，造成极大浪费；另一方面，城镇居民期待能买到新鲜、放心的农产品。党的十九大提出了振兴农村经济、满足我国人民美好生活需要的号召。优化生鲜农产品供应链，促进农民、企业生产积极性、满足城镇居民需要，是当前急需解决的问题。

"三农"问题亟待解决，促进生鲜农产品的生产、保证其满足我国人民要求得到越来越多的重视，2015年中央1号文件提出要"创新农产品流通方式"，鼓励电商、物流、金融等企业参与农产品供应链。党的十九大提出了振兴农村经济的战略，2018年中央1号文件提出"打造农产品销售公共服务平台""大力建设具有广泛性的促进农村电子商务发展的基础设施，鼓励支持各类市场主体创新发展基于互联网的新型农业产业模式，深入实施电子商务进农村综合示范,加快推进农村流通现代化"等要求,解决农产品的产销信息不畅,特别是生鲜农产品的销售、运输仓储、信息沟通困难等问题,是目前制约生鲜农产品供应链高效运行的瓶颈,也直接影响到农民增收、人们生活需要。

党的十九大报告指出:农业农村农民问题是关系国计民生的根本性问题,必须始终把解决好"三农"问题作为全党工作重中之重。

构建现代农业产业体系、生产体系、经营体系,完善农业支持保护制度,发展多种形式适度规模经营,培育新型农业经营主体,健全农业社会化服务体系,实现小农户和现代农业发展有机衔接。

四、相关研究综述

(一) 共享经济方面的研究

1978年,美国教授马科斯·费尔逊、琼·斯潘思基于满足人们可持续发展需求的角度提出了"共享经济"的概念,应用到商业领域后,打破了传统的商业模式,通过电子商务平台,供需双方可以直接进行沟通,信用等信息更加透明,提高了商品流通效率,由于减少了中间环节,降低了整个供应链中的成本。在社会效益方面,共享经济减小了资源浪费,有利于解决目前环境污染等问题。2010年,美国学者雷切尔·博茨曼提出了互联网下协同消费的理念,他认为,用户可以通过网络论坛、社区分享信息,由此改变文化、经济、消费世界。在共享社会里,陌生人之间可以获得互相之间的信任,使 O2O (Online To Offline) 商业模式更加普遍。

在我国,共享观念虽然出现较晚,但是发展迅速,党的十九大提出:"必须坚定不移贯彻创新、协调、绿色、开放、共享的发展理念。"在经济领域,共享商品、服务、网络平台的商业、公益性行为不断推出,共享经济在我国将有很好的发展空间。

但是,目前,共享理念在我国供应链优化中的应用还很少,专门这方面的研究更少,共享在供应链采购、生产、销售、消费环节中的应用还需要不断发掘。

(二) 电子商务下生鲜农产品供应链的优化研究

我国对生鲜农产品供应链的研究开始于20世纪末,虽然目前这方面的研究很多,但是,由于时间短,研究还不够深入。2012年,刘助忠等提出了电子商务背景下供应链集成的新模式,2013年,甘小冰等在对我国生鲜农产品供应链模式进行分析的基础上,提出借鉴发达国家的经验,引入政府、电商企业合作共建的生鲜农产品供应链模式。也有一些学者认为,我国农产品供应链存在成本高、稳定性差等问题,并从信息透明度、平台建设、提升效率等角度提出了自己的建议。例如,周树华等人认为,在企业资源计划(Enterprise Resource Planning,以下简称"ERP")、公共信息平台基础上,建立生鲜农产品从生产到消费的全程信息跟踪系统,有利于保证生鲜农产品的质量、物流效率及成本、信息透明度等。

国外针对生鲜农产品供应链的研究起始时间较早,20世纪90年代引起国家的重视,一些研究者从模式细分、风险控制等角度提出了优化建议。2005年,拉赫斯等提出,信息共享、沟通、合作、满意度的影响供应链稳定的四个主要因素。从实践的角度来看,大部分发达国家都形成了自己的生鲜农产品供应链模式:日本、韩国等国家运用政府加合作社、农业协会的形式,形成了以农产品批发市场为主的流通渠道;德国、荷兰等国家采用了产销一体化为主的流通模式,例如,荷兰在世界范围内建立了现代化的冷藏、冷冻仓储中心,借助电子信息技术,提供网上信息发布、拍卖、订货等技术支持;美国、加拿大主要采用直销模式,把农产品批量直接送到超市、零售商等处。

总的来看,由于发达国家研究早、信息技术成熟、资金多,在生鲜农产品供应链的优化方面形成了自己的特点,我国在这方面还有待深入研究,加快新技术的推广应用。在电子商务技术成熟、共享理念普遍被接受的背景下,我国应加速生鲜农产品供应链优化方面的研究、应用。

五、主要研究内容及研究重点

(一)主要研究内容

1. 影响我国生鲜农产品供应链的主要因素分析

收集有关文献资料、实践案例,分析我国生鲜农产品供应链在成本、效率等方面存在的不足,探寻影响我国生鲜农产品供应链的关键要素。

2. 生鲜农产品"e+"供应链模型构建

在前期研究的基础上,提出生鲜农产品"e+"供应链模型,并对其运行机制、影响因素进行分析。

3. 分析共享理念对生鲜农产品"e+"供应链的影响

在"e+"供应链模型中引入共享理念因素,分析在这种情况下供应链的优化可能性、具体路径,并提出共享经济下的生鲜农产品"e+"供应链模型。

4. 对共享经济下的生鲜农产品"e+"供应链模型进一步优化

建立共享经济下的生鲜农产品"e+"供应链绩效SCOR-BSC评价体系,

进一步分析影响该供应链的关键因素，并有针对性地提出优化建议。

（二）研究重点

1. 共享经济下的生鲜农产品"e+"供应链模型的构建

引入共享理念、电子商务（e）后，我国生鲜农产品供应链模型的构建；

2. 共享经济下的生鲜农产品"e+"供应链绩效评价体系

引入共享理念、电子商务（e）后，我国生鲜农产品供应链优化的设想是否能够实现，需要建立绩效评价体系进行分析。

（三）技术关键

1. 共享理念、电子商务（e）在哪些方面影响生鲜农产品供应链

2. 共享经济下的生鲜农产品"e+"供应链绩效评价体系的构建

目前，共享经济下的生鲜农产品"e+"供应链相关文献很少，评价体系的构建对于判断生鲜农产品供应链的绩效更加关键。

（四）难点分析

1. 影响我国生鲜农产品供应链绩效的关键因素分析

当前，我国生鲜农产品供应链存在不足之处已经得到共识，但是，具体可以在哪个环节进行优化，以及在共享经济、电子商务背景下，为生鲜农产品供应链的优化提供了哪些条件，需要在大量调研、资料分析的基础上进行确定。

2. 共享经济下的生鲜农产品"e+"供应链及评价体系的构建

目前，共享经济下的生鲜农产品"e+"供应链方面的文献、案例很少，SCOR-BSC 评价体系构建方面的借鉴也很少。

六、研究方法

1. 比较和归纳

目前，研究共享经济背景下新鲜农产品"e+"供应链应用与优化的研究不多，需要从共享经济、电子商务、新鲜农产品供应链等多个角度搜集文献、案例，再进行比较、归纳，为本课题的研究提供借鉴。

2. 定性与定量相结合

在我国生鲜农产品供应链现状、优化及共享经济与电子商务对供应链的影响等方面除了运用定性分析方法外，也采用了定量分析方法，以准确地分析供应链优化后的绩效提升，增强本课题研究结果的说服力。

3. 实证分析

以我国凤阳县、亳州等农业主导地区为例，调研、分析当前我国生鲜农产品供应链的不足之处，探索共享经济理念、电子商务技术的引入对当地生鲜农

产品供应链优化的影响，提供有说服力的理论、实践研究结果。

七、研究创新点

1. 在生鲜农产品供应链优化中引入了共享经济、电子商务因素

从目前检索到的文献资料来看，考虑到共享经济、电子商务这两种因素优化生鲜农产品供应链的文献、案例不多，本课题根据我国当前及未来发展方向，把这两种因素引入生鲜农产品供应链具有一定的前瞻性。

2. SCOR-BSC 评价体系的构建

在评价新鲜农产品供应链的绩效时，把供应链运作参考模型（Supply-Chain Operations Referencemodel，本书中简称为"SCOR"）、平衡计分卡（Balanced Score Card，本书中简称为"BSC"）两种模型综合应用，构建了SCOR-BSC 评价体系，评价结果更准确、更有说服力。

八、研究的基本保障

1. 研究队伍

首先，应包括具有丰富的研究经验、理论知识的人员，进行研究规划、研究过程指导等。

其次，应包括一些有丰富的农村基层、物流业工作经验的人员，提供项目实施过程中所需信息。

再次，应包括一些可以深入生产、服务一线及农村进行数据收集、实地调研的具有一定研究经验和理论知识的人员。

2. 物质条件

首先，应有参与研究的人员所在单位在时间、资金、设备设施等方面的支持。

其次，应得到物流企业、农户等研究对象的支持。

第六章　政府对职业教育产学研一体化的促进作用

由于西方大多数发达国家没有专门的职业教育体系，也就很少有专门针对职业教育产学研一体化的法律法规，中国职业教育的产学研一体化也是近年来才有所研究。因此，本章所做研究虽然不是专门针对职业教育，但也包含职业教育，而且期望能为职业教育提供借鉴。

美国是产学研一体化开展最早的国家，并在理论和实践方面都取得了巨大成功，此后，引起全世界的关注，多国政府采取有力措施加以推动。在产学研一体化运行中，政府既要保护参与主体的利益、减少信息不对称、降低交易成本，又要防止失信、违约、骗取政府支持，防止与政府官员合谋骗取利益等失德、腐败或寻租行为的发生。本章主要从促进参与主体合作、维持合作运行及提高合作效益的角度来对政府的行为进行探讨。根据现有文献和实践案例来看，在产学研一体化的建立、运行中，政府主要起到四方面的作用：一是引导与支持，政府通过优惠政策、设立项目等途径引导企业、学校、科研机构等组织开展合作，甚至为了完成特定任务，政府作为合作者一员直接（设立项目时，政府常间接参与）参与产学研一体化，但这时常以政产学研合作的特例出现；二是保障，通过法律法规、条例等规范参与主体的行为；三是服务，根据具体情况，制定相关政策，并完善服务机构，例如设立扶持基金、完善风险投资监管机制、建立或完善信息沟通平台等。

一、政府的引导与支持作用

在当代，基础研究与应用研究的关系越来越密切，基础科学与技术创新之间的关系从线性模式发展为非线性模式，技术创新经常需要多学科之间的配合。例如，传统的大学与企业之间通常是知识和人才的单向流动，当前这种局面逐渐被打破，企业向大学进行捐赠、项目投资的频率增加。当科技创新能力成为衡量国家竞争力的重要指标时，产业界与高校组成的科学共同体难以承担维持国家科技创新体系运行的职能，对政府在这方面发挥更大作用的要求就日益强烈。

1996年1月，美国国家科学基金会、欧盟等发起的专题研讨会上，一些西方国家的学者提出，应建立"三重螺旋"，即学术界—产业界—政府互相合作的体系，以促进国家创新战略的实施。在世界许多国家，大学科技园、合作研究等都是多方参与的具体形式。当初的硅谷也是一个学术界与产业界成功合作的案例，但在后来的发展中，政府起到越来越多的作用。1994年，美国科学工程与公共政策委员会向联邦政府递交的报告《科学技术和联邦政府：新时代的国家目标》指出，在工业运行、卫生保健、环境保护和军事安全领域，科技创新和国家目标之间的联系越来越密切，国家目标的制定应以国家创新体系的完善为基础，从政府—产业界—学术界之间的合作出发，制定新的政策和制度，实现更大的利益。克林顿政府发布的《科学与国家利益》指出，科学是关系到国家利益的关键性投资，其发展是无尽的，潜在资源也是无尽的，美国不但在基础性研究方面的投资要和国家目标一致，而且联邦主要实验室也应成为基础研究与国家目标之间联系的组成部分。联邦政府应鼓励大学、研究机构和产业界之间建立长期的伙伴关系，造就未来最优秀的科学家、工程师，普遍提高美国人的科技知识水平。

美国虽然以民主自由自居，但是在其科技发展史上，政府的干预起到了重要作用。除了上文所述第一、二次世界大战期间组织大学研制尖端技术武器外，现在我们的日常生活离不开的电话、微波技术、互联网等都是在政府的引导下产生的科技成果。为了引导产学研一体化的形成，美国政府甚至可以创造新的市场机制或改变游戏规则，加强科研成果和技术创新与社会需求的紧密程度。出于国际竞争和国家战略发展的需要，美国联邦政府制订了许多科技计划。例如，美国国家科学基金会推出了材料研究、生命科学技术等大学企业合作的研究计划。通过这些计划的实施，美国高新技术的研发和成果应用处于世界前列，同时，也促进了产学研合作的进一步发展。1990年，美国联邦政府出台先进技术计划，以设立科研项目的形式，向企业及产学研联盟提供科研资金，推动技术研发及转化，同时，资金支持偏重于产学研合作项目。2011年，美国先进制造业伙伴计划在卡耐基梅隆大学启动，成为又一个引导美国联邦政府、大学、制造企业资金投向、人才流动和技术创新方向的平台，也加速了实验室研究成果在先进制造业领域的转化。

英国也非常重视对产学研合作的引领，从1975年开始，启动了一系列促进措施，例如教研公司计划、院校与企业界的合作伙伴计划等。1986年，英国成立工业和高等教育委员会，加大推动企业与高校的合作。1990年，针对工业界创新能力不足的现状，英国政府加大研发投入，颁布《英国的国家创新系统》，鼓励中小企业与高校合作。1993年，《科技白皮书》发表，再次强调政府的主要作用是引领，提倡"让科技产生财富"。2011年，面对全球金融危机、企业研发资金投入减少的形势，《促进增长的创新与研究战略》发布，提倡科技创新，重点关注新兴的智能制造、纳米技术等领域，同时，对高新技术企业采取减免税收的办法，进一步鼓励企业参与产学研合作。在资金扶持方面，英国设立政府专项、奖励及风险技术大学伙伴基金，第一种是由政府管理，采用委托英国研究理事会管理的办法，大部分用于支持知识转移；第二种用于奖励产学研合作开展较好的组织，例如"工业与学术界合作奖"等；第三种主要用来支持大学的科研成果商业化。在中介服务方面，英国有政府、公共服务、私人公司三类中介服务机构。其中，政府中介机构主要是遍布全国的"企业联系办公室"，它们在企业、大学、研究机构之间传递信息，为相互合作提供供需信息；"英国技术集团"是私人中介机构的典型模式，它主要为高校、科研机构等提供技术转移支持和风险投资。英国也重视科技园和企业孵化器的建设，其中剑桥科技园是欧洲最闻名的，科技园与孵化器的互动可以使企业非常便捷地找到需要的科研设备、专业实验室或技术专家。

从中国的角度来看，在计划经济时代，中国政府为了打破"封锁"、确立新中国的世界地位、解决关系国计民生的重大问题，曾组织企业、高校、科研机构协作完成了很多重大项目。20世纪70年代后，改革开放激发了企业活力，国有大中型企业的技术改造、非国有企业的大量出现，催生了对新技术的需求。同时，拨款制度等一系列改革也推动科研机构必须面向市场，开展技术转让、有偿咨询及服务。这种大环境促使中国的产学研合作迅速发展，但宏观政策尚不完善。从1978年开始，在"经济建设过程依靠科学技术，科学技术必须面向经济建设"方针的指导下，一些科技人员开始利用校办工厂研发新产品。1985年，伴随着一系列科技、教育、体制改革决定的出台，高校在保证做好基础研究的基础上，组织大量科技人员面向经济建设需要进行技术开发、推广、转化，并针对特殊项目集中智力、资金等资源开办高科技企业。进入20世纪90年代，随着中国企业参与国际竞争的领域不断拓展，我国对高新技术的需求更为紧迫，中国高校在国家创新体系中的作用日益重要。据统计，近年来，高校获得的国家自然科学奖占总数的60%，承担的863计划项目占总数的1/3，在基础研究方面也取得大量处于国际领先水平的成果。中国高校的主要功能也由教学、科研拓展到发展高新技术为社会服务，并形成多种产学研一体化模式，例如大学科技园、科技开发部、引入风险投资孵化科技成果、设立高新技术企业、组建中国高校科技网等。其中，校办企业在大学科技园的发展中具有重要意义。1992年，中国国家经济贸易委员会、国家教育委员会、中国科学院共同组织实施"产学研联合开发工程"；1994年，原国家教育委员会、国家科学技术委员会、国家体育改革委员会联合发布《关于高等学校发展科技产业的若干意见》，为高校发展高科技产业提出了指导思想、指明了基本原则。此后，高校以科研力量为基础开办高科技企业进入快速发展时期，北大青鸟、清华同方等快速崛起，1995年开始在企业设置博士后工作站。1999年是相关政策密集出台时期，国家先发布《中共中央、国务院关于加强技术创新，发展高科技，实现产业化的决定》，鼓励高校教师和科研人员为高新技术产业从事科技成果的商品化、产业化工作。随着产业界与高校合作在深度、广度上的拓展，双方开始设立合作实体，产学研一体化成为合作较优模式。国家科技部、教育部也联合下发《关于组织开展大学科技园建设试点的通知》，引导大学科技园的建设与发展。1999年年底，全国共有高校校办高科技企业2137家，国家级大学科技园22个，尤以清华大学、上海交通大学科技园较为成功。另外，国务院在这一年正式批复《关于实施科教兴国战略，加快建设中关村科技园区的请示》，要求加快科技园园区建设，发布、实施《国家科学技术奖励条例》，设立最高科学技术奖、技术发明奖等五项奖励。2001年，被誉为"中国诺贝尔奖"的国家最高科学技术奖第一次颁奖，每人奖励500万元。21世纪初以来，中国政府在创新体系建设中的作用越来越重要，在"三重螺旋"中的作用尤为明显。2019年，国务院下发《国家职业教育改革实施方案》，要求"发展以职业需求为导向、以实践能力培养为重点、以产学研用结合为途径的专业学位研究生培养模式""校企共同研究制订人才培养方案""职业院校应当根据自身特点和人才培养需要，主动与具备条件的企业在人才培养、技术创新、就业创业、社会服务、文化传承等方面开展合作""职业院校、应用型本科高校相关专业教师原则上从具有3年以上企业工作经历并具有高职以上学历的人员中公开招聘"，职业教育与企业、产业之间的联系从人才的单向流动发展为合作培养、优势互补、互赢互利。高校和工业实践之间形成螺旋式汇合，这种复杂关系的健康发展越来越需要政府的干预。

产学研一体化参与主体不同，参与动机和目标也有差别，除了以契约进行规范外，政府的直接或间接引导也可以起到一定作用。产学研一体化的目标达成有一定风险，政府可以通过税收优惠、设立风险基金、健全信用体系等形式降低风险、优化环境、提高信息传递效率等，提高产学研一体化的成功率和效益。据调查，学术界参与产学研一体化的积极性远远大于产业界，造成这一现象的主要原因就是政府施加的影响。为了加快科技创新，很多国家或地区的政府极力推动技术创新和相关科研成果的转化,甚至采用资金投入导向的方法,减少对高校的直接投入,引导他们参与产学研合作、面向市场寻求技术开发合作等。①

在经济领域,政府宏观调控的倾向越来越明显,当产学研合作逐渐成熟后,在技术创新、科研成果转化领域,政府也从直接参与逐渐转向引导为主,对于具有良好的市场发展前景和经济利润的产学研合作项目,企业也越来越愿意投入巨额资金。

二、政府的保障与服务作用

产学研的一体化运行,不但涉及现实的经济利益,而且有知识产权的归属、风险的分担、参与者信用的保障等问题,因此,法律法规、条例等成为产学研一体化得以健康运行的有力保障。

1958年,美国国会通过了《中小企业投资法案》,对中小企业的资金投入起到推动作用。正因为很多高科技产业都是从中小企业起步,所以此法案对科技创新起到了间接推动的效果,同时,该法案还从税收、贷款等方面给予小企业以支持。从许多起步于高科技领域的小企业的实际情况来看,这项法案对于解决其发展初期的资金不足问题确实有很大作用。

在出现许多产学研合作成功的案例后,美国联邦政府出台多项法案加大促进力度,如《1980专利和商标修正法案》《联邦科技转化法案》《国家合作研究法》等,这些法案的主要作用不是禁止某些行为,而是为高校、中小企业参与技术创新、转让科研成果、利益分配提供保障。其中,《1980专利和商标修正法案》(下文简称《拜杜法案》)主要处理由政府资助产生的科研成果(主要是专利)的权益分配问题。出于促进科技创新的目的,《拜杜法案》规定,联邦政府资助及合同项下产生的知识产权和科研成果,归项目承担方的高校、非营利组织、企业等所有,但它们必须承担这些成果的商业化义务,同时,这些专利或使用权可以转让,但必须优先转让给美国企业。如果在规定的时间内没有实现商业化,这些成果的产权则归政府所有。对于一些组织内由个人或团体取得的成果,《拜杜法案》规定,发明人有权按一定比例分享成果转让所得。《拜杜法案》彻底改变了政府资助项目专利成果归政府所有的制度,对个人、企业、高校、科研机构等积极参与科技创新起到激励作用,且保证在

---

① Dalaiel Mayer. Effective University – Industry Technoloy Transfer [A]. Canadian conference on electrical and computer engineering. Conference Proceedings, 2004 (2): 743—746.

产学研合作中各方可活动的权益，对调动高校、科研机构人员积极参与科技创新起到很大作用。

《拜杜法案》和《史蒂文森——威德勒技术创新法》及其他相关法律法规使高校参与政府资助项目，更加便利授权以此得到的发明专利，从而带动开发、授权专利企业的兴起，《拜杜法案》尤其注重小企业的参与①。这使高校更加关注专利授权及技术的商业化、衍生产品的生产，高校设立技术开发公司的案例也不断增加。高校衍生企业新设立时并没有竞争优势，不愿也没能力承担研发新技术的风险，《拜杜法案》关于专有授权的规定对于这些新企业具有很大帮助。在这些法案的帮助下，斯坦福大学、麻省理工学院等知名大学取得一系列成功，进一步推动了产学研一体化的发展。

另外，许多高新技术在研发、转化之初存在很大风险，美国联邦政府曾设立风险投资基金，等到大量项目取得成功后，私人、风险投资机构的投入就会不断增加，对产学研一体化的运行起到了很大的促进作用。

在产学研一体化构建和运行过程中，参与主体之间的信息沟通非常重要，但经常存在一些障碍，因此中介服务是很有必要的。中介服务一方面把企业的技术、人才等信息传递给高校、科研机构，另一方面把科研机构、高校的科研成果传递给企业，这种桥梁和纽带作用促进了高校、科研机构的技术创新与市场需求的对接，也有助于提高科研成果的转化效率、降低产学研合作过程中的成本，以及科研成果、专利等的转让、转化成本。

为了促进产学研合作的持续健康发展，中国政府也颁布了《科技进步法》《农业科技成果推广法》《促进科技成果转化法》等，以求完善外部环境、规范参与主体的行为、保护各方合法权益，其中《促进科技成果转化法》是世界上第一部专门针对科技成果转化的法律。

三、政府作用的数学建模分析

虽然许多研究者对产学研一体化成本分摊、收益分配、参与主体的激励等做过一些研究，但能运用于实践的不多，而且职业院校产学研一体化的运行机制、激励机制等仍处于探索中。从收益分配的角度来看，如果分配给职业院校、科研机构的收益比例较小，那么企业会倾向于选择紧密型合作模式，反之

---

① David C. Mowery. Bhaven Sampat University patents and patent policy debates in the USA, 1925—1980 [J]. Industrial and Corporate Change, 2001 (3): 781—814.

则宁愿选择与职业院校、科研机构只进行一次性合作。① 因此，职业院校产学研一体化顺利开展的前提是保证企业获得足够的收益。同时，在合作的不同阶段，主体间收益分配的比例也可能存在差别。在研究与发展阶段，职业院校、科研机构得到的利益分配比例与其投入的贡献程度成正比；在生产和商业化阶段，企业以其成果转化条件和生产上的优势成为主导者，在利益分配上占有主动权。因此，职业院校产学研一体化的促进机制比较复杂，本章将对此开展研究，期望能对政府选择有效的促进手段或职业院校争取政策支持提供借鉴。

为了降低分析的复杂度，本章先把产学研一体化参与主体看作企业、职业院校（因为科研机构通常不是独立法人机构，只是职业院校或企业的一个部门）两个组成部分，借鉴哈瑞斯、泰勒尔等学者的企业团队合作模型，把企业和职业院校在产学研一体化过程中获取的利润函数表示为：

$$P_i(Y_i, h_i) = Y_i - C(h_i) = Y_i - \frac{1}{2}h_i^2 \quad i = e, u \tag{1}$$

其中，Y_e、Y_u 分别代表企业、职业院校通过产学研一体化取得的收益，$C(h_e)$、$C(h_u)$ 分别代表企业、职业院校在产学研一体化中付出的成本，$h_e(0 < h_e < 1)$、$h_u(0 < h_u < 1)$ 分别代表企业、职业院校的最大努力程度。在不考虑其他影响因素的情况下，产学研一体化总利润为两者之和，即

$$P = Y_e - \frac{1}{2}h_e^2 + Y_u - \frac{1}{2}h_u^2 = Y_e + Y_u - \frac{1}{2}h_e^2 - \frac{1}{2}h_u^2 \tag{2}$$

为了进一步简化分析难度，借鉴一些文献的方法，分别用 h_e、h_u 代替 Y_e、Y_u，同时，在产学研一体化中，参与主体的收益与努力程度不是完全成正比，因此分别在 h_e、h_u 前加系数 α、$\beta(0 < \alpha, \beta < 1)$，式2变为：

$$P = \alpha h_e + \beta h_u - \frac{1}{2}h_e^2 - \frac{1}{2}h_u^2 \tag{3}$$

整体利润 P 最大时的前提条件为 $\frac{\partial P}{\partial h_e} = 0$、$\frac{\partial P}{\partial h_u} = 0$，推导出 h_e、h_u 的值分别为：

$$h_e^* = \alpha \tag{4}$$
$$h_u^* = \beta \tag{5}$$

这与产学研一体化下参与主体的总收益与其总的努力程度大致成正比的实际情况相符。为了推进产学研一体化的实施，政府可以针对参与主体采取减少

---

① 梁喜，马春梅. 合作创新与利益分配比例对产学研联盟利润的影响［J］. 科技进步与对策，2015（16）：21—28.

成本（包括预防风险的成本）、给予补贴（增加收益）这两大类激励模式。同时，产学研一体化参与主体在对总收益进行分配时也有多种方式，为了方便分析，本章采用分成合约的形式，即如果职业院校分得的收益为 $s(\alpha h_e + \beta h_u)$ $(0<s<1)$，则企业分得的收益为 $(1-s)(\alpha h_e + \beta h_u)$，即

（一）政府采取降低参与主体成本的措施时的效果

假设政府采取措施后，企业或职业院校的成本降低比率为 η_i（$0<\eta_i<1$，η_u 表示对职业院校的降低成本比例，η_e 表示对企业的降低成本比例），在实施时，可能有三种具体形式：降低职业院校的成本，企业的成本不变；降低企业的成本，职业院校的成本不变；同时降低职业院校、企业的成本。

1. 降低职业院校的成本

如果降低职业院校的成本，则职业院校的利润为：

$$P_u = s(\alpha h_e + \beta h_u) - \frac{1}{2}(1-\eta_u)h_u^2 \tag{6}$$

企业的利润为：

$$P_e = (1-s)(\alpha h_e + \beta h_u) - \frac{1}{2}h_e^2 \tag{7}$$

职业院校、企业的利润达到最大值的前提条件为：

$$\frac{\partial P_u}{\partial h_u} = 0 \tag{8}$$

$$\frac{\partial P_e}{\partial h_e} = 0 \tag{9}$$

此时：

$$\bar{h}'_u = \frac{s\beta}{1-\eta_u} \tag{10}$$

$$\bar{h}'_e = (1-s)\beta \tag{11}$$

把式 4、5 分别与式 12、13 比较：

$$\bar{h}'_u - h_u^* = \frac{s\beta}{1-\eta_u} - \beta = -\frac{\beta[1-s(j)]}{1-\eta_u} \tag{12}$$

$$\bar{h}'_e - h_e^* = (1-s)\beta - \alpha \tag{13}$$

由此可以看出，在政府采取措施降低职业院校的成本时，职业院校付出较小的努力就可以实现自身利润最大化，但不能实现整体利润最大化。企业实际付出的努力与自身得到的利益比例、职业院校实际付出的努力等有关，在 $\beta > \frac{\alpha}{1-s}$ 时，企业需要付出更多的成本才能使自身利润最大化，同时有助于实现整

体利润最大化。

这时产学研一体化的总利润为：

$$P = s(\alpha h_e + \beta h_u) - \frac{1}{2}(1-\eta_u)h_u^2 + (1-s)(\alpha h_e + \beta h_u) - \frac{1}{2}h_e^2$$

$$= \alpha h_e + \beta h_u - \frac{1}{2}(1-\eta_u)h_u^2 - \frac{1}{2}h_e^2 \tag{14}$$

把式 10、11 带入式 14，并求得整体利润最大化时：

$$\bar{s} = \frac{\beta \eta_u}{\beta - \alpha(1-\eta_u)} \tag{15}$$

把式 15 分别代入式 12、13 得：

$$\bar{h}_u' = \frac{s\beta}{1-\eta_u} = \frac{\beta^2 \eta_u}{\beta(1-\eta_u) - \alpha(1-\eta_u)^2} \tag{16}$$

$$\bar{h}_e' = \frac{(\beta - \alpha + \alpha \eta_u - \beta \eta_u)\beta}{\beta - \alpha(1-\eta_u)} \tag{17}$$

在 $\bar{h}_u'$ 达到最大值时：

$$\bar{\eta}_u = \sqrt{\frac{\beta-\alpha}{\alpha}} \tag{18}$$

但实际上政府支持力度不一定能达到，同时，企业的努力程度受到收益分配的影响，也不一定达到最优值。

2. 降低企业的成本

如果降低企业的成本，则企业的利润为：

$$P_e = (1-s)(\alpha h_e + \beta h_u) - \frac{1}{2}(1-\eta_e)h_e^2 \tag{19}$$

职业院校的利润为：

$$P_u = s(\alpha h_e + \beta h_u) - \frac{1}{2}h_u^2 \tag{20}$$

职业院校、企业的利润达到最大值的前提条件为：

$$\frac{\partial P_e}{\partial h_e} = 0 \tag{21}$$

$$\frac{\partial P_u}{\partial h_u} = 0 \tag{22}$$

此时：

$$\bar{h}_e'' = \frac{(1-s)\alpha}{1-\eta_e} \tag{23}$$

$$\bar{h}_u'' = s\beta \tag{24}$$

把式 4、5 分别与式 23、24 比较：

$$\bar{h}''_e - h_e^* = \frac{(1-s)\alpha}{1-\eta_e} - \alpha = \frac{(\eta_e - s)\alpha}{1-\eta_e} \quad (25)$$

$$\bar{h}''_u - h_u^* = s\beta - \beta = (s-1)\beta \quad (26)$$

由此可以看出，在政府采取措施降低企业的成本时，支持力度大于职业院校得到的总收益比率时，企业付出的努力增加才能实现自身利润最大化，同时有助于实现整体利润最大化，反之，企业付出的努力降低就可以达到利润最大化，但没有达到整体利润最大化时的条件。对于职业院校来说，降低付出的努力就可以达到利润最大化，但不能实现整体利润最大化。

这时产学研一体化的总利润为：

$$P = s(\alpha h_e + \beta h_u) - \frac{1}{2}(1-\eta_e)h_e^2 + (1-s)(\alpha h_e + \beta h_u) - \frac{1}{2}h_u^2$$

$$= \alpha h_e + \beta h_u - \frac{1}{2}(1-\eta_e)h_e^2 - \frac{1}{2}h_u^2 \quad (27)$$

把式 23、24 带入式 27，并求得此时达到整体利润最大时的条件：

$$\bar{s} = \frac{\beta^2 - \beta^2 \eta_e}{\beta^2 + \alpha^2 - \beta^2 \eta_e} \quad (28)$$

把式 28 分别代入式 23、24 得：

$$\bar{h}''_e = \frac{\alpha^3}{\beta^2 + \alpha^2 - 2\beta^2 \eta_e - \alpha^2 \eta_e + \beta^2 \eta_e^2} \quad (29)$$

$$\bar{h}'_u = \frac{\beta^3 - \beta^3 \eta_e}{\beta^2 + \alpha^2 - \beta^2 \eta_e} \quad (30)$$

在 $\bar{h}''_e$ 达到最大值时：

$$\bar{\eta}_e = 1 + \frac{\alpha^2}{2\beta^2} \quad (31)$$

$$\bar{\eta}_e = \frac{-\alpha^2 \beta^3}{(\beta^2 + \alpha^2 - \beta^2 \eta_e)^2} \quad (32)$$

由式 31 可知，在政府采取措施降低企业的成本时，企业实际付出的努力不能使产学研一体化利润最大，同时，职业院校付出的努力也不能使产学研一体化利润最大。

3. 同时降低企业和职业院校的成本

降低企业的成本后，其利润为：

$$P_e = (1-s)(\alpha h_e + \beta h_u) - \frac{1}{2}(1-\eta_e)h_e^2 \quad (33)$$

降低职业院校的成本后，其利润为：

$$P_u = s(\alpha h_e + \beta h_u) - \frac{1}{2}(1-\eta_u)h_u^2 \qquad (34)$$

职业院校、企业的利润达到最大值的前提条件为：

$$\frac{\partial P_e}{\partial h_e} = 0 \qquad (35)$$

$$\frac{\partial P_u}{\partial h_u} = 0 \qquad (36)$$

此时：

$$\bar{h}_e'' = \frac{(1-s)\alpha}{1-\eta_e} \qquad (37)$$

$$\bar{h}_u'' = \frac{s\beta}{1-\eta_u} \qquad (38)$$

把式 4、5 分别与式 37、38 比较：

$$\bar{h}_e'' - h_e^* = \frac{(1-s)\alpha}{1-\eta_e} - \alpha = \frac{(\eta_e - s)\alpha}{1-\eta_e} \qquad (39)$$

$$\bar{h}_u'' - h_u^* = \frac{s\beta}{1-\eta_u} - \beta = \frac{\beta(s+\eta_u-1)}{1-\eta_u} \qquad (40)$$

由此可以看出，在政府采取措施降低企业的成本时，支持力度大于职业院校得到的总收益比率时，企业付出的努力增加才能实现自身利润最大化，同时有助于实现整体利润最大化，反之，企业付出的努力降低就可以达到利润最大化，但没有达到整体利润最大化时的条件。政府同时采取措施降低职业院校的成本时，如果支持力度、职业院校所得收益占总收益的比例之和大于1，其努力程度增加才能实现整体利润最大化，反之，虽可以实现自身利润最大化，但不能实现整体利润最大化。

这时产学研一体化的总利润为：

$$P = s(\alpha h_e + \beta h_u) - \frac{1}{2}(1-\eta_e)h_e^2 + (1-s)(\alpha h_e + \beta h_u) - \frac{1}{2}(1-\eta_u)h_u^2$$

$$= \alpha h_e + \beta h_u - \frac{1}{2}(1-\eta_e)h_e^2 - \frac{1}{2}(1-\eta_u)h_u^2 \qquad (41)$$

把式 37、38 带入式 41，并求得此时达到整体利润最大时的条件：

$$\bar{s} = \frac{\beta^2(1-\eta_u)(1-\eta_e)}{\alpha^2(1-\eta_u) + \beta^2(1-\eta_e)} \qquad (42)$$

把式 42 分别代入式 37、38 得：

$$\bar{h}_e'' = \frac{\alpha^2(1-\eta_u)+\beta^2\eta_u(1-\eta_e)}{\alpha(1-\eta_u)(1-\eta_e)+\beta^2(1-\eta_e)} \tag{43}$$

$$\bar{h}_u' = \frac{\beta^3(1-\eta_e)}{\alpha^2(1-\eta_u)+\beta^2(1-\eta_e)} \tag{44}$$

从式43、44可知，在政府采用降低职业院校、企业成本的措施时，两者都要付出更大的努力才能使整体利润更大。

（二）政府采取增加参与主体收益的政策时的效果

政府采取措施增加产学研一体化参与主体的收益，企业的收益提升到$(1+\lambda_e)\alpha h_e(0<\lambda_e<1)$，职业院校的收益提升到$(1+\lambda_u)\beta h_u(0<\lambda_u<1)$。在对产学研一体化整体收益进行分配时，仍采用合约的形式，职业院校分得的比例为$s(0<s<1)$，企业分得的比例为$(1-s)$。具体增加收益的方式也有三种：提高企业的收益、提高职业院校的收益、同时提高企业和职业院校的收益。

1. 提高企业的收益

当政府采取措施提高企业的收益时，职业院校的利润为：

$$P_u = s[\alpha(1+\lambda_e)h_e+\beta h_u]-\frac{1}{2}h_u^2 \tag{45}$$

企业的利润为：

$$P_e = (1-s)[\alpha(1+\lambda_e)h_e+\beta h_u]-\frac{1}{2}h_e^2 \tag{46}$$

职业院校、企业的利润达到最大的前提条件分别为：

$$\bar{h}_u = s\beta \tag{47}$$

$$\bar{h}_e = \alpha(1-s)(1+\lambda_e) \tag{48}$$

把式47、48带入总利润公式$P=\alpha(1+\lambda_e)h_e+\beta h_u-\frac{1}{2}h_e^2-\frac{1}{2}h_u^2$，并求得总利润最大化时的$s$值为：

$$\bar{s} = \frac{\beta^2}{\alpha^2(1+\lambda_e)^2+\beta^2} \tag{49}$$

把式49分别带入式47、48得：

$$\bar{h}_u = \frac{\beta^3}{\alpha^2(1+\lambda_e)^2+\beta^2} \tag{50}$$

$$\bar{h}_e = \frac{\alpha^3(1+\lambda_e)^3}{\alpha^2(1+\lambda_e)^2+\beta^2} \tag{51}$$

把式50、51分别与式5、4比较得：

$$\overline{h}_u - h_u^* = \frac{\beta^3}{\alpha^2(1+\lambda_e)^2+\beta^2} - \beta = \frac{\alpha^2(1+\lambda_e)^2}{\alpha^2(1+\lambda_e)^2+\beta^2} \tag{52}$$

$$\overline{h}_e - h_e^* = \frac{\alpha^3(1+\lambda_e)^3}{\alpha^2(1+\lambda_e)^2+\beta^2} - \alpha = \frac{\alpha^3(1+\lambda_e)^2 - \alpha\beta^2}{\alpha^2(1+\lambda_e)^2+\beta^2} \tag{53}$$

因此，此时职业院校、企业需付出更大的努力才能达到整体利润最大化，但整体利润最大值增加。

2. 提高职业院校的收益

当政府采取措施提高职业院校的收益时，职业院校的利润为：

$$P_u = s[\alpha h_e + \beta(1+\lambda_u)h_u] - \frac{1}{2}h_u^2 \tag{54}$$

企业的利润为：

$$P_e = (1-s)[\alpha h_e + \beta(1+\lambda_u)h_u] - \frac{1}{2}h_e^2 \tag{55}$$

职业院校、企业的利润达到最大的前提条件分别为：

$$\overline{h}_u = s\beta(1+\lambda_u) \tag{56}$$

$$\overline{h}_e = \alpha(1-s) \tag{57}$$

把式 56、57 带入总利润公式 $P = \alpha h_e + \beta(1+\lambda_u)h_u - \frac{1}{2}h_e^2 - \frac{1}{2}h_u^2$，并求得总利润最大化时的 s 值为：

$$\overline{s} = \frac{\beta^2(1+\lambda_u)^2}{\alpha^2+\beta^2(1+\lambda_u)^2} \tag{58}$$

把式 58 分别带入式 56、57 得：

$$\overline{h}_u = \frac{\beta^3(1+\lambda_u)^3}{\alpha^2+\beta^2(1+\lambda_u)^2} \tag{59}$$

$$\overline{h}_e = \frac{\alpha^3}{\alpha^2+\beta^2(1+\lambda_u)^2} \tag{60}$$

把式 59、60 分别与式 5、4 比较得：

$$\overline{h}_u - h_u^* = \frac{\beta^3(1+\lambda_u)^3}{\alpha^2+\beta^2(1+\lambda_u)^2} - \beta = \frac{\beta^3\lambda_u(1+\lambda_u)^2 - \alpha^2\beta}{\alpha^2+\beta^2(1+\lambda_u)^2} \tag{61}$$

$$\overline{h}_e - h_e^* = \frac{\alpha^3}{\alpha^2+\beta^2(1+\lambda_u)^2} - \alpha = \frac{-\alpha\beta^2(1+\lambda_u)^2}{\alpha^2+\beta^2(1+\lambda_u)^2} \tag{62}$$

因此，此时职业院校付出较小的努力即可达到整体利润最大化，且整体利润最大值增加。

3. 同时提高职业院校和企业的收益

当政府采取措施同时提高职业院校和企业两方的收益时，职业院校的利润为：

$$P_u = s[\alpha(1+\lambda_e)h_e + \beta(1+\lambda_u)h_u] - \frac{1}{2}h_u^2 \tag{63}$$

企业的利润为：

$$P_e = (1-s)[\alpha(1+\lambda_e)h_e + \beta(1+\lambda_u)h_u] - \frac{1}{2}h_e^2 \tag{64}$$

职业院校、企业的利润达到最大的前提条件分别为：

$$\bar{h}_u = s\beta(1+\lambda_u) \tag{65}$$

$$\bar{h}_e = \alpha(1-s)(1+\lambda_e) \tag{66}$$

把式 65、66 带入总利润公式 $P = \alpha(1+\lambda_e)h_e + \beta h_u - \frac{1}{2}h_e^2 - \frac{1}{2}h_u^2$，并求得总利润最大化时的 s 值为：

$$\bar{s} = \frac{\beta^2(1+\lambda_u)}{\alpha^2(1+\lambda_e)^2 + \beta^2(1+\lambda_u)^2} \tag{67}$$

把式 67 分别带入式 65、66 得：

$$\bar{h}_u = \frac{\beta^3(1+\lambda_u)^2}{\alpha^2(1+\lambda_e)^2 + \beta^2(1+\lambda_u)^2} \tag{68}$$

$$\bar{h}_e = \frac{\alpha^3(1+\lambda_e)^3 + \alpha\beta^2\lambda_u(1+\lambda_e)(1+\lambda_u)}{\alpha^2(1+\lambda_e)^2 + \beta^2(1+\lambda_u)^2} \tag{69}$$

把式 68、69 分别与式 5、4 比较得：

$$\bar{h}_u - h_u^* = \frac{\beta^3(1+\lambda_u)^2}{\alpha^2(1+\lambda_e)^2 + \beta^2(1+\lambda_u)^2} - \beta = \frac{-\alpha^2\beta(1+\lambda_e)^2}{\alpha^2(1+\lambda_e)^2 + \beta^2(1+\lambda_u)^2} \tag{70}$$

$$\bar{h}_e - h_e^* = \frac{\alpha^3(1+\lambda_e)^3 + \alpha\beta^2\lambda_u(1+\lambda_e)(1+\lambda_u)}{\alpha^2(1+\lambda_e)^2 + \beta^2(1+\lambda_u)^2} - \alpha$$

$$= \frac{\alpha^3\lambda_e(1+\lambda_e)^2 + \alpha\beta^2(\lambda_e\lambda_u - 1)(1+\lambda_u)}{\alpha^2(1+\lambda_e)^2 + \beta^2(1+\lambda_u)^2} \tag{71}$$

因此，此时职业院校付出较小的努力就能达到整体利润最大化，但企业需要付出的努力具有不确定性。

（三）结论与建议

通过以上分析可以看出，不管政府采取哪一种措施，都不能同时促进职业院校和企业的努力程度以提高产学研一体化的整体收益。当政府采取措施降低职业院校成本时，职业院校以较小的成本就可以实现自身利润最大化，但不能达到整体利润最大化；当政府采取措施降低企业成本时，企业要以自身能取得的总利润比例来确定投入多大努力；当政府采取措施同时降低职业院校、企业成本时，双方也要根据自身能取得的整体利润大小决定自身的努力程度。当政府采取措施增加企业收益时，职业院校、企业需要付出更大的努力以实现整体利润增加；当政府采取措施增加职业院校收益时，职业院校付出较小的努力就可以实现自身利润和整体利润的最大化；当政府采取措施同时增加职业院校、企业的收益时，职业院校付出较小的努力就可以实现整体利润最大化，但企业付出的努力程度具有不确定性，其付出努力的大小会影响整体利润。因此，政府在采取措施促进产学研一体化的发展时，应根据产学研一体化参与主体的市场优势、双方分配收益的方式、外界环境等综合考虑采取的措施，具体建议如下：

1. 各级政府政策具有互补作用

近年来，我国从中央到省市政府及相关部门发布了多项政策促进职业院校校企合作、产教融合，在政策制定主体决定采取措施时，应分析政策之间的互补作用，例如中央政府制定的政策有助于企业参与产学研一体化时投入的成本，下级政府在采取配套措施及制定相关政策时，可以从增加企业的收益等角度出发，具体可以为税收优惠与财政补贴相结合、土地价格优惠与资金贷款利息补贴相结合等。

2. 建立完善的服务、保障体系

首先，应完善信息发布、沟通平台，为企业、职业院校、科研机构等发布技术需求、科研成果转化等信息构建安全、真实的平台，既要保证需求方能方便、快捷地获得有关信息，又要避免各方的商业机密、研究成果等被非法泄露或在商业领域非法使用。

其次，应保证政策的连续性，产学研一体化持续时间较长，企业、职业院校等参与主体通常要进行较长时间的资源投入，获取利益也是一个渐进的过程，因此，应避免相关政策发生前后矛盾的变动，给参与主体造成损失。

再次，应健全相关信用体系，在保证信息披露不会损害企业、职业院校合法权益的前提下，为产学研一体化参与主体提供合作方全面、详细的信息，降低合同签订、风险防范等的成本。

3. 分别针对企业、职业院校制定有效政策

首先，企业、职业院校的性质不同，制定降低成本、增加收益等政策时，应考虑两者的实际影响，例如给予企业税收优惠可以降低企业生产经营中的成本，提高企业在生产阶段的积极性，但是，对产品研发、人才培养的积极性影

响有限。

其次,企业、职业院校员工的利益点不同,企业员工主要从销售产品获益,职业院校教师可以从职称晋升、项目申报等方面获益,职业院校和企业在产学研一体化运行中的关注重点可能有所不同。因此,政府在制定政策时,应统筹考虑,例如在制定职业院校教师职称评审政策时,不能只关注教师是否参与校企合作、科研成果转化,还要联系其发挥作用、取得效益的大小等方面综合考虑。

第七章 职业教育产教融合发展瓶颈的突破口——产学研一体化

近年来,为了促进经济增长,许多发达国家开始实施再工业化战略,又一次掀起制造业竞争的热潮。但是,当今的制造业已经不是单纯追求规模化、标准化的大生产,在信息技术飞速发展的基础上,个性化、智能化制造将成为新的竞争热点。首先,通过大数据技术搜集市场信息,分析消费者对产品功能、外形设计的喜好等信息,帮助企业对产品生产种类、数量等进行预测。其次,在生产环节,改变传统的"原材料—零配件—组装"生产流程,在智能化设备的协助下,直接通过3D技术把原材料加工成产品或所需的模块。再次,在3D等技术成熟后,传统的"集中生产,全球分销"模式不再具有优势,"快速反应,个性设计,分散生产,就地销售"将普遍应用。传统生产流水线需要的是大量掌握机器操作技能的人才,在未来的生产模式下,需要的是懂现代信息技术、具有创新能力的高素质技能人才,我国职业教育的传统育人模式和观念正在面临巨大挑战。首先,未来的智能制造要求一线操作工人也要有创新能力,先进技术的不断出现、运用,要求操作工人能适应操作岗位的不断变化,能正确理解操作指令;其次,当前我国职业教育人才培养受专业划分束缚,毕业生知识面窄、技能单一、拓展能力弱,无法满足未来智能制造的要求。欧美发达国家的成功经验证明,产教融合是培养创新型高素质技能人才的有效模式,近年来,我国也在不断推进职业教育产教融合的实施。

一、中国职业教育产教融合的发展历程

(一)厂校结合阶段

鸦片战争使清政府认识到落后就要挨打,加快了中国近代民族工业的发展,1860年,中国的船舶修理厂、修造厂达到25家;1866年,左宗棠创办以培养造船、船舶驾驶技能人才为主要目标的"求是堂艺局",依托船厂开展校厂一体化办学,除了学习理论知识,学生也要在工厂熟悉种种轮机和工具的实

际细节①。民用工业在军事工业的带动下迅速发展，需要大量懂机器操作、维修技术的技术人员，导致依附实业公司或企业的实业教育兴起，但这时的中国职业教育对实业的依赖性较强，对学生的培养以技术技能为主，忽视普通教育的内容。民国时期，职业学校开始游离企业，自办校内实验室、工场、农场成为发展趋势，例如，1918年成立的中华职业学校为了保证学生的实习时间，自设多种工场。

新中国建立后，行业企业成为职业教育的主力军，1950年，周恩来在全国高等教育会议中指出：为了便于联系实际，适应建设的需要，由企业部门举办短期训练班或专科学校是必要的、合理的。在计划经济下，中等技术学校和技工学校要按照行业企业需要设置专业，按照行业企业技术要求设计教学内容，专业课兼职教师要由行业企业主管部门指定的技术人员担任。1958年，毛泽东起草的《工作方法十六条（草案）》指出："一切中等技术学校和技工学校，凡是可能的，一律试办工厂或者农场，进行生产，做到自给或者半自给。学生实行半工半读。"50年代到80年代中期，半工半读成为职业教育校企合作的主要方式，校办工厂在全国各地涌现。

（二）产教结合阶段

1986年，中国全民所有制企业改革启动，大量企业转为自主经营、自负盈亏，企业参与职业教育的意识减退。1991年，《国务院关于大力发展职业技术教育的决定》（国发〔1991〕55号）指出："各类职业技术学校和培训中心，应根据教学需要和所具有的条件，积极发展校办产业，办好生产实习基地。提倡产教结合，工学结合。"此后，《中共中央国务院关于深化教育改革全面推进素质教育的决定》（中发〔1999〕9号）等文件进一步确立了中国职业教育产教结合、校企合作的办学模式。2002年，根据《关于进一步推进国有企业分离办社会职能工作的意见》（国经贸企改〔2002〕267号），大部分行业院校与行业主管部门分离交由地方政府管理，职业教育面临校企合作新形势。2002年，《国务院关于大力推进职业教育改革与发展的决定》要求企业积极参与职业教育，提倡多种形式联合办学。但由于当前中国的企业和职业教育之间存在利益、经营目的等方面的差异，校企合作的深度、形式无法满足高素质技能人才培养的要求。2004年之后，为了缓解校企合作"一头热"的尴尬局面，促进产教结合、校企合作的文件接连出台，内容也更加具体。例如，2004年9月发布的《教育部等七部门关于进一步加强职业教育工作的若干意

---

① 孙培青. 中国教育史 [M]. 上海：华东师范大学出版社，2003：298.

见》（教职成〔2004〕12号）提出："鼓励行业企业与职业学校实行合作办学，建立行业职业教育咨询、协调机制。"2005年发布的《国务院关于大力发展职业教育的规定》（国发〔2005〕35号）提出"促进职业教育教学与生产实践、技术推广、社会服务紧密结合"的要求。2009年，教育部发布的《关于加快推进职业教育集团化办学的若干意见》提出，健全职业教育集团化办学运行机制，强化产教融合、校企合作，以"利益链"为纽带，促进校企双赢发展，建设产学研一体化研发中心等要求。至此，产教结合逐步向产教融合发展，产业、专业、企业互相促进发展的"产学研"三位一体也成为促进产教融合的一种途径引起重视。

（三）产教融合阶段

2010年以来，推进、深化产教融合成为职业教育研究主题。2010年6月，中共中央政治局审议并通过《国家中长期教育改革和发展规划纲要（2010—2020年）》，要求职业院校与企业共同培养"双师型"教师，探索"学历教育+企业实训"的教师培养方式，给予职业院校更多的用人自主权，可以聘任企业管理人员、技术人员、能工巧匠等担任专兼职教师。2013年，十八届三中全会通过的《关于全面深化改革若干重大问题的决定》提出，加强职业教育"双师型"队伍建设，是产教融合政策的重中之重。2014年，国务院发布的《关于加快发展现代职业教育的决定》（国发〔2014〕19号）要求："研究制定促进校企合作办学有关法规和激励政策，深化产教融合，鼓励行业和企业举办或参与举办职业教育，发挥企业重要办学主体作用。"重新确立了企业在职业教育中的主体作用。2015年5月，国务院印发《中国制造2025》，在打造制造强国方面，从顶层设计的高度提出产教融合的职业教育发展战略。2015年7月，教育部发布的《教育部关于深化职业教育教学改革全面提高人才培养质量的若干意见》（教职成〔2015〕6号）提出，以"深化校企协同育人""强化行业对教育教学的指导""推进专业教学紧贴技术进步和生产实际""有效开展实践性教学"为主要内容推进产教深度融合，在产教融合具体形式、内容方面指明方向。2016年12月，中共中央印发《关于深化人才发展体制机制改革的意见》（中发〔2016〕9号），要求"创新人才教育培养模式""建立产教融合、校企合作的技术技能人才培养模式"，教育部、人力资源和社会保障部、工业和信息化部联合发布《制造业人才发展规划指南》，提出从"鼓励行业企业参与人才培养""发挥企业在职业教育中的重要办学主体作用""推进职业教育集团化办学""加快产学研用联盟建设"四个方面加快实现产业和教育深度融合，从共建实训基地、"双师型"教师培养、教师专业技能示范培训基地建设、产学研用一体化创新团队建设等方面打造制造业与教育融合发展工程。加强产教融合、校企合作的要求越来越迫切,实施办法、实践路径越来越具体。

至此,对于职业教育产教融合方面的要求都是在文件政策中作为一个方面提出,2017年12月,国务院办公厅印发《关于深化产教融合的若干意见》(国办发〔2017〕95号),要求"促进教育链、人才链与产业链、创新链有机衔接",从"构建教育和产业统筹融合发展格局""强化企业重要主体作用""推进产教融合人才培养改革""促进产教供需双向对接""完善政策支持体系"等几个方面进一步推进产教深度融合。产教融合成为推进人力资源供给侧结构性改革、新形势下全面提高教育质量的发力点。2019年11月,教育部办公厅等十四部门联合印发《职业院校全面开展职业培训促进就业创业行动计划》,提出"支持职业院校敞开校门,面向社会广泛开展培训,推动学历教育与培训相互融合、相互促进","加强部门之间统筹协同、产教之间融合联动,形成共同推进职业培训工作合力"。强调职业院校和产业之间的互相融合,对产教融合的顶层设计更加明确、更加深入。

目前,江苏省教育厅联合发展和改革委员会定期开展职业学校专业结构和产业结构吻合度调查,根据分析结果发布吻合度预警,提高职业院校产教融合意识,引导其根据产业转型发展、区域经济发展需要科学地调整专业布局、优化专业结构,推进专业建设的规范化、品牌化、特色化。

当前,我们必须明确,产教融合不只是企业、行业单方面参与职业教育、职业培训,职业院校也要深入企业、行业一线,参与新产品研发设计、工艺流程重组、新技术研发等行业发展尖端领域,否则,产教融合"一头热"的弊端无法根本消除。因此,深化引企入校、提高人才培养质量的同时,职业院校也应提高自身研发能力,在推进行业发展、帮助企业参与市场竞争中直接发挥更多的作用。

二、当前中国职业教育产教深度融合的瓶颈

近年来,虽然中国政府已经加大对职业教育产教融合的促进力度,但目前仍存在着企业参与积极性不高、职业院校参与深度不够等现象,其原因主要有以下几点:

(一)制度仍不完善

中国职业教育起步晚,过去长期以行业办学为主,行业与职业教育脱离后,如何重新建立完善的合作制度体系需要一定时间的探索、尝试、完善,尤

其在激励机制、信用管理、法律法规建设方面难以在短时间内完善。在激励机制方面，需要推动行业、企业，特别是处于领先地位的企业积极参与，形成先进技术、管理观念的扩散机制。但当前企业无法从产教融合获得足够的利益，即使制定一些政策强制企业参与，其效果也难以令人满意。在信用管理方面，中国尚未建立完善的产教融合信用体系，没有可供公众查询的企业、职业院校、学生等参与校企合作的信用平台，参与产教融合、校企合作过程中即使出现失信行为，也难以从道德、社会信用等方面给予处罚。例如，"订单"式培养的学生毕业后违反约定自行寻找工作、参与产教融合的企业中途退出等。另外，企业、行业、职业院校在产教融合过程中也难以有准确的责任、权益划分，这也是难以完善信用管理体系的主要原因之一。在法律法规建设方面，虽然早在1996年就颁布、实施了《中华人民共和国职业教育法》，但仍未建立完善的法律体系，难以在推进产教融合方面发挥应有的作用。例如，对于企业、职业院校参与产教融合时的具体责任及没有承担责任时的追责、处罚措施等方面没有详细的规定。特别是地方性法规、实施细则严重欠缺，产教融合参与主体的权益得不到应有的保障。

（二）地方政府推力不足

作为政策制定者、运行过程的组织者和运行秩序监督者，地方政府在职业教育产教融合推动中扮演着至关重要的角色。但目前，地方政府在推动职业教育产教融合方面还有很多疏漏之处。首先，地方政府在制定激励政策时，一般是被动地遵从上级文件，不能从本地实际情况出发采取有效、有针对性的措施。例如，有的地区较发达，先进制造业、现代物流业、国际性金融业企业较多，地方政府应鼓励职业院校与这些处于行业领先地位的企业积极合作，促进职业院校面向未来、面向世界培养可以应对国际竞争的人才，而不只是传统行业的一线操作工人。其次，缺乏区域性产教融合交流平台。虽然从国家层面出台大量促进职业教育产教融合的文件，但从执行层面来看，校企信息交流平台严重缺乏，相互之间可以获得的对方的信息极为有限，无法选择心仪的合作对象。地方政府应从保证信息的真实性、及时性、准确性、充分性的角度出发构建信息交流平台。例如，江苏省一些地方政府设立的平台可以实现企业、职业院校在合作意愿、基本情况等方面的信息共享，希望寻找合作对象的企业或职业院校可以通过平台发布信息、与希望达成合作的对象进行交流。再次，在监督、监控产教融合运行方面，地方政府也应发挥应有的作用。制定法律法规流程复杂、耗费时间长、稳定性强，中国职业教育产教融合尚处于不断完善中，因此，法律法规的稳定性和产教融合的迅速发展变化是有矛盾的，产教融合运行的监督、监控不能完全依靠法律法规,地方政府应根据当地职业教育产教融合发展情况制定协调有效、可操作性强、可以根据实际情况随时做出变通的监控办法。

(三) 企业参与动力不足

中国进入市场经济后,企业必须自负盈亏,只有取得一定的利润才能生存,与计划经济下的国有企业所处环境截然不同。在计划经济下,国有企业亏损可以由政府或行业主管部门买单,国有企业在政府或行业主管部门的指令下可以在不考虑经济利益得失的情况下参与职业教育。在市场经济下,企业向职业院校投入资源时要考虑经济利益得失,即使以社会责任、法律法规进行推动,企业也要考虑自身利益得失。目前,虽然企业参与职业教育可以得到税收优惠、财政补贴,但与参与其他投资项目比较,其收益依然较低,因此,企业参与职业教育动力不足。

从人才培养的角度来看,企业也没有足够的动力参与职业教育。一方面,在现有信用体系下,校企合作培养的人才愿意就职于企业的比例很低,同时,一部分愿意就职于合作企业的毕业生却达不到企业的用人标准,因此,企业参与人才培养常常无法从吸引优秀人才的角度获得足够回报;另一方面,在人才培养中,企业的话语权和投入产出率太低,有能力参与人才培养方案制订、实习指导等人才培养过程的企业人员一般是高级管理者和高级技术人员,在同等时间内从事企业事务获得的收益远远大于学校支付的报酬,他们对职业院校提出的建议能够在人才培养过程中实施的往往也是只言片语,对人才培养质量的影响非常小。例如,许多企业管理者和技术人员建议在企业生产、管理现场开展情景式实训教学或岗位体验,但职业院校在实施时,大多是走马观花式的,不仅学生只是看到表面,老师能沉下心来深入体会、细心琢磨生产和操作过程的也不多。因此,企业提出的建议能在人才培养中切实实施的很少,人才培养与人才需求难免存在差距。

(四) 职业院校产教融合理念落后

新中国成立以来,出于经济建设、产业发展对技术技能人才的需要,中国政府始终把校企合作放在促进职业教育发展的重要地位,但随着国企改制、职业院校从行业主管部门脱离,职业院校与产业划清了界限,造成产业与专业、教学内容与岗位操作要求对接不畅。基于这种现状,从顶层设计层面,中共中央、国务院、教育部多次发文促进校企合作、产教融合,政策越来越具体,要求越来越紧迫。但目前中国大部分职业院校仍是公办性质,市场竞争、生存压力小,造成校企合作始终停留于表面。例如,在资源投入、校领导重视程度、师生参与热情等方面,技能大赛远远大于岗位体验。对于教师来说,参与技能大赛可以得到课时费、考核加分、现金奖励,也能增加职位、职称晋升的砝码。对于学生来说,除了可以得到经济方面的奖励外,获得省级以上金牌时可能获准免试升入本科。而参与校企合作是没有这么多现实利益的。从表面上看,参与技能大赛的热情高于产教融合是短期逐利思想的影响,从深层次来挖掘,是职业院校发展理念的失误。技能大赛带来的常常是短期利益,而校企融合是职业院校的生存之本、核心竞争力之本。

(五)企业与职业院校之间缺乏有效的沟通渠道

企业是人才的需求方、技术的应用方;职业院校是人才的供给方、技术的输出方。因此,直观地看,企业与职业院校是供求方的关系,只有进行充分、有效的沟通,职业教育才能为企业提供优秀、适合的人才。但是,目前双方对于自己所处地位的认识存在表面化、简单化,企业把自己看作市场竞争主体,职业院校认为自己是社会公益组织,两者性质不同,追求的目标不同,参与产教融合的出发点也有差别,难以形成有效、充分的沟通,当然无法充分掌握对方的供需信息。例如,企业人员认为在职业院校开设讲座、开展实训指导是本职外工作,同时,职业院校教师也会认为从事社会服务是额外工作。

产业、行业与职业院校实现密切对接才能真正实现产业对专业对接,人才供给与需求对接,教育链、人才链与产业链、创新链对接。在界限清晰、资源分割的背景下,是无法实现双方无缝沟通的。

三、以产学研一体化突破职业教育产教深度融合瓶颈的机理

职业教育人才培养之所以与企业需求脱节,其根本原因是职业院校与企业、产业对接程度不强,不能帮助以营利为生存之本的企业实现更大的利益,产学研一体化是从根本上解决校企合作"一头热"的问题。

(一)产学研一体化可以突破产教之间的界限

职业教育产教融合的主要阻力之一,从根本上看是产业界和教育界之间存在界间的隔阂,职业教育以人才培养为目标,企业以获得利润为生存之本,从这一点看,两者之间没有交叉点。但产学研一体化以双方共享资源、共享收益为前提设立常设机构,既可以作为双方加强沟通的渠道,又可以很快形成利益共同体。例如,苏州市一些职业院校以加强校企合作为出发点在校内设立企业经营场所,由企业和学校共同投入技术、管理人员等资源,这些场所不但给师生提供岗位体验条件,而且进行产品研发、企业工艺流程再造研究、人才培养研究,实质上形成集生产、教学、研究于一体的校企合作常设机构,不仅突破

了产教融合的瓶颈，还减少了学校在校企合作方面的支出。以前聘请企业管理、技术人员进校开展实训指导或举办讲座是有偿的，现在双方可以共享这些资源。反之，职业院校对企业开展的服务是在充分了解对方及行业发展情况下长期积累、有针对性的，不但及时，而且更加有效。

（二）产学研一体化有助于培养高素质"双师型"教师

"教师是立教之本、兴教之源"，产教融合程度不深的一个重要原因是职业院校教师服务企业的能力不强。从产学研合作发展历史来看，大学对美国现代工业、军事科技的发展起到巨大作用。例如，计算机、雷达等研发过程中都有大学教师参与，斯坦福大学、麻省理工大学、北卡罗来纳州州立大学、杜克大学、北卡罗来纳大学分别发起成立的"硅谷"科技园、波士顿128公路高科技园、北卡三角研究园不但带动美国高新技术的发展，而且带动美国经济的发展。而中国职业院校虽然以培养技术技能人才为宗旨，但重理论、轻实践的弊端严重，其教师大多没有企业管理、生产实践，科研能力不强，不但没有能力影响产业的发展，对企业新产品研发、技术改进等服务的能力也很弱。因此，产教融合无法深入开展。产学研一体化通过校企共建技术研究、产品研发机构，带动教师提高科研能力、吸引有能力的教师积极从事科研，为职业教育培养能影响产业发展，能带动新产品研发、工艺改进、流程改造的优秀"双师型"教师。提高职业教育人才培养质量需要企业、行业的参与，但产教融合不能单方面强调企业的社会责任，也要以提高"双师型"教师的素质为基础增强职业院校服务社会的能力和水平。例如，一些职业院校教师在长期校企合作过程中，已经成为行业权威，在企业技术人员技能培训、鉴定中具有很重要的作用，学校人才培养质量大大提高，企业对学校有很高的依附度，双方深度融合也是必然的。

（三）产学研一体化有助于优化职业院校治理模式

校企深度融合的一个阻碍因素是企业缺乏对人才培养的话语权，削弱了企业、行业参与职业教育的动力。虽然当前很多职业院校已经设立有企业专家参与的教学指导委员会、行业指导委员会，但他们的建议能被切实实施的很少，在人才培养方案制订、课程标准、教材内容设计等方面虽然能吸纳一部分他们的建议，但授课教师能否在教育教学中加以贯彻难以保证。其根本原因还是企业、行业对职业教育的参与度低，缺乏深入交流合作。产学研一体化以双方共建常设性机构为基础，企业专家、院校教师有长期、稳定交流合作的平台，相互之间的建议更容易被接受。例如，在校内长期驻守的企业专家通过与校内教师交流、亲自观察等途径，可以更加透彻理解教育教学中的不足，更加有针对性地提出自己的建议，也更加容易被任课教师接受；反之，通过产学研一体化机构长期深入企业一线的教师对企业生产流程、行业发展等可以有更加深刻的认识，可以结合理论专长给予有针对性的建议，甚至参与新产品开发、工艺改进等。

产学研一体化是以学校、企业共同投入资源成立的，双方共同管理、共同受益，一方面打破了产业界与教育界之间的界限，另一方面引入企业参与人才培养、师资水平提升、科研成果转化，达到 $1+1>2$ 的效果。

四、基于产学研一体化的产教融合实施形式

中国职业教育从"校企合作"发展到"产教融合"，又不断向产教深度融合发展。过去，产教融合强调将教育教学、实习实训等融入到企业、行业，职业院校处于寻找合作企业的被动地位；企业从自身现实利益出发，参与校企合作的积极性不高，更谈不上内驱力，职业院校专业设置、教学内容、实习实训设计不能与产业、岗位对接。当前，职业院校应从校企合作"一头热"的根本原因出发，把企业放在职业教育的主体地位，根据企业、行业将来发展需求培养具有创新能力的优秀技能人才，以新技术的应用、新产品的开发为先导，校企共同搭建"全产业链"式的创新创业平台，引入社会资金，增强新产品开发、新工艺研发、新技术探索的能力和水平。

近年来，一些职业院校组建"职教集团"，整合行业、企业、职业院校、社会组织等资源优化人才培养环境，以"产业互助"为内涵促进高新技术进入学校，从领军型企业扩散到中小微型企业。在国家创新驱动发展战略的大背景下，职业教育必须深化产教融合、探索产学研用结合之路，摆脱传统的岗位仿真或模仿，主动与区域性领军企业对接，探索高新技术的应用与创新，结合区域经济发展需要，拓展社会服务领域，深化人才培养改革。从理论、仿真的职业教育模式逐步升级到对接行业发展需求，形成以情景式、体验式实训实习为基础，以新技术应用为起点，以研发为核心，以创新创业为持续发展动力的"岗位体验（企业）+科研（校企联合）+创新创业（技术升级、企业孵化）"产教深度融合模式。目前，一些职业院校已经走出富有特色的产教融合之路，其中一部分采用的即是产学研一体化的思路，因为具体情况不同，表现的具体形式也有所差异。

（一）产业学院

在大多数发达国家，企业、行业在职业教育中都拥有很高的地位，甚至在一些国家其地位高于职业院校。在大部分职业院校属于公办性质的中国，为了

提高企业、行业在职业教育中的地位,激发其参与积极性,一些职业院校取得政府的许可后与企业在共同投入资源、共同管理、共同负担风险、共同分摊收益的基础上联合设立产业学院,在自主权方面,产业学院高于二级学院。因此,从本质上看,产业学院不同于职业院校与企业合办的二级学院。

1. 参与主体多元、资源投入多渠道

二级学院的师资主要来源于职业院校,其中的一部分实训实习指导教师来源于企业。在设立前期,职业院校、企业共同投入资金、设备设施,正常运行后,主要经费来自于职业院校。产业学院一般是以学科或产业为载体,在专业设置方面具有比较强的集中性,在运行中需要紧密对接产业发展,因此,需要职业院校、企业投入素质较高的师资力量和现代化的设备设施,并根据产业发展趋势适时地更新教学内容、实训实习项目。

2. 共同管理的治理模式

多元化的资源投入模式决定产业学院的治理模式趋向于民主化。对于由公办职业院校作为发起人之一的产业学院,一般成立理事会,对重大决策、日常教育教学管理提供咨询、建议,并进行必要的监督。这既保证资源投入方具有相应的话语权,也为学院运营中保持与企业、行业的密切联系打下基础。

3. 形成校企命运共同体

企业以营利为目的,也以人才为核心竞争力;职业院校以促进就业、培养高素质技能技术人才为目标,与人才需求对接是其持续发展的基础。在产业学院办学模式下,两者的利益达到统一,这就为企业、职业院校真诚合作奠定了基础。产业学院人才培养质量不但涉及企业的现实利益,也影响到其未来发展,对于解决校企融合"一头热"的难题具有重要意义。

4. 产学研一体化的育人方式

产业学院以为特定产业服务为目的,在运行中不但与企业的生产、服务紧密联系,而且是人才培养的过程。同时,由于企业是办学主体之一,师生有充分的条件深入生产一线,在生产、服务现场了解生产流程、熟悉岗位操作要求、掌握市场发展动向,可以面向市场开展新产品开发、工艺改进,结合提高生产效率进行流程改造、设备设施升级等方面的研究,不论从教学模式,还是办学理念的角度来看,都有利于培育创新型技术技能人才。

由于办学主体、拥有资源发生根本性变化,产业学院在专业建设中可以真正实现产业与专业对接、教学内容与岗位标准对接,实训课可以在生产、服务现场进行考核,专业课程体系可以根据人才培养质量、企业发展需求不断调整。因此,人才培养过程也是结合企业、产业发展需求不断研究、优化教学内容、教学模式、考核标准的过程。

2018年,苏州发布实施《关于推进苏州市职业院校企业学院建设的意见》,遴选建设20个市级优秀企业学院,推进现代学徒制发展,制订《关于全面推行现代学徒制的实施意见》。太仓市德资企业密集,行业、企业现代化程度高,苏州健雄职业技术学院和太仓中等专业学校借鉴德国"双元制"发展适合中国国情、有地方特色的"双元制",建立"德国工商业联合会(IHK)苏州培训及考试中心""德国手工业行会考试认证基地",相关研究成果和实践经验获省级职业教育教学成果一等奖、国家级职业教育教学成果二等奖各两项。

(二) 产教园

职业教育应是以"产业界"与"教育界"充分融合为基础的,在办学过程中,为了达到产教融合的目的,一些职业院校借鉴美国科技园的产学研合作模式,利用学校土地资源、地理资源等优势,在当地政府的帮助、指导下,联合企业、行业共建产业教育园区,校企共同投入资源、共同培养师资力量、共同培育高素质人才、共同享有收益。

在产教园内,为师生提供生产、服务岗位体验,实训实习可以在真实的岗位上进行,在真实的生产、服务情景下掌握操作技能、了解生产流程、深入探索生产工艺,师生在这样的环境下不再是理论知识的搬运工,而是企业发展、教育教学改革的开拓者。

1. *掌握人才需求,优化培养过程*

与企业紧密合作,才能透彻理解人才需求。企业直接面对的是市场经济,只有能够在生产、管理方面适应竞争环境才能取得生存,在高新技术不断涌现、应用的时代,企业最能感受到这种快速发展的冲击,师生深入生产一线才能深刻理解企业面对的竞争,理解新产品开发、工艺改进的意义,在这种环境下,更容易激发师生的创新意识、教学改革意识。

技术的快速更新要求职业院校必须面对市场才能快速更新教学内容、改进实习实训设计,产业园为职业院校提供了实践基地,也有利于促进师生的观念变革。

2. *突出企业主体地位,调动参与的主动性*

企业是产教园的投资者之一,也是经营管理者之一,在人才培养过程中有很大的话语权,这就决定了企业在人才培养过程中有更多的决策权。企业具有主体地位,决定了企业有投入指导教师的积极性,愿意根据人才培养需要主动参与人才培养方案制定、课程标准及实训实习项目的开发。

企业主体地位的确立，使产业对人才的需求与人才培养直接对接，招生、培养过程与岗位及产业未来发展需求直接对接，教学内容即是达到岗位操作要求的过程，创新人才的培育即是企业应对未来发展需要的过程。因此，企业的发展与人才的培育是密切相关的，企业对办学条件的改善、产教深度融合具有更强的主动性。

3. 文化交融，更新供需双方理念

在资源共享的同时，稳定的合作也有利于学校、企业之间文化的交流，精益求精、勇于面对竞争的企业理念有助于改变职业院校学生的惰性，服务社会、提高综合素养的办学理念有助于提高企业的社会服务意识、增强其社会责任感。

很多职业院校的学生学习动力不足，教师也对市场竞争缺乏亲身体会，在企业实际经营环境中亲自体验市场竞争、产业发展才能激发师生的市场竞争意识，提高其创新动力；企业以利润为生存之本，与职业院校合作，可以使经营管理者直接置身于人才培养过程，增强其社会责任感。

江苏省已经建立职业院校与产业园区良性互动发展机制，两者力求实现同步规划、同步建设、同步发展，13个设市区中，已经有9个建有职教园区。产教共建促进了人才培养模式改革，专业设置、教学标准等都在向着与职业岗位需要、职业标准对接的方向发展。

（三）职业教育集团

职业教育集团是在地方政府的指导下，在一定区域内的职业院校与企业、社会组织的合作，多个主体的参与，更容易体现开放共享、优势互补、互利共赢的职业教育发展理念。同时，职业教育集团设立理事会或董事会、秘书处等常设机构，具有良好的组织协调性，可以统一规划资源的使用，在更大范围内更有效地推广合作成果。

1. 进一步推动区域性产教融合

在行业协会参与职业教育的模式下，由于企业数量庞大，挖墙脚、搭便车是影响企业参与主动性的重要原因。职业教育集团一般是区域性的企业、职业院校合作，参与成员的行为受章程、协议或契约的制约，而且部分成员在行业、职业教育系统处于领军地位，在参与成员有限的情况下，对成员违反社会道德的行为具有更好的约束性。

职业教育集团运行的协调性、资源整合性更加有利于促进产教融合，促进企业、职业院校互相深入了解，加强人才培养、科研等方面的合作。近年来，苏州市也以专业或专业群为基础成立大量职业教育集团，通过常规性交流活动、项目推动等促进了区域性校企融合深化发展，也为企业、职业教育之间信息交流、资源共享提供了便捷的服务平台。

2. 推进创新人才的培育

目前，校企合作"一头热"的主要原因之一是企业参与职业教育培养的学生在毕业后愿意留在合作企业内的比例很低，造成企业投入的资源回报率低，并且有泄漏生产技术、市场拓展等商业机密的可能。一些职业教育集团有针对性地制定了"协议"薪酬，明显降低人才外流。例如，太仓有大量德国投资的企业，他们拥有比较先进的技术和产业发展水平，由于担心校企合作培养的人才外流造成技术外泄，参与校企合作的意愿不强。为了破解这一难题，在当地政府的协调下，职业教育集团内部企业达成薪酬协议，以具有竞争力的薪酬共同限制人才外流，提高了企业向合作院校师生传授先进技术的积极性。

3. 推进专业、行业等标准的完善

德国"双元制"取得成功的一个重要原因是参与企业与学徒签订了服务和培训协议，对学徒的工作量、培训时间等有明确的规定，这保证企业可以从学徒的服务中收回一部分培训成本，不但降低学徒擅自离开企业的风险，而且可以保证学徒的培训效果。在中国，由于现代学徒制推广时间不长，部分职业院校学生与企业签订培训协议前可能有所顾虑，由职业教育集团内的职业院校、企业通过共同研究、协商制定培训协议，有更强的说服力、更高的科学性，在实施中更加容易被企业和学生接受。

在职业教育中，一个重要的问题是培训、课程、实训实习等标准的制定，国家、地方政府虽然可以委托行业协会或其他组织制定，但专业众多、地区之间有差异，使用统一标准难以体现出学校的人才培养特色。同时，随着技术更新加快、职业岗位更替加快，行业标准、产品标准、岗位标准也需要不断完善、补充。以职业教育集团为依托，发挥区域性职业院校、企业的集体力量，不但可以提高标准制定的科学性，也可以减少实施中的阻力。

目前，江苏省已经建立29个省级职业教育集团，推进行业标准、职业标准、岗位规范与人才培养方案、专业课程体系、专业教学标准、课程标准对接，开发基于岗位操作要求、融入国家职业资格标准的专业教学内容和教材。苏州高职高专院校联席会议下设的产教联盟牵头建设53个定点实习企业，促进实训实习的标准化、规范化。苏州市整合校企资源，成立16个市级专业性职业教育集团，促进校企集群式合作，组建专业教学指导委员会，企业专家、学校教师共同参与专业建设，完善课程体系及人才培养方案。

五、基于产学研一体化视角的新时期中国职业教育产教融合发展趋势

2019年12月5日,教育部公布了《中华人民共和国职业教育法修订草案(征求意见稿)》(以下简称《职业教育法草案》),预示着中国的职业教育正在进入产教融合深度发展的新时期。

(一) 职业教育产教融合受到更多的关注

把中国公民接受职业教育作为基本权利,职业教育的地位上升到与建设教育强国、人力资源强国及实现国家创新驱动发展战略密切相关,职业教育被看作国民教育体系和人力资源开发的重要组成部分,产教融合是加快中国职业教育的重要基础,职业教育的产教融合将受到更多的关注。

新时期职业教育的发展路径、产教深度融合、新技术更替加快了大环境下技术技能人才成长规律的探索,需要社会各方共同参与,以促进职业教育产学研一体化的发展。

《职业教育法草案》中的大量条款涉及推动行业、企业参与职业教育办学或培训,有利于行业、企业根据自身发展及社会经济发展需要自办或参与职业教育办学,促进职业教育多元化办学和资源的多方投入。同时,面对新的发展形势,行业、企业也将加强人才培养、职业培训、校企合作等方面的研究,优势互补、合作共赢,共同探索解决面临问题的办法。

(二) 基于产学研一体化促进职业教育产教融合的意识提高

首先,行业、企业、职业院校合作制定行业职业教育相关标准、进行人才需求预测、开展职业生涯发展研究等规定被纳入法律范畴,为合作开展相关研究提供了法律依据和政策保障。

其次,全国性、地方性行业组织参与职业教育教学指导机构被纳入法律范畴,今后在职业教育人才培养模式、课程体系等改革中将有更高的参与度,有利于职业院校与企业、行业合作开展相关研究、推进职业教育供给侧改革。

修订后的职业教育法给予行业、企业大量参与职业教育的机会,也增强了行业、企业在这方面的社会责任感,如何多方参与、合作共赢促进产教深度融合将是行业、企业、职业院校、社会组织等共同探索的问题,产教融合与产学研一体化的关联程度将不断提高。

(三) 职业教育产教深度融合实践层面的研究将得到更高程度的重视

2018年,江苏省人民政府办公厅发布《关于深化产教融合的实施意见》(苏政办发〔2018〕48号),对企业参与职业教育改革、整合社会资源做了全

面、细致的规定，并督促职业院校积极与产业对接，拓展产教融合型实训实习基地、加快人才供给侧改革。2019年3月，江苏省人民代表大会常务委员会审议通过《江苏省职业教育校企合作促进条例》，从法规的角度对企业、行业参与职业教育的权利予以保障，减少职业院校深化产教融合的阻力。2019年5月，江苏省政府出台《关于建立省职业教育工作联席会议制度的通知》（苏教职联办〔2019〕1号），推进各部门协作促进产教融合的发展。2019年11月，江苏省发展和改革委员会、教育厅、人力资源社会保障厅联合发布《江苏省产教融合型企业建设和管理办法》，对产教融合参与企业做出具体要求，有利于推进职业院校产教融合的规范化，提高职业教育产教融合的质量。在市级政府及相关管理机构层面，对职业教育产教融合的重视程度也在不断提高，例如，2018年1月，苏州市教育局发布《苏州市职业教育校企合作管理办法（试行）》，3月，又印发《关于推进苏州市职业院校企业学院建设的意见》。相关政策、文件的出台，给予行业、企业参与职业教育产教融合更多的机会，例如，苏州高等职业技术学校引进企业已有20多家，吴中区与企业共建的"火花实训实验室"承担国家"863"计划子项目研究，苏州旅游与财经高等职业技术学校、苏州建设交通高等职业技术学校都与合作企业合作设立了二级学院。

国家层面职业教育法对产教融合提出进一步要求，给予企业、社会力量参与职业教育更大的自由空间，例如允许社会力量、民间资金参与举办股份制、混合所有制职业学校、职业培训机构。这些有利条件将促进企业、行业、社会力量更加深入、广泛地参与职业教育。如何发挥自身优势、利用政策条件，从产教融合的角度促进自身提高人才培养的质量和社会声誉，是当前中国职业院校必须深入探讨的问题，与行业、企业及研究机构合作开展更深层次的产学研一体化形式的合作，是解决当前及今后人才培养模式改革、产教融合路径、师资力量优化等方面问题的有效途径。

另外，单方面从企业、行业获取教学资源对深化产教融合的理解具有局限性，企业以利润为生存之本，提高职业教育人才培养质量虽然与企业利润的增加具有一定关联性，但这种关联是间接的，从具体某个企业的角度来看，更加重视的是新产品的开发、生产工艺的改进、生产流程的改进等直接关系到自身利益的问题。职业院校应在产教融合过程中，提高师生参与企业生产经营管理的能力及自身专业能力、水平，促进企业发展及产业升级，从而促进产教融合持续发展、不断深化。

参 考 文 献

[1] 申俊喜. 创新产学研合作视角下我国战略性新兴产业发展对策研究 [J]. 科学学与科学技术管理, 2012 (2).

[2] 徐静, 冯锋, 张雷勇, 杜宇能. 我国产学研合作动力机制研究 [J]. 中国科技论坛, 2012 (7).

[3] 丁金昌. 基于产学研结合的高职教育办学模式探索 [J]. 高等工程教育研究, 2012 (4).

[4] 冯叶成, 刘嘉, 张虎. 政府-高校-企业协同的产学研合作模式探索与实践: 以清华大学与淮安市产学研合作为例 [J]. 科技进步与对策, 2012 (22).

[5] 刁丽琳, 朱桂龙, 许治. 国外产学研合作研究述评、展望与启示 [J]. 外国经济与管理, 2011 (2).

[6] 谢园园, 梅姝娥, 仲伟俊. 产学研合作行为及模式选择影响因素的实证研究 [J]. 科学学与科学技术管理, 2011 (3).

[7] 李伟铭, 黎春燕. 产学研合作模式下的高校创新人才培养机制研究 [J]. 现代教育管理, 2011 (5).

[8] 魏奇锋, 顾新. 产学研知识联盟的知识共享研究 [J]. 科学管理研究, 2011 (3).

[9] 胡军燕, 朱桂龙, 马莹莹. 开放式创新下产学研合作影响因素的系统动力学分析 [J]. 科学学与科学技术管理, 2011 (8).

[10] 王文岩, 孙福全, 申强. 产学研合作模式的分类、特征及选择 [J]. 中国科技论坛, 2008 (5).

[11] 张海滨. 高校产学研协同创新的影响因素及机制构建 [J]. 福州大学学报: 哲学社会科学版, 2013 (3).

[12] 周正, 尹玲娜, 蔡兵. 我国产学研协同创新动力机制研究 [J]. 软科学, 2013 (7).

参考文献

[13] 王进富，张颖颖，苏世彬，刘江南．产学研协同创新机制研究：一个理论分析框架［J］．科技进步与对策，2013（16）．

[14] 崔旭，邢莉．我国产学研合作模式与制约因素研究：基于政府、企业、高校三方视角［J］．科技管理研究，2010（6）．

[15] 惠青，邹艳．产学研合作创新网络、知识整合和技术创新的关系研究［J］．软科学，2010.

[16] 张炼．我国产学研合作教育的政策分析［J］．中国高教研究，2010（5）．

[17] 刘力．美国产学研合作模式及成功经验［J］．教育发展研究，2006（7）．

[18] 汪建云，王其红．高职教育政校企协同合作的困境与突破［J］．中国高教研究，2014（1）．

[19] 张钦朋．产学研协同创新政府引导机制研究：基于"2011 计划"实施背景［J］．科技进步与对策，2014（5）．

[20] 陶行知全集（第三卷）［M］．长沙：湖南教育出版社，1985.

[21] 杨小微．全球化进程中的学校变革：一种方法论视角［M］．上海：华东师范大学出版社，2004.

[22] 林苏．黄炎培大职业教育主义研究［J］．南京师大学报：社会科学版，2006（6）．

[23] 郭苏华．"大职业教育"：内涵、理据与实践构想［J］．职业技术教育，2005（28）．

[24] 陈国平．由改良到革新：从实用主义到大职业教育主义：1913—1926 年黄炎培职业教育思想简析［J］．职业技术教育，2003（25）．

[25] 曾敏，唐闻捷，王贤川．基于"互联网+"构建新型互动混合教学模式［J］．教育与职业，2017（5）．

[26] 赵国栋，原帅．混合式学习的学生满意度及影响因素研究：以北京大学教学网为例［J］．中国远程教育，2010（6）．

[27] 王章豹，韩依洲，洪天求．产学研协同创新组织模式及其优劣势分析［J］．科技进步与对策，2015（2）．

[28] 许公柏．论海南农产品冷链物流的发展与分析［J］．福建质量管理，2016（3）．

[29] 王景河，陈国华．高校电子商务学科产学研协同创新发展模式（BUCM）研究［J］．北京印刷学院学报，2015（5）．

［30］潘懋元．产学研合作教育的几个理论问题［J］．中国大学教学，2008（3）．

［31］刘力．产学研合作的历史考察及本质探讨［J］．浙江大学学报：人文社会科学版，2002（3）．

［32］陈解放．"产学研结合"与"工学结合"解读［J］．中国高教研究，2006（12）．

［33］胡天石．冷链物流发展问题研究［J］．北京工商大学学报：社会科学版，2010（4）．

［34］徐红艳，李承实，夏广军，金一，严昌国．农业院校产学研协同服务新农村建设的实践与研究：以延边大学农学院为例［J］．安徽农业科学，2014（36）．

［35］梁伟军．我国现代农业发展的路径分析：一个产业融合理论的解释框架［J］．求实，2010（3）．

［36］饶燕婷．"产学研"协同创新的内涵、要求与政策构想［J］．高教探索，2012（4）．

［37］鲁成银．中国茶产业升级发展路径探讨［J］．中国茶叶，2013（11）．

［38］陈裕先，宋乃庆．校企合作构建"企业课堂"［J］．中国高等教育，2016（11）．

［39］张晓琳，周跃斌，周宇，沈程文．茶旅一体化发展对策探讨［J］．茶叶通讯，2017（3）．

［40］周丹丹．新常态下农村一二三产业融合发展探索与实践：以四川蒲江县为例［J］．安徽农业科学，2018（1）．

［41］丁金昌．基于产学研结合的高职教育办学模式探索［J］．高等工程教育研究，2012（4）．

［42］常小勇．高职院校产学研合作教育现状与对策分析［J］．中国高教研究，2008（2）．

［43］张炼，陈琪琳．寻找高等职业教育产学研结合的突破口［J］．职业技术教育，2003（19）．

［44］刘欣．高职产学研结合特色定位与运作模式［J］．中国职业技术教育，2005（2）．

［45］陈解放．从产学研结合的类型和特征看高职院校产学研结合的定位取向［J］．中国高教研究，2004（8）．

[46] 苏志刚. 高等职业教育产学研结合的探索与实践 [J]. 宁波大学学报: 教育科学版, 2003 (4).

[47] 仇新明. 产学研战略联盟人才培养动力机制研究 [J]. 中国高校科技, 2019 (6).

[48] 王进富, 张颖颖, 苏世彬, 刘江南. 产学研协同创新机制研究: 一个理论分析框架 [J]. 科技进步与对策, 2013 (16).

[49] Santoro, M. D. & Gopalakrishnan, S. The institutionalization of knowledge transfer activities within industry-university collaborative ventures. Journal of Engineering and Technology Management, 2000 (17).

[50] Aokimasahi Harayama Yuko. Industry-university cooperation to take on here from [J]. Research Institute of Economy, Trade and Industry, 2002 (4).

[51] Donald S. S., Waldman A D, Atwater E L, et al. Commercial knowledge transfers from universities to firms: Improving the effectiveness of university-industry collaboration [J]. Journal of High Technology Management Research, 2003 (2).

[52] Kodama T. The role of intermediation and absorptive capacity in facilitating university-industry linkages: an empirical study of TAMA in Japan [J]. Research Policy, 2008 (8).

[53] Veugelers R., Cassiman B. R & D cooperation between firms and universities. Some empirical evidence from Belgian manufacturing [J]. International Journal of Industrial Organization, 2005 (5/6).

[54] Ankrah, S. N., Burgess, T. F., Grimshaw, P., Shaw, N. E. Asking both university and industryactors about their engagement in knowledge transfer: What single-group studies of motives omit. Technovation, 2013 (2/3).

[55] 周开权. 乡村振兴视角下的农村职业教育多元参与研究 [J]. 黑龙江农业科学, 2019 (1).

[56] 周开权. 基于国际比较的我国高职教育质量第三方评估发展趋势分析 [J]. 湖北函授大学学报, 2018 (17).

[57] 周开权. 新时代下乡村旅游及其人才培养的多元参与研究 [J]. 乡村科技, 2018 (17).

[58] 周开权. 我国职业院校校企融合的发展路径研究: 以苏州市职业院校物流管理专业为例 [J]. 物流工程与管理, 2017 (5).

[59] 周开权. 多主体促"四段合一"校企共建现代学徒制 [J]. 轻工科

技，2015（11）．

［60］周开权．科技创新和技术进步对于我国产业结构转型升级的作用研究［J］．轻工科技，2015（5）．

［61］周开权．校企共建共享产教融合性实体化实训室研究［J］．改革与开放，2015（4）．